Anny Wienbruch

Ein Leben für Gustav Adolf

Die Geschichte des Pfalzgrafen von Zweibrücken und der Schwester Gustav Adolfs

SJD

Verlag der
St.-Johannis-Druckerei
C. Schweickhardt
Lahr-Dinglingen

ISBN 3 501 01048 6

1. Auflage
Umschlagentwurf: Gerdl Rau

Gesamtherstellung:
St.-Johannis-Druckerei C. Schweickhardt, 763 Lahr-Dinglingen
Printed in Germany 5959/1974

Inhalt

Das schwedische Rätsel

»Sie fährt in Kleeburg ein wie eine Prinzessin«, sagte mein lieber Vater stolz.

»Wie eine Prinzessin aus dem Schneekönigreich«, fügte meine poetisch angehauchte Mama lachend hinzu.

Ich thronte mit einem weißen Pelzkäppchen, einem weißen Muff und weißem Mantel in einem weißen Wagen. Wir waren von der Landstraße links abgebogen, und nun ging es durch einen weißen Winterwald zu Tal dem langgestreckten Dorf unten zu.

Doch ich kam nicht aus einem Schneekönigreich, sondern aus meiner etwa 7 Kilometer entfernten Heimatstadt Weißenburg, und eine Prinzessin war ich durchaus nicht, sondern ein kleines dreijähriges Mädchen, das allerdings auf seine weißen Weihnachtsgeschenke sehr stolz war, besonders auf den großen zweisitzigen Sportwagen, den Patenonkel Heinrich geschenkt hatte und den meine Eltern abwechselnd oder gemeinsam fröhlich schoben. Sie und noch weniger ich winziges Ding hatten eine Ahnung, daß wirklich einmal vor etwa dreihundert Jahren eine wirkliche Prinzessin aus dem Schneekönigreich diesen Weg gefahren und in Kleeburg Einzug gehalten hatte.

Auch als ich heranwuchs, wußte ich nichts von solch einem Ereignis, dachte auch gar nicht daran, und niemand redete zu mir davon, obwohl mir Kleeburg so vertraut wurde, als wenn ich darin aufgewachsen wäre.

Wie viele Sonntage verlebte ich dort, wie viele Ferientage in jener Zeit, da man nicht wer weiß wie weite Urlaubsreisen unternahm, sondern noch dem Vers Goethes folgte: »Warum in die Ferne schweifen? Sieh, das Gute liegt so nah.«

Das Ziel meiner Kleeburger Fahrten oder Wanderungen war nicht eines der behäbigen Bauernhäuser an der langen Dorfstraße, die mit ihrem weißgetünchten Fachwerk, dem braunen Gebälk, dem üppigen Geraniumschmuck vor den Fenstern und den sie umrankenden

Reben einander so ähnlich sahen, daß ich schon in der Eile anstatt in Haurys Hoftor »ins Rubys« oder »ins Jackys« gelaufen war. Die Besitzer konnten wohl so stolz auf ihr Anwesen sein wie ein Fürst auf sein Schloß und Land. Aber Prinzessinnen, nein, die vermutete man in keinem dieser Häuser.

Meine Ferienheimat lag abseits dieser Reihe von Wohlhabenheit zeugenden Höfen. Ein steiniges, holperiges Gäßlein nahe der alten Kirche führte rechts »ins krumme Eck«, zu dem Häusel, wo meine Tante Kättel Ruffy wohnte. Es war wirklich nur ein Häusel, nicht zwei- bis zweieinhalbgeschoßig wie die andern drunten an der Straße. Und sein einziges Stockwerk schien aus lauter gebogenen, verbogenen Wänden und einem ebenso drollig geschweiften Dach zu bestehen.

Aber dies kleine Häusel täuschte wie das kleine Kättel, das darin hauste: auswendig schien sie so unscheinbar, winzig, hinfällig. Aber welch starker Glaube, welche Klugheit, ja Weisheit, Mutterwitz, Humor verbarg sich in dem so klitzekleinen Kättel, die der Pfarrer selber als die »große Beterin« des Dorfes bezeichnete.

Und welches Behagen, welche wertvolle Einrichtung umschlossen die beiden großen Stuben rechts und links von der Haustür mit je zwei Alkoven (Bettnischen), an die sich noch zwei Kammern anschlossen. Ich schlief immer in dem Zimmer an der rechten Seite in dem Alkoven, dessen Seitenfenster mit Reben umrankt waren, deren süße goldgelbe Trauben Kättel jedes Jahr für mich zum Pflükken aufhob. Ich schaute von meinem Bett aus durch das Rankwerk zu einem wuchtigen grauen Gebäude jenseits des Stolperpfädleins. Es schien im Gegensatz zu dem Häusel aus lauter unerschütterlichen Granitbrocken aufgetürmt zu sein.

»Was ist das eigentlich?« fragte ich an einem Ferienmorgen. »Gehört das dir auch?«

Kättel machte gerade mein Bett, mit dessen Riesenfederbergen ich nicht fertig werden konnte, obwohl ich schon fast erwachsen war, schon das Lehrerinnenseminar besuchte. »Hm«, sagte sie. »Ist der Weinkeller.«

»Was hebst du darin auf? Du hast doch keinen Wein«, forschte ich weiter.

»Meine Kleinode«, scherzte sie.

»Aha«, lachte ich zurück, »so wie in deinem Wunderschrank.«

Dabei warf ich wieder mal einen sehnsüchtigen Blick durch die geöffneten Türen über den schmalen Hausflur in das andere Zimmer hinüber. Ich schaute geradewegs auf diesen »Wunderschrank«.

Er war wirklich zum Wundern, Verwundern und Bewundern. Er war ein Ungetüm, aber ein prächtiges, staunenswertes. Man hätte darin Kättels winzige Küche, die am Ende des Flurs lag, bequem unterbringen können und erst recht unsere heutigen modernen Kochnischen. In ein Zimmer einer städtischen Durchschnittswohnung würde er gar nicht hineinpassen. Wunderschön war dieser Wunderschrank auch. Er hatte gar keine Schnitzereien und Ornamente aufzuweisen. Er war ohne Verzierungen von Menschenhand einfach an sich vollkommen. Das honigfarbene glatte Holz seiner beiden Flügel, die Scharniere und das Schloß aus uraltem goldartigem Metall glänzten.

Mächtig, mich geradezu beeindruckend, beherrschend stand dieser Riese da. Barg er nicht auch Wunderbares? Kättel hatte mich noch nie hineinschauen lassen. Ihr »Getüch« (Leinen) bewahrte sie in der Wohnkammer auf.

»Was hast du eigentlich in diesem Wunderschrank?« wagte ich auch an jenem Morgen, wie schon oft, zu fragen. Und wieder antwortete Kättel mit ihrem schelmischen Lächeln. »Eh, allerlei Wunder. Demnächst zeig ich dir was davon.«

»Das versprichst du immer«, murrte ich, »was man verspricht, muß man auch halten.«

»Ist ja nix als altes Dings! Stell dir nit zu viel vor! Es ist uraltes Dings, wovon du doch nichts verstehst. Ist aber auch wiederum etwas Kostbares, je nach dem, der's versteht.«

Das waren zwar Worte, die wenig verständlich waren. Ich nahm in meiner jugendlichen Überheblichkeit jedoch an, daß ich nun im Bilde war.

»Ach«, sagte ich, »jetzt weiß ich's. In den Dörfern rings um Weißenburg, wo man noch wenigstens am Pfingstmontag zum Festzug

Tracht trägt, da heben sie diese Kleidung von Ururgroßmüttern auf. Die vererbt sich von einer Generation zur andern. Zu unserer Schulfeier hab ich mir von Rubys in Hunspach die Kindertracht mit der Rüsche überm Kopf ›gelehnt‹, und die Liesel die der jungen Mädchen mit der Schleife. Ha, das war eine Pracht, als die Gret die dicken schweren Seidenschürzen und Tücher zeigte. So was gibt's jetzt nicht mehr. Das hält hunderte von Jahren.«

»Na, so weißt du's halt«, schmunzelte Kättel.

»Aber in Kleeburg gibt's ja gar keine Tracht«, fiel mir ein. »Oder? Was hast du denn im Schrank?«

»Wart's halt ab!« antwortete Kättel ungerührt. »Jetzt hab ich noch keine Zeit dazu. Vielleicht ist's noch kostbarer!«

Ich wußte, daß Kättel sich nie drängen ließ, so lieb sie auch war. Ich mußte halt warten.

Dicht unter meinem Fenster erklangen jetzt Kinderstimmen. Unten an der Straße, wo das Holpergäßchen rüber zum krummen Eck führte, war die Schule, und der Hof dahinter reichte bis an Kättels Haus. Auf dem Land hatten sie andere Ferien als wir in der Stadt. Es war Pause. Die Mädchen spielten Kreis und sangen.

Da hatte ich schon wieder eine Frage bereit: »Was singen die da?

Wir sind die Schwedenbauern, bekannt im ganzen Land,
kaputt sind Schloß und Mauern, ist das nicht allerhand?

Warum Schwedenbauern?«

»Ei, so heißen wir halt im Unterland«, erklärte Kättel gleichmütig.

»Hast du nicht gesagt, alle, deren Familiennamen mit y endet, wären aus der Schweiz eingewandert, die Ruffy, Ruby, Jacky und all die andern? Da müßtet ihr doch Schweizerbauern heißen; warum Schwedenbauern?«

»Ach, du liebe Zeit«, klagte Kättel, »was hast du heut wieder eine Fragerei. Ist am End eine Verwechslung.«

»Warum seid ihr denn aus der Schweiz hierhergekommen?« gab ich meine Fragerei nicht auf.

Kättel hatte wieder ihr humorvolles Lächeln. »Am End hat man uns eingeladen. Ich war halt nach dem großen Krieg vor mehr als zweihundert Jahren noch nicht dabei. So alt bin ich halt auch noch nicht.«

»Vielleicht sollten deine Vorfahren hier wieder aufbauen, urbar machen«, ließ ich die Weisheit meiner siebzehn Jahre leuchten. »Ob euch der französische König eingeladen hat?«

»Gewiß nicht«, meinte sie, »hier war's damals noch nicht französisch. Es waren auch Evangelische, und der französische Louis hätt solche nicht gewollt.« Sie schmunzelte wieder.

»Am End war's der schwedische König«, schlug ich vor.

»Was bist du ein kluges Maidel«, lobte sie spöttisch. »Ich glaub als, der wohnt ein bissel arg weit von hier.«

Ich spürte, daß ich einen heißen Kopf bekam. So dumme Einfälle zu haben! Doch ich hatte an jenem Tag meine Fragekrankheit, wie Kättel es mit dem lustigen Blinken ihrer blanken Kastanien-Augen bezeichnete.

Am Nachmittag bestimmte sie in ihrer diktatorischen Art, die bei ihrer schelmischen Liebenswürdigkeit keinen Widerspruch aufkommen ließ: »Wir machen nachher beim Lenel im Schloß einen Krankenbesuch. Du mußt natürlich mitgehen. Du hast halt ein Mundwerk wie deine Mama, tust es bloß nicht so gern auf. Aber wenn du willst, kannst du die nettesten Späßle erzählen, wenn sie – mit Verlaub zu sagen – auch zuweilen geschwindelt sind.«

Ins Schloß! Natürlich kannte ich den ansehnlichen Bauernhof, der etwas hinter Bäumen versteckt und ein wenig abseits der Straße und des Platzes um die große Linde inmitten des Dorfes lag. Aber warum hieß dieses Anwesen eigentlich Schloß? Ich hatte mir als Kind keine Gedanken darüber gemacht, hatte den wohlbekannten Namen einfach nachgeplappert. Doch nun fragte ich danach.

Kättel zuckte die Achseln. »Ich hab noch keinen König drin gesehen«, scherzte sie, »nur Bauersleut.«

Ich krauste die Stirn, überlegte. »Eigentlich sieht es aber nicht so recht wie ein Bauernhaus aus«, meinte ich. »Die breite Doppeltreppe außen, die weiten Flure und Gänge, die Kamine mit den halb zerbröckelten Verzierungen, die hohen Fenster. Ein Fachwerkhaus ist es auch nicht, und es ist so irgendwie anders, stattlich, vornehm zurückhaltend, am Ende doch so etwas wie ein Schloß.«

»Hm, hm, hm«, lächelte Kättel, »dir geht mal wieder die Phantasie durch. Geh, setz dich gleich als Prinzessin hinein. Meine Urgroßel, zwar sonst vernünftiger als du, hat aber auch als (zuweilen) so was daher gemurmelt, da wär ein König geboren. Dann hat mein Vater gesagt: ›Plän von Paris.‹ Alte Leute muß man babbeln lassen.«

Wie gerufen trat da Kättels nächster Nachbar, der Lehrer, ins Häusel ein. Der stattliche Mann mußte sich unter den niedrigen Türen bücken und stieß mit seinem Kopf fast am Gebälk der Stubendecke an. Doch er war häufig bei Kättel zu Gast, knabberte von ihren Brödeln (Gebäck) und hielt einen gemütlichen Plausch mit dem gewitzten kleinen Fraule. An jenem Tag zog er sogleich, als er sich gewichtig auf einen der Eichenstühle niedergelassen hatte, umständlich, schier feierlich ein Heft aus der Tasche. »Meinst, Kättel«, sagte er, »was ich da hab?«

»Wie kann ich's wissen«, antwortete sie vergnügt, »bin kein Hellseher. Also verkündet es schon. Es brennt Euch ja auf der Zung.«

Lehrer Schuler (so hieß er wirklich) entfaltete Blätter und erklärte dabei: »Die Redaktion vom ›Elsaßland‹ gibt einen bebilderten Band heraus, und ich bin gewürdigt worden, über Kleeburg dafür zu schreiben. Viel hab ich ja nicht zusammenbekommen. Es liegt mir halt nicht. Vor allem hab ich unsern ›Herbst‹ (Weinlese) geschildert. So etwas von der Vergangenheit muß ich wohl auch berichten und so etwas Politisches, wenn's eben ging, auch hineinbringen. Darf ich dir's mal vorlesen? Ich weiß, du bist eine gute Kritikerin und hältst deinen Schnabel nit, wenn du was auszusetzen hast. Ich will doch nicht ausgelacht werden, gell. Und ich werd gedruckt, mein Name kommt darunter: F. Schuler.«

»Welche Ehr«, gab Kättel zu, und in ihren Augen tanzten lustige Funken. »Also lest numme (nur) vor, Schuler! Aber wenn's beliebt, bitte nicht zu lang! Wir müssen noch ins Schloß.«

»Nun, die Einleitung, daß Kleeburg der wichtigste Weinort des Kreises ist, laß ich aus und auch das End vom ›Herbst‹, das dünkt mich recht gelungen«, räumte er ein. »Doch das Mittelstück, gell, das hört Ihr Euch an. Ich halt's für einen ausgetiftelten feinen Satz.«

Kättel blinzelte mir zu und setzte sich ihm gegenüber mit brav gefalteten Händen wie ein Schulkind.

Und mit solch mächtiger Stimme, wie er seine Schüler laut lehrte, daß es oft zu mir herüberdrang, begann der gewichtige Mann gewichtig: »Kleeburg liegt lieblich im sonnigen Tal am Fuß des vielleicht schönsten Teiles der Nordvogesen, abseits von unseren wichtigen Verkehrswegen. Wer seine lange, durch die Enge des Tales bedingte schmale Hauptstraße durchwandert, empfängt nicht gerade den Eindruck, einen Ort von nicht unbedeutender geschichtlicher Vergangenheit betreten zu haben, in deren Mitte sich einst eine umfangreiche Wasserburg, der ›Wasserbau‹, ausdehnte, der um 1618 pfalzgräfliche Residenz war, daß er als Unteramtsort eine ansehnliche Beamtenschaft in seinen Mauern vereinte, daß sich hier die Bewohner der Umgebung bis hinunter nach Hofen, bis hinüber nach Schönenburg zu Amts- und Gerichtstagen Rendezvous gaben, daß es sogar Geburtsstätte König Karls X. von Schweden sein soll, daß an der ›Linde‹ . . .«

»Hören uff, hören uff!« bat Kättel und lehnte sich erschöpft an die holzgetäfelte Wand zurück. »Ich kann nimmi (nicht mehr). Ich bin ganz überwältigt von Eurem kunstvollen Satz.« Sie schloß die Augen, doch ihr kleiner Mund zuckte wie von verhaltenem Lachen.

Herr Schuler sprang auf: »Soll ich Euch einen Mirabell (elsässischen Schnaps) holen?«

»Nein, nein, merci (danke)«, wehrte Kättel ab. »Es geht schon besser. Ja, so ein studierter Herr wie Sie! Da weiß so ein dummes Bauernweibel wie ich den Anfang nicht mehr, ehe Sie ans Ende gekommen sind. Aber Ihr werdet Eindruck mit diesem kunstvollen Satz machen.«

Da sie den Herrn Lehrer mit ihren blanken Augen wieder anstrahlte, war er über ihren Gesundheitszustand beruhigt, von ihrem Urteil befriedigt. Er verließ uns so würdevoll, wie er gekommen war, und vor lauter Stolz ob seines schriftstellerischen Erfolgs vergaß er, sich unter der Tür zu bücken und prallte daher gehörig gegen den oberen Pfosten.

»O weh«, klagte Kättel bedauernd, »legt ein kaltes Messer auf die Beule.« Und dann wisperte das »Bauernweibel«, das doch belesener war als manche Stadtdame, den Goethespruch: »Mir wird von alle dem so dumm, als ging mir ein Mühlrad im Kopf herum.«

Zu mir wandte sie sich darauf und sagte verschmitzt: »Ihr habt euch wohl angesteckt, ihr zwei. Jetzt faselt der schon von einem König im Kleeburger Schloß.«

Wir machten uns dann endlich auf den Weg zu diesem »Schloß«.

»Nun werden wir schon wieder aufgehalten«, klagte Kättel, während wir die Dorfstraße hinuntergingen – »da kommt der Gehilfe vom Katasteramt. Der soll dir gewiß frische Wäsch oder sonst irgend etwas bringen, was ihm dein Vater aufgetragen hat.«

Kättel war etwas ärgerlich, aber ich rief erfreut: »Oh, der Guscht, wie schön!«

Als Guscht, mein besonderer Freund, erklärte, daß er nur eine Auskunft beim Bürgermeister holen müßte und uns bis zum Schloß begleiten würde, leuchtete Kättel sogleich wieder auf, und ihr Gesicht erhellte sich noch mehr, als sich ihr Jugendfreund Gottlieb zu uns gesellte und auch seine Begleitung auf dem kurzen Weg zum Schloß anbot. Die beiden Alten schritten voraus, wir Jungen hinterdrein.

Ich erzählte dem damals schon sehr Geschichtskundigen von dem schriftstellerischen Erzeugnis des Herrn Lehrers und betrachtete diese Behauptung über die Geburt eines Schwedenkönigs als guten Witz.

Guscht dagegen erwiderte: »›So sind noch manche Sachen, die wir getrost belachen, weil unsre Augen sie nicht sehn!‹ Es ist nicht alles Erfindung, was von der Geburt schwedischer Königskinder in Kleeburg berichtet wird. Später, wenn ich älter bin und mehr Zeit habe, werde ich in den Kirchenbüchern nachforschen und dir dann genaues berichten.«

Doch ehe es soweit war, brach der Erste Weltkrieg, dann der Zweite Weltkrieg aus. Ich sah Guscht und Kleeburg lange Jahre nicht wieder, und bei meinen späteren Besuchen in der alten Heimat war Guscht noch vorerst unauffindbar, und ich dachte an anderes als das »Schloß« in Kleeburg und alles, was damit zusammenhing, wenn ich auch noch mehrmals das alte Kättel besuchte.

Als ich vor drei Jahren wieder nach Kleeburg kam, war sie heimgegangen. »Mit großer Freude«, hatte mir ihre Kusine, die Rollemüllerin, geschrieben. Ihr Häusel stand verlassen und verschlossen da; ihr einst so gepflegtes Gärtchen hinter der Scheune war eine Wüstenei, und der Pfarrgarten, den man von dort aus durch ein Pförtchen erreichen konnte, nicht minder, denn Kleeburg hat schon lange keinen Seelsorger mehr. »Aber wir haben unseren Herrn selber«, tröstete Kättels Kusine, die Rollemüllerin.

Als ich voriges Jahr im Frühling wieder Kleeburg aufsuchte, tat es mir zu weh, dorthin zu gehen. Ich wollte auch nicht wie im Jahr zuvor ihrem Großneffen, dem Ruffy Charles, im Mitteldorf während der Essenszeit ins Haus kommen, obwohl sie mich darin samt meiner Begleiter immer großzügig bewirtet hatten. Ich entschied mich für den Gasthof Zur Linde, der an dem Platz der Dorflinde dem Schloß gegenübersteht.

Ehe meine Freundin und ich dort eintraten, schlug ich vor: »Wir wollen mal eben rübergehen und schauen, ob dort hinter den Bäumen und Büschen das Schloß noch steht. Es sind eine Reihe Häuser im Krieg zerstört oder später abgerissen worden.«

Ja, es stand noch, sah genau aus wie einst. Ein junges Mädchen fegte den Hof und grüßte freundlich.

»Dies ist das Schloß, gelt?« wandte ich mich an das junge Ding. »Warum heißt es Schloß?«

»Weil's aus Steinen von dem abgerissenen Schloß dort oben bei Birlenbach gebaut ist.«

Nun, das war eine unbefriedigende Auskunft. Ich wandte mich enttäuscht zum Gasthof um, und dort erlebte ich beim Mittagessen eine ganz große Überraschung.

Wir sahen von unserem Eßplatz aus durch eine geöffnete Tür in einen leeren kleinen Saal, und an dessen Hinterwand hing Bild an Bild. In der Mitte prangte im breiten Goldrahmen ein Gemälde Karls XII. von Schweden, das nach der daran befestigten Plakette von König Gustav VI. der Volksschule Kleeburg gestiftet worden war (und daher hing es in einer Wirtschaft!). Ringsum waren die Reproduktionen von Bildern, die Karl X., Karl XI. darstellten, und bei ihnen allen stand »aus der Linie Cleeburg«, und so stand es auch bei Johann Casimir, Pfalzgraf von Zweibrücken, an dessen Seite seine Gemahlin Katharina von Schweden, Tochter König Karls IX., auf uns herabschaute. Das war eine Entdeckung!

»Siehst du«, sagte ich stolz zu meiner Freundin, »nun hab ich doch recht. Als ich in meinem Jugendbuch ›Wohin, Susanne?‹ etwas von dem Gerücht von Schwedenkönigskindern in Kleeburg erwähnte, hat man es mir so wenig geglaubt, wie ich es zuvor selber angezweifelt hatte.«

»Ja, ja«, sagte ein alter Bauer, der einzige Gast in der Wirtsstube, hinter uns, »die Schweden sind seit einiger Zeit am Ausgraben. Sogar der Ambassadeur (Gesandte) war hier.«

»Wo graben sie aus? Was graben sie aus?« fragte ich eifrig.

»Ei, droben auf der Höh bei Birlenbach die Reste von der Katharinenburg. Mehr weiß ich nicht. Aber in Birlenbach, da weiß es ein junger Pfarrer, Ungerer heißt er, Charles Ungerer, wohnt noch bei seinen Eltern. Der ist wohl der Wichtigste bei all den Grabereien. Ist unnütz Gedings, gell!«

Wir aßen uns kaum satt. Wir hatten es gar eilig, nach diesem Birlenbach zu kommen. Wir mußten durch das Dorf Drachenbronn fahren, dessen schönen Namen man auch nicht ins Französische übersetzt hatte. Es war von dort aus nicht mehr weit zu dem kleinen Dörflein Birlenbach. Ein blaues Schild an seinem Eingang, von Margaretenblüten umstanden, verkündete uns, wie es im Elsaß bei jedem Ort Brauch ist, Näheres darüber. Hier war zu lesen: ›Birlenbach, ehemaliger Besitz der Herzöge von Zweibrücken und der Krone von Schweden, Ruinen der Katharinenburg (1619–1755).‹

Hochbefriedigt fuhren wir ein, an blumengeschmückten behaglichen Häusern vorüber, einer überraschend stattlichen Kirche, in deren Außenmauer zwei Wappen eingehauen sind. In einem ansehnlichen gepflegten Bauernhof nahm uns ein hochgewachsener junger Mann mit überaus klaren Augen in Empfang. Er, der mir selber wie einer der hochgemuten schwedischen Königssöhne erschien, freute sich über unser Interesse. Er zeigte uns das Modell der Katharinenburg mit ihren Türmen und 365 Fenstern. Er wies uns Ahnentafeln, erzählte, erklärte, gab uns zwei auf Porzellan gemalte Abbildungen dieses Schlosses, Aufsätze, Zeittafeln, die er selber angefertigt hatte. Er führte uns zu dem Ausgrabungsfeld, das auf der

Höhe oberhalb seines elterlichen Hofes liegt. Es ist schade, daß ich nicht länger bleiben, öfter zu diesem jungen Mann kommen konnte.

Ich habe derweil allerlei Bibliothekare, Geschichtsforscher, das Stockholmer Nationalmuseum in Anspruch genommen. Eigenartig ist, wie sich die einzelnen Berichte widersprechen. Doch etwas fehlte mir immer noch: Ich wußte zwar Daten über Daten, Tatsachen und Tatsachen. Es war geschichtliches Material. Doch was erfuhr ich von den Menschen, dem rein Menschlichen der beiden, was wußte ich im Grunde von Pfalzgraf Johann Casimir und Katharina von Wasa, die einst in Kleeburg und später in dieser Katharinenburg gelebt hatten?

Nicht nur meine schon Jahrzehnte lang andauernde Verbundenheit mit meiner alten Heimat, dem Elsaß, bewirkte, daß ich bereits im Sommer des gleichen Jahres wieder dorthin fuhr. Mich drängte auch ein mir selber kaum erklärliches Interesse an diesem Kleeburger Schloß, das mir seit meiner Kindheit bekannt gewesen war und doch nur dann und wann ein wenig interessiert hatte, und nach den Ausgrabungen der Katharinenburg bei Birlenbach. Und dabei war es fraglich, ob ich von meiner Heimatstadt Weißenburg dorthin gelangen könnte. Ein Privatwagen stand mir diesmal nicht zur Verfügung, eine Taxe konnte ich nicht stundenlang warten lassen, und der Kinderwagen, der mich einst nach Kleeburg fuhr, war nun nicht mehr ausreichend für mich, sowenig wie meine eigenen Füße.

Nun, ich hatte mich mal wieder unnötig gesorgt. Am Sonntagmorgen holte mich Helen, die Frau des Ruffy Charles, Kättels Großneffen ab, und ich staunte, staunte, was da für ein Wagen vor der Johanniskirche meiner wartete.

»Helen«, rief ich nach der Begrüßung, »ich hab ja alleweil (immer) gemeint, du sähst eher wie ein zierliches blondlockiges Filmsternchen aus als wie eine tüchtige Bauersfrau und Mutter von vier Kindern. Aber jetzt auch noch so ein hocheleganter Renault oder Peugeot oder was weiß ich, was es für eine Marke ist!«

»Das ist gar nicht unser Wagen«, erklärte die kleine Frau lachend, »der gehört dem Pariser Monsieur, der Kättels Häusel gelehnt (gemietet) hat und später, wenn er's mit den Erben geregelt hat, kaufen will. Er hätte selber gefahren, aber er steckt so arg in der Arbeit.«

»In der Arbeit?« staunte ich, »jetzt am Sonntag?«

»Na ja«, entschuldigte Helen, »er meint halt, Arbeit, die Spaß macht, wär auch sonntags erlaubt, und außerdem ist bei uns heut keine Kirche, und wenn er in die Nachbarorte gefahren wär, da hätt er lang suchen können. Unser evangelischer Gottesdienst wird ringsum in den Dörfern in deutscher Sprache gehalten. Der Monsieur ist auch protestantisch, versteht aber kein Deutsch. Er ist sogar stolz, von den Hugenotten zu stammen. Sehen Sie, dies Hugenottenkreuzel hat er mir geschenkt. Schließlich, er wär auch zu drecket (schmutzig) für heut herzufahren.«

»Ja, was macht er denn für Dreckarbeit?« erkundigte ich mich.

»Ei, er reißt Wänd ein und baut neue auf und richtet das Häusel als Sommeraufenthalt für sich und seine Kinder und Enkel. Er hält's mit: ›Do it yourself!‹ sagt er, das heißt ›Tu alles selbst‹. Nur das Dach hat er nicht selber neu gedeckt.« – Sie lachte auf. – »Da wär er bestimmt neingeplotzt (hineingefallen). Er wiegt nämlich bestimmt zwei Zentner. Ein feiner Monsieur, enfin (kurzum).«

»Du machst mich neugierig«, scherzte ich.

»Die Neugier ist bald befriedigt«, versprach die kleine niedliche Frau, die so geschickt den großen Wagen aus der Stadt hinaus auf die Landstraße lenkte. »Der Monsieur scheint selber neugierig auf Sie zu sein. Er hat vorgeschlagen, ehe wir zu Mittag essen, das die Großel richtet, sollen wir ihm den Wagen zurückbringen und in die Scheune stellen und Sie ihm vorstellen.«

Nun, ich war nicht abgeneigt, durchaus nicht. Eine Viertelstunde danach begrüßte mich in dem Flur von Kättels Häusel inmitten von Haufen von Schutt und grauweißem Grus der Pariser Journalist, den ich mir so ganz, ganz anders vorgestellt hatte.

Der war ja beinahe ein Riese, der mit seinem weißen Haarschopf fast an die Decke des Häusels stieß. Riesenstark, ungeschlacht wie ein Riese wirkte er, und seine Arbeitskleidung war von unfeststellbarer Farbe. Doch seine Begrüßung war von echt Pariser eleganter Beredsamkeit, und sein Französisch nicht minder.

Helen wunderte sich, daß mein Französisch ausreichte, mich mit dem alten Herrn sogleich in ein angeregtes Gespräch zu vertiefen.

Im nächsten Jahr, so versprach er, würde er mich würdiger am gleichen Ort empfangen können. Diesmal reichte es nur zu einem Platz auf der notdürftig mit der blauen Arbeitsschürze abgewischten Eckbank.

»Oh«, stellte ich erfreut fest, »diese mir so bekannte Sitzgelegenheit ist also noch geblieben, sie ist wohl fest in die Wand gemauert, und« – ich riß erstaunt die Augen auf – »was ist das da für ein mit Säcken verhangenes Ungeheuer? Ist es etwa der Wunderschrank? Hatte keiner der Erben Platz für ihn?«

»Platz schon«, erklärte Helen. »Lina, Kättels Großnichte, die in die große Ferme (Bauernhof) geheiratet hat, wollte ihn durchaus . Aber er wollte nicht!«

»Hat er denn etwas gesagt?« neckte ich.

»Eh bien«, meinte Helen kichernd, »entweder hätte man eine Wand des Häusels einreißen müssen oder den Schrank zersägen. Ich möcht nur wissen, wie er hier hereingekommen ist.«

Ich stimmte in ihr Lachen ein. »Kättel scherzte immer, das Häusel wär um den Schrank herumgebaut worden. Er wär aus dem Schloß«, berichtete ich.

»En tout cas (auf alle Fälle)«, mischte sich der alte Herr ein, »ist es wirklich ein Wunderschrank.«

»Kättel hat einen Brief hinterlassen«, berichtete Helen, »er war schwer zu lesen, ihre drollige Krakelschrift. Wir haben uns alle drum gemüht. Ihr bissel Gedings hat sie uns verteilt, das war wohl zu verstehen. Doch dann kam ein extra Blättel, nein, ein großes Blatt war vollgekritzelt über den Schrank da und was darin steckt.«

Ich lächelte vor mich hin und sagte: »Es gab mal in Frankfurt einen Poststempel mit dem Ausspruch Goethes: ›Frankfurt stickt voller Merkwürdigkeiten!‹ So ist es wohl auch mit diesem Schrank.«

Der Pariser hatte wohl in etwa meine Bemerkung verstanden, wenn er auch auf französisch erwiderte: »Nicht bloß der Schrank, sondern auch das ganze kleine Anwesen. Dort drüben das festungsartige Kellergewölbe! Nun, bis Sie nächstes Jahr wieder mir die Ehre Ihres Besuches erweisen, werde ich hinter vieles gekommen sein. Oh, das macht mir großes Plaisir.«

»Merkwürdig war schon, was in dem Schrank war«, fiel Helen ein, »aber kostbar wohl kaum. Ich wundere mich, daß man so alten Plunder so geheimnisvoll aufhebt. Aber die Tante Kättel war halt so gewissenhaft. Sie mahnte uns oft: ›Wer im Kleinsten nicht treu ist, der ist auch im Großen nicht treu!‹«

»Na, wenn man diesen Schrank ›kleinstes‹ nennt«, warf der alte Herr humorvoll ein und zwinkerte das verdeckte Ungetüm an.

»Eh bien«, verteidigte sich Helen, »was war denn groß darin? Aber Kättel hatte aufgeschrieben, ihre Urgroßel hätte von ihrer Urgroßel und die am End von ihrer Urgroßel den Befehl erhalten, all diese Erinnerungsstücke sorgfältig aufzuheben, daß sie in der Familie blieben. Diese elfenbeinernen Schnitzereien und silbernen Ketten, die schwarz von Alter waren, und Spitzenhauben, die auseinanderfielen, als wir sie mit derben Bauernhänden anfaßten! Das war wohl alles aus der Zeit, als ein Pfalzgraf unsere Vorfahren aus der Schweiz in diese Gegend holte, weil hier durch Krieg und Pest alles verödet und die Bewohner ausgestorben oder geflüchtet waren. Vielleicht ist's sogar noch älter, meint der Charles. Und das eisenbeschlagene Käschtel, das wär das Wichtigste. Es mußte mit den Papierrollen in die Katharinenburg gebracht und in das Wandschränkel gesetzt werden, unter dem Fenster, wo der Lieblingsplatz der schwedischen Königstochter gewesen wär. Eine Urahne hätte es mit dem Befehl aus Schweden mitgebracht. In Schweden sollt es auf keinen Fall bleiben. Aber du liebe Zeit, als sie endlich hier im Land ankam, da war fast ganz Birlenbach und Kleeburg ausgestorben, das Schloß geplündert, zum Teil zerstört, und sie selber so schwach, daß sie nicht mehr zur Katharinenburg hinaufsteigen konnte. Wer sollt auch wissen, welches von den 365 Fenstern gemeint war. So hat's uns hier der Monsieur erklärt.«

»Ich habe mich mit dem schwedischen Ambassadeur (Gesandten), der aus Paris zu den Ausgrabungen gekommen war, unterhalten, mich auch bei dem Leiter dieser Ausgrabungen erkundigt«, fiel der alte Herr ein. »Sie hat ein wechselvolles Schicksal gehabt, diese Katharinenburg, wurde halb zerstört, dann wieder aufgebaut unter dem Bruder des Schwedenkönigs Karl X., dann aufs neue zerstört. Ein Pferdestall französischer Soldaten war eine Zeitlang im zweiten Stock des Prunkschlosses und zu guter Letzt wurden ein Teil der

Steine zur Errichtung eines neuen Pfarrhauses und anderer Gebäude des Dorfes verwandt.«

»In einer im neuen Glanz erstandenen Katharinenburg sollte das Kästchen mit seinem Inhalt ruhen«, fuhr Helen auf deutsch fort. »Da muß es noch lang warten, am End bis zum Nimmerleinstag.«

»Und wo ist es derweil?« fragte ich.

Der alte Herr ging zu dem verhüllten Schrank, bückte sich, trat unter das bergende Sackleinen. Es dauerte einige Minuten. Dann kam er bedächtig hervor, hielt eine Kassette in seinen großen Händen und hielt sie mir schier feierlich hin.

»Voilà!« sagte er. »Es sind dicht beschriebene Blätter darin. Ich kann nichts davon entziffern. Erstens ist es Deutsch, und wenn ich mich darin auch zur Not herausfinden könnte, so ist es solch altertümliches Deutsch, daß es erst noch in die Sprache unserer Zeit übersetzt werden müßte.

Eine schwere Aufgabe! Ob das von Ihnen so geliebte und mit Ihnen verbundene Kättel und durch sie ihre Urahnen sie Ihnen nicht anvertrauen will? So wie König Gustav VI. den Kleeburgern das Gemälde des großen Schwedenherrschers und die Fotos der Stammeltern dieser Könige aus der Linie Kleeburgs verehrte, so schenken Sie ihnen nicht bloß die toten Bilder, sondern das Leben, das sie hier gelebt haben. Wecken Sie sie auf! Eine schwere Aufgabe, n'est-ce pas (nicht wahr)?« Er hielt mir immer noch das Kästchen hin, blickte mich ernsthaft an.

Ich griff danach, zögernd – ehrfürchtig. »Ich will es versuchen«, sagte ich, »diesen Stoß Blätter mit der vergilbten Schrift zu lesen, zu deuten, in die Sprache unserer Zeit zu übertragen. Es ist wirklich eine schwere Aufgabe, es ist ein Experiment. Doch – ich will es versuchen –«

In einer nordischen Winternacht

Und das ist, was Johann Casimir von Pfalz-Zweibrücken, genannt der »Schwede«, Vater König Karls X. von Schweden aus der Linie Kleeburg in langen schwedischen Wintern niederschrieb und das in neuere Zeit und deren Sprache übertragen wurde:

Der Sturm heult und tobt um den alten Bau. Aber seine festen Mauern haben schon unzähligen Unwettern standgehalten und werden noch weiterhin ihnen trotzen, wenn ich selber keine Angriffe von menschlicher Seite mehr durchzustehen und nicht mehr zu fürchten haben werde. Aber ich spüre die grausame Winterkälte trotz meiner festen Behausung, trotz der lodernden, krachenden Buchenscheite in dem riesigen Kamin. Die Kerzen in den Kandelabern an der mit Gobelins verkleideten Wand und auf meinem wuchtigen Eichentisch flackern in einem durch unsichtbare Ritzen einströmenden Lufthauch. Es will heute nicht Tag werden. Kein menschlicher Laut dringt durch das Johlen des Sturmes. Das weite, unendlich weite Land draußen liegt wie begraben unter einer weißen Schneedecke. Tiefschwarz ist der Himmel darüber, sternenlos.

Sollte man annehmen, kann man sich vorstellen, daß dies das Land der hellen Nächte ist, daß es eine Zeit geben wird, wo die Sonne nicht untergeht, wo die so zahlreichen Birken sich wie fröhliche Mädchen im Reigen wiegen und unter ihnen auf grünen Rasenflächen jauchzend, lachend, musizierend getanzt wird, in bunteren Kleidern noch und ausgelassenerer Stimmung als in meiner Heimat.

Meine Heimat! Dort würde jetzt der Duft der Veilchen zu uns heraufsteigen, und die Hänge zum Tal hinab würden voll goldener Schlüsselblumen prangen. Weißt du noch, Katharina? Doch nein, du sitzt ja nicht mehr neben mir; so wie all die Goldstücke, zahlreich wie die gelben Frühlingsblumen – diese schwedischen Münzen, mit denen du mir eine Heimat schaffen wolltest –, dahin sind. Es ist kalt und dunkel um mich geworden, seit du vor einem Jahrzehnt in einer dieser finstern Dezembernächte zu Västerås von dieser Erde, von mir gingst. Heimatlos bin ich ohne dich, ohne Liebe, ohne Mittel. Aber nicht ohne Gott und eine lebendige Hoffnung.

Man behauptet zwar, dies Land hier wäre mir zur Heimat geworden, man nennt mich bei meinen deutschen Verwandten Johann Casimir, der Schwede. Ich bewohne in diesem Land mal dies, mal jenes Schloß, ich lebe abwechselnd in Stegeborg, Västerås, Braborg, Skenäs und, wenn es unbedingt notwendig ist, auch wie einst in Stockholm, der schwedischen Hauptstadt. Meine Kinder mögen sich als Schweden fühlen, als Schweden aufgewachsen sein. Mein Sohn wird schwedischer König werden, da Christine, seine Base, jeder Heirat abgeneigt ist und sogar schon lange sich mit dem Gedanken trägt, abzudanken. So treu gesinnt sie mir ist, mehr als ihrer Mutter, die sie trotz meiner Ermahnung lieblos vernachlässigt, so sehr ich ihr trotz all ihrer Extravaganzen zugetan bin, es wäre besser, wenn sie ginge. Das behaupte ich nicht, weil ich, wie meine Feinde mir andichten, den Thron für meinen Sohn erstrebe. Er wird ein schweres Erbe antreten. Möge er die Sparsamkeit, die ich einst als Finanzminister übte und mir dadurch den Groll der höchsten Herren zuzog, von mir geerbt haben und zu retten versuchen, was Christines Verschwendungssucht, auch ein Erbteil, ein Erbteil ihrer unglücklichen Mutter, zurückgelassen hat.

Ich schweife ab. Doch was soll ein einsamer alter Mann in dieser endlosen Winternacht tun?

In meiner Familie, derer von Pfalz-Zweibrücken, hat sich auch mancherlei Erbgut erwiesen. Da ist zuerst etwas recht Unwichtiges, ein körperliches Erbe, das immerhin hindernd sein kann. Mein Vater hieß Johann der Hinkende, ebenso wie mein Urgroßvater Alexander diesen Beinamen, der Hinkende, hatte.

Weit wertvoller ist geistiges Erbgut. Wahrhaft christlich gesinnt war selbiger Alexander, der zu Gottes Ehre die Alexanderkirche zu Zweibrücken bauen ließ. Mein Großvater Wolfgang war gleichfalls ein wahrhafter Christ. Ihm war die Gnade gewährt, die reine Lehre zu erkennen und anzunehmen, wahrscheinlich beeinflußt von seinem Schwiegervater, dem Gönner Martin Luthers, Philipp dem Großmütigen von Hessen. Wolfgang führte die Reformation in seinem Land ein. Ja, er setzte sich selber, sein Leben für seinen Glauben ein. Er kämpfte mit seinen Truppen in Frankreich in den Reihen der Hugenotten (französische Protestanten), starb dort im fremden Lande in Nessum in Frankreich und wurde auf seinen Wunsch in die Heimat überführt. Seiner wurde in großer Ehrfurcht gedacht, war er doch nicht nur ein gläubiger Christ, sondern auch ein der Gelehrsamkeit wohlgesinnter Mann, der das Wolfgang-Gymnasium in Zweibrücken gründete. Beide Eigenschaften hat mein Vater von ihm geerbt. Er war ein eifriger Verfechter des protestantischen Glaubens, und zwar in der Form des Calvinismus, der Lehre des Schweizer Reformators Calvin, und er veranlaßte die Herausgabe des Zweibrücker Katechismus. Ich war erst 15 Jahre, als er starb. Wenn ich sein gedenke, sehe ich ihn immer vor mir in seinem düster wirkenden Gemach hinter dicken Folianten sitzen, den Federkiel in das große bauchige Tintenglas tauchen und schreiben – schreiben. Mit eigener Hand – so betonte er – schrieb er umfangreiche Bücher. Er wurde nicht nur Johann der Hinkende, sondern auch Johann der Gelehrte genannt. Wegen seines Hinkens konnte er sich den Waffen und anderen körperlichen Übungen nicht widmen. Aber er schämte sich seiner Gebrechen nicht. Auf die Bemerkung einer Dame, daß er mit dem einen Fuß, aber nicht mit dem Kopf hinke, schrieb er: »Ich bin ein Mensch und halte dafür, daß ich nicht besser als ein anderer Mensch und also sowohl als ein anderer Fehlern und Gebrechen unterworfen bin.«

Er befaßte sich vor allem mit genealogischen Forschungen, das heißt, er spürte den Verzweigungen wie den Anfängen seines Geschlechtes nach und führte seine Abstammung auf den Trojaner Antenor zurück. Bei allem schuldigen Respekt vor meinem Herrn Vater wage ich heute doch zu zweifeln, daß ein aus dem zerstörten Troja geflüchteter Kriegsheld sich in die ferne Pfalz oder nach Bayern jenseits der Schneeberge der Alpen durchgeschlagen oder verirrt hat. Ja, heute wage ich zu zweifeln. Als Kind war ich noch zu jung, um überhaupt eine Ahnung davon zu haben, was mein gelehrter Herr Vater niederschrieb. Und wehe, wenn ich schon begriffen und gezweifelt hätte! Mir klingt jetzt sein leicht schleppender Schritt in den Ohren, wenn er sich durch den langen Flur unserem Kinderzimmer näherte, als ich noch ein kleiner Bub war. Meine beiden größeren Brüder zuckten nicht weniger zusammen als ich. Johann, der Älteste, der mir fünf Jahre voraus war, und der zweite, Friedrich Casimir, der nur ein Jahr jünger als Johann war, wurden dann gründlich in Katechismus und Liederversen examiniert samt anderen Wissenschaften, wovon ich damals noch wenig und sie leider trotz unserer tüchtigen Präzeptoren (Erzieher) nicht gar viel aufzuweisen hatten.

Unser Herr Vater verlangte aber von ihnen viel und von mir auch, als ich erst eben fünf oder sechs Jahre alt war, recht schwer verständliche und daher schwer einprägsame Sätze aus dem Katechismus, und sein Krückstock ließ mich die frommen Worte, die ich hersagen mußte, nicht lieben.

Nun, ich als Kleinster lag ihm wenig am Herzen. Das geht schon aus dem lächerlich geringen Erbe hervor, das er mir zuschrieb, was ich damit entschuldige, daß er das Herzogtum Pfalz-Zweibrücken, das mein ältester Bruder erbte, nicht gar so sehr verkleinern und unbedeutend werden lassen wollte.

Ja, ich entschuldige die Handlungsweise meines Herrn Vaters. Doch um bei der strengen Wahrheit zu bleiben: Liebe, Herzenswärme habe ich von ihm nicht erfahren, wenn er auch seine Güte und Menschenfreundlichkeit damit bewies, daß er die Einwohner der Stadt Bergzabern, in der er seine Hochzeit mit großer Prachtentfaltung feierte, von der Leibeigenschaft befreite, seine Hochzeit mit der Enkelin des Kaisers und Tochter des Herzogs von Jülich-Cleve-Berg, mit Magdalena, meiner Mutter! Habe ich von ihr Herzenswärme, Liebe empfangen? Ich kann mich nicht entsinnen, von ihr einmal auf dem Schoß gehalten und wie eine Bauern-, eine Bürgersfrau ihr Kind hegt, von ihr geliebkost, geküßt worden zu sein. Das ist wohl das Los der meisten Fürstenkinder. Auch meine Mutter muß ich entschuldigen. Sie hat in ihrer Ehe, die so früh endete, zwölf Kinder geboren, wovon allerdings nur fünf am Leben blieben. Wie konnte sie sich da, wenn sie beinahe jedes Jahr wiederum eines erwartete, gebar, um ein einzelnes kümmern! Sie blieb mir wie eine Fremde, und doch habe ich viel Erbgut von ihr, wenn auch nicht von den Goldstücken, die sie als Brautschatz mit in die Ehe brachte. Ich gleiche nicht meinem dunkelhaarigen, dunkeläugigen Vater, habe nicht seine dichten schwarzen Augenbrauen überkommen. Ich habe das blonde Haar, die blauen Augen und das längliche Gesicht meiner Frau Mutter, die hohe Stirn, die allerdings noch höher wirkte, da nach der damaligen Mode sie ausrasiert und die Augenbrauen bis auf eine schmale Linie ausgezupft waren. So wirkte sie noch herber und strenger, und noch würdevoller, abweisender ließ sie ihre kleine schwarze Samtkappe und ihre steife, weiße Halskrause erscheinen, die als einziges ihr schwarzes Kleid aufhellte. So sehe ich sie in meiner Erinnerung als junge Frau vor mir.

Doch nicht nur in ihrem Äußeren, was Gestalt und Gesicht betrifft, bin ich ihr ähnlich. Sie hat einen sehr starken, unbeugsamen Willen gehabt. Das hat sie nicht nur bewiesen, als sie mit kaum 51 Jahren Witwe wurde, sondern vor allem dadurch, daß sie als junges Mädchen dem Befehl ihres Vaters wie des Kaisers widerstand.

Ihre Mutter, die Kaiserstochter aus Wien, war, wie es bei Fürstenehen üblich ist, bei ihrer Eheschließung zum Glauben oder vielmehr der Religion ihres Gatten übergetreten, und alle ihre Kinder waren als evangelische Christen aufgewachsen. Seltsamerweise aber wurde der Herzog selber in späteren Jahren katholisch und verlangte dasselbe auch von seinen Töchtern. Meine Mutter lehnte in langen, wohldurchdachten Briefen in geziemender Ehrerbietung dies Ansinnen ab, weigerte sich auch, an den katholischen Hof zu Wien oder München zu ziehen, und blieb dem protestantischen Bekenntnis treu.

Ob mich eine gleiche Willenskraft auszeichnet, kann ich selber nicht beurteilen. Wohl aber bin ich nicht von meinem Calvinismus gewichen. Ich achte meine Frau Mutter um ihrer Glaubenstreue. Ich ehre und achte gleicherweise meinen Herrn Vater. Doch Liebe, Wärme fand ich bei beiden nicht, und nur wo Liebe und Herzenswärme ist, da ist unsere Heimat.

So mag mir denn Kleeburg eher als Heimat erscheinen, obwohl ich es bestreiten muß, wenn man es hier behauptet und meine Söhne und Enkel »die Kleeburger Linie« nennt. Ich habe nur als Gast meines Bruders in Kleeburg kurze Zeit gewohnt, bin auch nicht, wie manche angaben, zuweilen noch von hier aus heimlich dorthin gefahren.

Aber die Katharinenburg, die wir dort auf der Höhe bauten, das ist unsere Heimat geworden, wenn wir auch nur so wenig Jahre dort leben durften. Sie war wirklich unsere Burg, unser Eigentum. Wir haben sie nicht wiedergesehen, Katharina, du, die Besitzerin, bist nicht deinem Wunsch entsprechend dort in die Erde bestattet worden. Du ruhst auch nicht als echte Wasa-Tochter bei den schwedischen Königen, sondern im Dom von Strängnäs. Dort werde ich einst neben dir meinen Platz finden, wenn ich auch in meinem Testament anno 1630 wörtlich bestimmt hatte, daß es »unser will und meinung, daß unser Körper in die dazu von uns erbaute Schloßkirche des Hauses Katharinenburg gesezet und daselbst zu verhütung mehrer Kosten zur Erde bestattet werden solle«. Vielleicht ist es dir, Katharina, ein Trost und eine Genugtuung, daß dort seinem von dir und allen echten Schweden so verehrten Großvater Gustav Wasa vom Reichstag die Königskrone dargeboten wurde.

Doch es wird dir jetzt gleichgültig sein wie aller Erdenglanz. Wir würden lieber Hand in Hand in einer der hellen Nächte über Meer und Länder hinweg zu unserer geliebten Katharinenburg wandern und sie in neuem Glanz erstehen sehen. Doch nein!

»Was sind dieser Erde Güter?
Eine Hand voller Sand,
Kummer der Gemüter!«

Ich will von unserem Lieben und Leben niederschreiben. Es mag einst als Gruß zu einer neu erstandenen Katharinenburg gesandt werden. Ich habe in mehr als sechs Jahrzehnten die Wahrheit der Lutherworte erfahren dürfen: »Nehmen sie Gut, Ehr, Kind und Weib, laß fahren dahin, das Reich muß uns doch bleiben!« Zu diesem Reich, zu der hochgebauten Burg unseres Gottes, wollen wir Hand in Hand gehen, geliebte Katharina!

Im Schloßpark von Zweibrücken

Wie lang sind diese nordischen Winternächte. Wie lang dünkt uns der Winter unseres Lebens, in dem wir auf einen neuen Frühling in einem neuen Leben warten.

Und wie kurz erscheint uns wiederum zurückblickend die Spanne unseres Erdendaseins. Man läßt im Alter gerne die Gedanken in seine Kindheit wandern. Ich möchte dir, Katharina, die ich mir hier, neben mir sitzend, vorstelle, davon erzählen, dir und denen, die nach uns kommen und unseres Blutes sind.

Die Eltern, die Hauptpersonen in einer Kindheit, waren mir fern als pflichtschuldig verehrte, geachtete Respektspersonen. Schriebe ich »geliebte«, wäre es die Unwahrheit. Man kann nicht zur Liebe zwingen, wenn mir auch einst bedeutet wurde, daß ich meine Eltern lieben müßte, und ich tröste mich ob dieser meiner Lieblosigkeit damit, daß es im vierten Gebot heißt: »Du sollst deinen Vater und deine Mutter ehren.« Nun, geehrt habe ich sie mit tiefen Verbeugungen und Handküssen. Ich habe große Ehrfurcht vor meinem gelehrten Vater gehabt und meine Mutter in ihrem samtenen und seidenen Staat scheu bewundert.

Wenn ich mir ihr Bild in meine Erinnerung zurückrufen will, so ist es verblaßt, ein Schemen. Arme Mutter, ob du je Liebe gekannt hast? Gewiß bist du wie ich ohne Liebe aufgezogen worden und bist, wie es in Fürstenhäusern üblich ist, mit meinem Herrn Vater, ohne ihn zuvor überhaupt gesehen zu haben, ohne Liebe verheiratet worden.

Doch steht nicht geschrieben und mußte ich es nicht schon als winzig kleiner Bub auswendig lernen: »Du sollst Gott, deinen Herrn, lieben von ganzem Herzen«?

Ich will ehrlich, ganz ehrlich sein, Katharina. Ich habe als Kind, als Heranwachsender wohl diesen Spruch gekannt, hergesagt, aber geliebt habe ich Gott nicht. Konnte man das von einem jungen Herzen verlangen, wenn nur Bibelverse, Gesangbuchlieder, Katechismus in ein Kindergemüt eingepaukt wurden, oft sogar mit Tränen gelernt, daran herumgestottert und beim Abhören vor des Vaters Unwillen gezittert wurde?

Gerade fällt mir ein, wie ich ganz und gar verwirrt an dem Spruch herumstammelte: »Meine Gedanken sind nicht eure Gedanken, und eure Wege sind nicht meine Wege, spricht der Herr, sondern so viel der Himmel höher ist als die Erde, so sind auch meine Wege höher als eure Wege und meine Gedanken als eure Gedanken.« Dies »meine« und »eure« verwechselte ich immer, und je länger mir mein Vater einhalf, mich verbesserte, um so verstörter wurde ich, so daß zu guter oder schlechter Letzt alles in einem verzweifelten Schluchzen endete, wobei ich den Kopf auf die glatt gescheuerte Tischplatte legte und des Herrn Vaters Unwillen über mich dahinging.

Und wie herrlich sind doch diese Worte, wie habe ich ihre Wahrheit in meinem Leben erfahren dürfen! Ich bin dankbar, einen Schatz, ja einen wahren Schatz an Sprüchen der Heiligen Schrift, an Liederversen auswendig zu bewahren. Aber ich finde es unrecht, Kindern dadurch die Freudigkeit an unserem seligmachenden Glauben zu zerstören oder gar nicht aufkommen zu lassen, indem man ihnen noch unverständliche Verse ohne Erklärung einprägen will. So habe ich es bei meinen Kindern und auch bei der jetzigen Königin Christine, solange sie unserer Erziehung anvertraut war, nicht gehalten.

Ich habe sie auch nicht, wie mir geschehen ist, gezwungen, in kalten Gotteshäusern stundenlang unbeweglich zu sitzen und schier endlosen und ihnen gleichfalls unverständlichen Predigten zu lauschen, vielmehr über sich ergehen zu lassen. Um so größer war dann ihre Freude und um so stärker der Eindruck für ihre jungen Seelen, wenn sie feierlich schönen, lichtdurchfluteten Festgottesdiensten beiwohnen durften.

Vielleicht rührt Christines, der Königin, Hang zum Katholizismus, dem sie völlig zu folgen gedenkt, wenn sie abgedankt hat, daher, daß sie später nach ihres Vaters Tod aus meiner Obhut genommen und in eine farblos freudlose Umwelt verpflanzt wurde. Doch ich will ja nicht von Christine erzählen, sondern von dem Buben Johann Casimir, der ich einst war.

Ein Erlebnis taucht vor mir auf. Es liegt weit, weit zurück. So weit, daß ich mich nicht genau erinnern kann. Ich war noch sehr klein, aber mein Gedächtnis reicht merkwürdigerweise bis in meine allerersten Lebensjahre zurück, und es ist gar nicht so merkwürdig, sondern wird von vielen behauptet und bewiesen, daß gerade im Alter einem die Kindheit besonders nahe gerückt ist, so wie an einem klaren Sonnenabend sich die fernen Konturen der Berge, oft nicht nur deren Umrisse, sondern sogar eine einsame Kiefer auf einer Höhe haarscharf wie Schattenrisse von der letzten Sonnenglut abheben.

Allerdings weiß ich nicht mehr, ob sich dies kleine Geschehnis in Bergzabern zutrug, wo mein Vater häufig residierte, oder in Meisenheim, wo er auch ein Schloß besaß, wo eine Reihe meiner Vorfahren beigesetzt ist, der sagenhafte trojanische Stammvater zwar nicht, dafür aber hat man meines Großvaters Leiche aus dem fernen Frankreich in die Meisenheimer Gruft überführt.

Es mag auch im weitläufigeren Park des prächtigen und geräumigen Zweibrücker Schlosses gewesen sein. Es waren nämlich an jenem Tag ziemlich viele Fürsten bei uns versammelt, vielleicht waren es die evangelischen Verbündeten, deren Haupt damals der Heidelberger Johann Casimir war. Oder waren es nur Verwandte? Ach, wie viele Johann Casimir und noch mehr Pfalzgrafen gab es doch, letzteres durch all die Erbteilungen. Ich selber bin dabei auch recht schlecht weggekommen, schätze aber, daß die Länder meiner beiden Brüder dereinst alle auch meinem Sohn zufallen, da bei ihnen keine männlichen Nachkommen vorhanden sind. Ich stelle das nicht aus Habgier fest, die meine Feinde mir in Anbetracht meiner Sparsamkeit vorwerfen. Ich selber werde von diesem Erbe nichts mehr genießen.

Nun, es war dazumal ein warmer Sommertag. Die Herren hatten sehr laut in dem Rittersaal des ersten Stockes diskutiert, so laut, daß es bis hinaus in den Park drang. Wir Kinder trieben uns nämlich draußen herum. Durch die Wirrnis dieser Zusammenkunft, wobei unser Lehrer als Schreiber oder so etwas Ähnliches zu dienen hatte, waren wir des Unterrichts und der strengen Zucht ledig. Niemand kümmerte sich um uns. Mein ältester Bruder hatte sogar einigen Knaben der Hofhaltung erlaubt, sich zum Spielen zu uns zu gesellen. Er war zwar nur fünf Jahre älter als ich, betonte aber häufig, daß er der künftige Herzog und Herr wäre. (Hat sich aber später in der Zeit des großen Krieges gar nicht so herrscherlich bewiesen, sondern ist nach Metz geflüchtet, wohin ihm gemeldet wurde, daß seine Residenzstadt Zweibrücken von dem schwedischen Oberst Rosen heldenhaft verteidigt und gerettet worden wäre.) Ich stand als Jüngster noch etwas unschlüssig und entfernt von den anderen größeren Kindern.

Da kamen drei Herren aus dem hinteren Portal, wandten sich einem der Steintische im Park zu, ließen sich daran nieder und winkten einem eilfertig herbeilaufenden Diener zu, ihnen Zinnbecher und einen Krug kühlen Trunkes zu bringen. War ihnen wohl an diesem warmen Sommertag beim heißen Disputieren zu hitzig geworden.

Der eine breitschultrige Edle mit dem leicht ergrauten Spitzbart hob mit seiner kräftigen Rechten mein Kinn in die Höhe, schaute mich an, als wollte er mich durch und durch sehen, legte dann die Linke auf meine Schulter, daß ich fast in die Erde sank, und sagte dazu mit voll tönender Stimme: »Bist der Jüngste, gell, Männel! Ein rechtes Pfälzer Gesicht, blauäugig, blondhaarig. Aufgeweckt schaust drein. Bist ein netter kleiner Bub.«

»Ich bin kein kleiner Bub«, trotzte ich zu dem großen Mann hinauf.

»So gefällst mir«, lobte er lachend, »nein, du bist ein großer Bub.«

»He«, rief er dann zu den andern Knaben hinüber, »warum laßt ihr diesen euren großen, kleinen Bruder nicht mit euch spielen?«

Mein wirklich großer Bruder, der zukünftige Herzog von Pfalz-Zweibrücken, trat mit einer lässigen Handbewegung, ganz zukünftiger Landesherr (wenn auch keines großen Landes), näher. »Er kann mitmachen«, sagte er so recht von oben herab und winkte dem Trüppchen der andern Knaben, die ihm gehorsam nachtrotteten. Sie mußten sich nahe bei den behaglich zuschauenden Herren an dem Steintisch aufstellen. Johann, der älteste Bruder, ordnete sie mit seiner vornehmen Handbewegung zu einem Kreis, und dann zählte er ab, indem er jedem leicht auf die Brust klopfte: »Eins, zwei, drei und du bist frei.« Wer »frei« war, trat aus dem Ring und durfte sich nachher verstecken. Ich vermute, daß es kein Zufall war, daß ich als erster mit einem festen Stoß bis fast an den Steintisch flog. »Du bist frei«, verkündete Johann dabei. So, nun war er mich Kleinsten los, mochte ich mich in den Büschen oder hinter den leise zerbröckelnden Steinfiguren verkriechen, wie ich Lust hatte! Wer von den andern Kindern würde sich die Mühe machen, mich kleinen Knäckes, mich Nichts zu suchen!

Der Spitzbärtige am Steintisch streckte seinen Arm nach mir aus und zog mich schmunzelnd an sich.

»Bist frei, großer Bub?« scherzte er. »Fein ist das, so frei zu sein, gell?« Und dann wurde er ernster. »Bist ja auch frei von Geld und Gut nach dem letzten Willen deines Herrn Vaters, den er uns heute verkündete. Macht nichts! Ging mir nicht viel anders auf meiner Waldfeste, frei wie ein Waldvögelein.«

Der andere hohe Herr lachte spöttisch. »Und dann macht er es wie Ihr, Herr Vetter«, fiel er ein, »holt Euch in fernen Landen eine reiche Frau. Aber anstatt mit ihren Golddukaten vergnügt in Paris oder Wien zu leben . . .«

»Werd ich der verrückte Jerri Hannes«, vollendete der Spitzbart ungekränkt, »bleib in meinen Wäldern, bau aber meinen Bauern feste Häuser und ordentliche Straßen, lehre sie die fremde Kunst des Eisenschmiedens, auf daß nicht ich, sondern sie zu Wohlstand kommen, und hab noch mancherlei Pläne, sogar zum Heil der evangelischen Christenheit.«

Ich starrte den großen Mann verständnislos an. Ich begriff natürlich kein Wort von diesen Reden.

Erst viel später erklärte mir einer dieser Herren, als ich als Erwachsener mit ihm in Heidelberg zu Tisch saß, daß dieser »verrückte Jerri Hannes« der Herzog Georg Hans Pfalzgraf von Veldenz-Lützelstein gewesen wäre, ein hochbegabter Mann, dessen weitfliegende und weitschauende Pläne leider die meisten Fürsten nicht in ihrer Engstirnigkeit begriffen und ihn daher in ihrer eigenen Torheit als töricht oder verrückt bezeichnet hatten. Er, der mehr von der Not und den Erfordernissen der Zeit wußte als alle andern zusammen, war nicht mehr zur Ausführung dieser Pläne gekommen, da er bald nach dem Treffen in Zweibrücken jäh gestorben wäre. Heute weiß ich noch mehr von ihm, wurde er doch mir noch näher verwandt, da seine Frau die Tante der meinen war. Damals spürte ich nur die fest behütende Umarmung, in der er mich hielt.

»Frei wie ein Vogel?« staunte ich ihn an. »O ja, das ist fein.«

»Vogelfrei!« spottete mein großer Bruder. »Du kleiner Dummbart weißt nicht, was das bedeutet! Wer vogelfrei ist, der darf von jedem getötet werden, der ihn antrifft.«

Ich blickte so verstört, daß Johann, der im Grund seines Herzens auch wiederum gutmütig war, sogleich einlenkte. Vielleicht tat er es auch unter dem scharfen Blick unter den buschigen Brauen meines Beschützers. »Schau nicht so verschreckt, Kleiner«, begütigte er rasch. »War ja nur ein Scherz. Du bist gar nicht vogelfrei auf diese Weise, daß du deines Lebens nicht sicher bist. Hast ja nichts verbrochen und wirst nichts verbrechen. Bist ein braver frommer Bub. Du bist halt nur frei von Geld und Gut. Ich erbe den größten Teil von des Herrn Vaters Land, der Friedrich noch ein ansehnlich Stück, und da bleibt eben für dich sozusagen nichts, verstanden? Ach nein, das verstehst du jetzt noch nicht, bist noch zu klein und dumm.«

Ich straffte mich auf, als wenn ich größer werden wollte. Ich antwortete nicht meinem Bruder noch den andern Knaben, sondern stand Auge in Auge mit dem Herzog Georg Hans, dem Pfalzgrafen von Veldenz-Lützelstein, dessen starker Arm mich immer noch fest umfing. »Ich bin nicht dumm, und ich bin nicht arm. Ich habe mich selbst.«

Die Kinderschar brach, pflichtschuldig meinen Bruder nachahmend, in ein übermütiges Gelächter aus.

Aber der Herzog drückte mich an sich. »Brav gesprochen, Kleiner«, lobte er, »könntest mein eigener Sohn sein. Du hast das beste Gut: dich selbst und Gott.«

»Gott?« wiederholte ich fragend und zögernd. Ich stellte mir damals Gott ähnlich wie meinen Vater vor, mußte ich doch zum »Vater« im Himmel beten. Und dieser Vater war streng und düster und zum Fürchten, wenn man ihn auch lieben sollte. »Gott?« sagte ich noch einmal.

»Ja, Gott«, bekräftigte der fremde und mir doch verwandte Herr.

Da sprach ich ihm tapfer nach: »Ich habe mich selbst und Gott.« Das behielt ich Jahr um Jahr und sagte es mir an jenem Tag noch einmal im Dunkel meiner Schlafkammer vor: »Ich habe mich selbst und Gott.«

Doch Gott war mir damals sehr fern, und dennoch war er mir schon unbegreiflich und ungreifbar nahe, denn auch für mich galt und gilt unerschütterlich der Vers des Psalmisten: »Von allen Seiten umgibst du mich und hältst deine Hand über mir.«

Was ich mir damals gedacht habe, als ich als kleines Büblein stolz behauptete: »Ich habe mich selbst!«, das weiß ich nicht. Das wußte ich bestimmt selber nicht, wenigstens nicht mit Worten zu sagen. Läßt sich überhaupt Heiligstes, inwendig Mächtiges mit Worten bezeichnen? Bleibt es nicht ein Geheimnis, ein Wunder, das trotzdem sehr wirklich ist, vielleicht die einzige wahre Wirklichkeit? Ich fühlte nur diese Gewißheit, daß in mir ein Drang, eine Macht war, die mich immer heftiger, unwiderstehlicher trieb, auszunutzen, was mein Hab und Gut, mein Erbe bedeutete. Ach, ich widerstand ja auch gar nicht. Mit Feuereifer stürzte ich mich auf alte Folianten mit alter Weisheit, allen Wissenschaften, die ich nur erreichen konnte. Ich fragte und fragte unsern Präzeptor, daß es meinen beiden älteren Brüdern langweilig und überdrüssig wurde. Johann, der zukünftige Herr, gebot mir ärgerlich zu schweigen.

Dem Präzeptor waren meine Einwürfe, denen er nicht immer Herr wurde und darauf oft keine Antwort wußte, zwar auch zuviel. Doch er war ein gewissenhafter Mann. Er wagte, meinem Vater zu gestehen, daß ich kaum noch etwas von ihm lernen könnte. Mein Herr Vater schaute mich darob erstaunt und wohlgefällig ob meiner Wißbegier an und meinte: »So hat er dennoch ein kostbares Erbe von mir.« Diese Bemerkung ließ mich heiß erröten vor Stolz und Freude. Meinen ältesten Bruder jedoch verstimmte sie. Wahrscheinlich hatte er ihren Sinn gar nicht begriffen. Seine Wangen färbten sich auch rot. Ich nehme an vor Ärger. Nunmehr wurde ich dem Rektor des Wolfgang-Gymnasiums, das mein Großvater gegründet hatte, überwiesen zur Prüfung und zum weiteren Unterricht.

Und wieder war es ein Gespräch im Park, das an demselben Steintisch geführt wurde, das ich damals erlauschte und das mir in lebhafter Erinnerung haften blieb. Entschied es doch über meinen künftigen Lebensweg. Erlauscht, schreibe ich, unerlaubt belauscht habe ich es nicht. So etwas lag mir immer fern. Vielleicht war auch Wissen um das, was man nicht tun durfte, ererbt, zum Teil auch meiner strengen Erziehung zu verdanken.

Oh, die zehn Gebote waren mir eingehämmert worden wie in die Steintafeln des Mose. Ich war von Jugend an ein eifriger Calvinist, die es ja sehr ernst mit den Geboten nehmen, wie ihr irdischer Zuchtmeister, der Schweizer Calvin, der in Genf genaue Sittenregeln aufgestellt hatte. Viele Jahre war mir trotz meiner Bibelkenntnisse nicht aufgegangen, daß, wie der Apostel schreibt, »das Gesetz unser Zuchtmeister ist auf Christus, damit wir durch Glauben gerecht würden« (Gal. 3, 24) und daß es der herrlichen Gnade durch das Blut unseres Herrn Jesus Christus vorangeht.

Mein Vater hatte den Rektor des Gymnasiums zu jener Nachmittagsstunde zu sich beordert. Wenn dieser würdige Lehrer auch dem Befehl seines Landesherrn pünktlich gefolgt war, so zeigte er doch zu meiner Genugtuung nichts von dieser unterwürfigen kriecherischen Natur, wie ich sie von Jugend auf an vielen Höflingen vor Augen hatte und verachtete. Es war also keine Liebedienerei, wenn er mich, den bescheiden abseits Stehenden, über alle Maßen lobte und die Meinung äußerte, daß ich zu Großem berufen wäre. Ich errötete wieder einmal vor Freude und Stolz. Mein Herr Vater schien gleichfalls hoch befriedigt, machte aber seiner kritischen Natur entsprechend sogleich die Einschränkung: »Bücherwissen hilft zuweilen wenig oder gar nicht. Man kann grundgescheit und dabei grunddumm sein. Gerade die Herren der Wissenschaft lassen sich von ungelehrter, sogenannter Bauernschläue gar oft übers Ohr hauen, ausnutzen, übertölpeln. Ich könnte Ihm da Beispiele an den Fingern abzählen, die mir zum Teil auch durch meine Lesefreudigkeit, aber auch durch eigene Erlebnisse bekannt sind.«

»Gewiß, gewiß«, versicherte der Rektor eilig, »auch mir ist dergleichen wohl bekannt. Doch dieser Sohn Eurer Liebden besitzt nicht nur Bücherwissen. Er hat einen gesunden Menschenverstand, ja mehr als das: wenn er nicht noch so jung wäre, würde ich frei behaupten, er besäße schon Menschenkenntnis. Zudem konnte ich rasches Auffassungsvermögen, klares Urteilen, Umsicht und Sparsamkeit feststellen, so daß er meiner Meinung nach einst wohl befähigt wäre, ein großes Reich vortrefflich zu regieren.«

Mein Herr Vater lachte auf. »Ich habe kein großes Reich«, sagte er, »und mein kleines muß ich nach der Gepflogenheit meines Geschlechts noch mehr zerteilen. Allerdings will ich in der Hinsicht aus wohlerwogenen Gründen eine Ausnahme machen. Mein Ältester, der Johann, bekommt es fast ohne Einschränkung, wenn Ihr ihm auch nicht solche Elogen (Lobeshymnen) singen könnt wie meinem Jüngsten. Für den zweiten, den Friedrich, muß ich zwar eine feste Pfründe abzwacken, da er nicht mit solchen Geistesgaben gesegnet ist, sich anderweitig zu ernähren. Nun, und so bleibt für den Jüngsten so gut wie nichts.

Für Johann gilt der Spruch: ›Gibt Gott ein Amt, so gibt er auch Verstand!‹ Für Johann Casimir müssen wir das Sprüchlein umkehren: ›Gibt Gott Verstand, so gibt er auch ein Amt.‹«

Der Rektor überlegte mit gekrauster Stirn. »Er könnte ein bedeutender Feldherr werden. Zwar ist er ruhiger Gemütsart und keine Kämpfernatur. Aber ein Feldherr ficht nicht selber. Er ficht mit seiner Feder, seiner Klugheit. Johann Casimir könnte wohlüberlegte und durchdachte Kriege und Schlachtenpläne entwerfen.«

Mein Herr Vater lächelte nur überlegen.

»Oder ein kaiserlicher oder königlicher Rat, ein Minister«, fuhr der gute Rektor zögernd fort.

Mein Herr Vater blickte ihn spöttisch an. »Etwa bei dem katholischen Kaiser in Wien, dem Gegner der evangelischen Fürsten, oder in Frankreich, wo man die Anhänger Calvins, unsere Glaubensbrüder, seit Jahrzehnten blutig verfolgt? Erinnert Euch der grauenvollen Bartholomäusnacht! Man lädt die protestantischen Adeligen zur Hochzeit der Königstochter mit dem protestantischen Heinrich von Navarra und zugleich Versöhnungsfeier nach Paris ein und ermordet sie in dieser Nacht in solcher Menge, daß noch nach 6 Wochen Leichen dem Meere zutrieben.«

»Aber nun ist dieser Heinrich König von Frankreich«, erwiderte der Rektor. »Er hat den Protestanten, den sogenannten Hugenotten, Glaubensfreiheit zugesichert.«

»Und ist selber katholisch geworden um des Friedens und der Krone willen«, fiel mein Herr Vater ein. »Er soll gesagt haben: ›Paris ist eine Messe wert.‹ Soll so dieser Johann Casimir, der Sohn eines überzeugten Calvinisten und durch Gottes Güte selber ein überzeugter Calvinist, auch sprechen? Doch bis dieser Bub erwachsen ist, wird dieser König kaum noch auf dem französischen Thron sein. Der gut katholische Nachfolger wird die Rechte der Hugenotten wieder beschneiden. Zu guter Letzt oder böser Letzt wird man viele von ihnen wieder hier als Flüchtlinge aufnehmen. Ja, wie ich die Politik der französischen Minister kenne, werden im eigenen Lande die Protestanten wieder verfolgt werden, uns deutschen Protestanten aber wird Frankreich gegen den Kaiser beistehen, damit das deutsche Reich nicht zu mächtig werde. So hat es der Pfalzgraf Georg Johann, mein Verwandter, vorausgesagt, den sie den verrückten Jerri Hannes nannten, weil er klüger war als alle andern. Ihr sollt sehen, er hat recht gehabt.«

Und er *hat* recht behalten. Vor etwa zwanzig Jahren überredete der listenreiche Minister Richelieu den schwachen französischen König, mit den deutschen evangelischen Fürsten gegen den Kaiser zu kämpfen.

An jenem weit zurückliegenden Nachmittag schüttelte der kluge Rektor noch ungläubig den Kopf. Die beiden Herren schwiegen und sannen vor sich hin.

Dann richtete sich mein Herr Vater auf. »Johann Casimir ist noch ein Kind«, sagte er, »warum machen wir uns jetzt schon Gedanken um seinen Lebensweg? Der Herr sagt: ›Meine Gedanken sind nicht eure Gedanken, und eure Wege sind nicht meine Wege!‹«

O weh, das war der Spruch, den ich als ganz kleiner Bub so schwer gelernt, immer das ›eure‹ und ›mein‹ durcheinandergebracht und darum des Herrn Vaters Stock gespürt hatte. Doch dann horchte ich auf.

Der Rektor redete weiter: »Wenn Johann Casimir auch den Jahren nach noch ein Kind ist, so ist er seinen Geistesgaben nach doch schon ein Erwachsener. Darum erlaube ich mir untertänigst die Bitte, ihn zu weiterem Studium an die Universität Heidelberg zu senden.«

So wurde an jenem Nachmittag über mein weiteres Schicksal entschieden. Vier Wochen später verließ ich Zweibrücken, um nach Heidelberg zu ziehen. Mir war sehr froh ums Herz und durchaus nicht betrübt. Mein Elternhaus war mir nie Heimat gewesen. Immerhin ergriff mich der Abschied von meinem Vater, der bewegter war, als ich ihn mir je vorgestellt hatte. Er gab mir die Worte mit auf den Weg: »Alles, was du tust in Worten und Werken, das tu zu Gottes und nicht zu deiner Ehre.« Ahnte er, daß ich ihn nie wiedersehen würde?

Im August 1604 durfte ich als Fünfzehnjähriger an der glanzvollen Hochzeit teilnehmen, die mein Bruder Johann in Blain in der Bretagne mit Katharina von Rohan feierte. Mitten in den hochzeitlichen Freuden wurden wir von der Nachricht vom plötzlichen Tode unseres Vaters überrascht. Mein Vater hatte in Germersheim mit dem Kurfürsten von der Pfalz Friedrich IV. eine Zusammenkunft gehabt und war dort verschieden. Es war mir nicht vergönnt, an seinem Sarg zu stehen und an seiner Beisetzung teilzunehmen. Er hatte Bergzabern, wo er einst Hochzeit gefeiert hatte, als seine Begräbnisstätte ausersehen. Ist es nicht seltsam, daß er dieselbe Gegend, in der auch Kleeburg liegt, bevorzugte, und kann man verstehen, daß ich unsere Katharinenburg nach dem Bergzaberner Schloß plante? Ich weiß nicht, was meinen Bruder Johann bewog, meines Vaters Leiche zwei Jahre später aus der Gruft der Bergzaberner Stadtkirche herausheben und in die Zweibrückener Alexanderkirche überführen zu lassen.

Nun, Johann II. war nun Herzog von Pfalz-Zweibrücken. Sein Wille galt. Trotz der Trauer um den Verstorbenen hielt er mit Katharina einen prunkvollen Einzug in Zweibrücken.

Mein Bruder Friedrich und ich dagegen mußten uns bis zu unserer Mündigkeit mit sehr bescheidenen Zuwendungen begnügen. Wir beschwerten uns bei unserm Vormund, Kurfürst Friedrich IV., über die niedere Höhe der uns jungen Prinzen zur Verfügung stehenden Geldsumme, »mit welcher wir uns bei diesen teuren Zeiten in unserem fürstlichen Stande nicht erhalten« könnten. Auch der Vergleich, der getroffen wurde, befriedigte nicht.

Doch ich hatte – wie ich als kleiner Bub gesagt hatte – mich selbst, meine Geistesgaben und Gott.

Hatte ich wirklich auch Gott? Nun, ich ging pflichtbewußt jeden Sonntag zur Kirche. Ich sprach ebenso pflichtgemäß mein Morgen- und Abendgebet. Doch ich hatte Gott noch nicht in mein Herz aufgenommen. Aber Gott hatte mich.

Ich lernte, lernte. Das füllte mich aus. Und wenn es auch noch so unglaublich klingt – als Siebzehnjähriger übertrug man mir 1606 das Rektorat der Universität Heidelberg.

Die Heidelberger Hochzeit

Heidelberg! Während ich diesen Namen niederschreibe, während ich dieser kleinen, aber berühmten Stadt gedenke, wird mir mitten im kalten nordischen Winter mein Herz warm, so kühl und ruhig es auch im allgemeinen ist.

Das rührt nicht allein daher, daß ich dort so recht unbeschränkt lernen, lernen durfte, daß sich dort mein Gesichtskreis erweiterte und im engen Neckartal für mich die Welt weiter wurde. Auch daran allein liegt es nicht, daß ich als noch sehr junger Mann nach einigen Jahren andere lehren und das erste eigene Amt, das Rektorat der angesehenen Universität, innehaben durfte. Überaus wichtig ist auch, daß mir bei den Vermählungsfeierlichkeiten im Schloß zu Heidelberg mein neuer folgenschwerer Weg ohne mein eigenes Zutun gewiesen wurde, der Weg, der mich in ganz andere Bahnen brachte und in cin Land, wovon ich kaum eine Ahnung hatte, so daß mir wohl das Wort an den Erzvater Abraham gelten konnte: »Geh aus deinem Vaterland und aus deiner Freundschaft und aus deines Vaters Haus in ein Land, das ich dir zeigen werde.«

Daß ich diesem Ruf folgte, bestimmte mein ganzes weiteres Leben. Und hätte der zweibrückesche Rektor meinen Vater nicht veranlaßt, mich nach Heidelberg zu senden, wer weiß, ob ich dann dieser Hochzeit beigewohnt hätte.

Doch warum darüber grübeln? Ist es nicht so, daß sich jedes Geschehnis wie das Glied einer Kette an das andere fügt, bis sich die Kette schließt; denn ist der Tod nicht eine neue Geburt, der Eingang in ein neues Leben?

Doch nicht um all dieser Geschehnisse wird mir das Herz warm, so wichtig sie auch waren. Heidelberg selber ist einfach ein Ort, den man lieben muß.

Wie oft saß ich droben auf der breiten grauen Steinbalustrade, die die Terrasse vor dem Friedrichsbau des Schlosses abschließt, und genoß den Blick hinab ins Tal, hinab auf die Giebeldächer der Häuslein und der stattlichen Häuser, die sich wie Kindlein um die Henne, um die ehrwürdige Heiliggeistkirche scharten, auf das blitzende Silberband des Neckar, der seine übermütig dahineilenden Wellen so eilig zum Rhein, zum Meer hin drängt. Ach, und wie schön war es doch hier im Neckartal – erst recht, wenn ringsum an den Hängen die Büsche und Bäume blühten, als wäre das wundervollste Hochzeitsfest, das man sich nur vorstellen kann.

Ein Hochzeitsfest entschied hier auch mein weiteres Schicksal. Ein Hochzeitsfest im Schloß, das über der Stadt auf halber Höhe thront.

Ich kann mir trotz aller herrlicher Bauten der Welt kein schöneres Schloß als dies Heidelberger vorstellen. Es ist kein weißer Marmor-Palast, wie sie im Süden unter ewig blauem Himmel strahlend prangen sollen. Es ist aus dem landesüblichen dunkelroten Sandstein erbaut, der in der Sonne so wundersam aufglüht. Er strömt Wärme, Schönheit aus, umgibt einen mit solch einer Vertrautheit. Gar nicht beschreiben kann ich dieses Bauwerk, das eigentlich aus mehreren Bauwerken besteht, wovon der Friedrichsbau zwar der prunkvollste, der den nicht allzugroßen Innenhof abschließende Ott-Heinrichsbau wohl der ziervollste, kunstvollste ist mit all seinen Statuetten und Reliefen.

Ja, dies wäre ein Schloß, in das ich dich gerne als Herrin geführt hätte, dich, Katharina, aus dem düsteren kalten Schloß zu Stockholm. Doch nun sehe ich dich im Geiste lächeln, fühle deine kräftige und doch weiche Hand auf der meinen und höre dich mit deiner warmen Stimme sagen: »War die Katharinenburg nicht unser uns ganz eigenes Heim, umschloß sie nicht unser Glück?«

Sosehr ich das Heidelberger Schloß bewunderte, sogar liebte, und obwohl der Kufürst Friedrich IV. mein Verwandter und mir wohlgesinnt war, ich habe doch in meiner Studentenzeit und auch als Rektor nicht dort oben gewohnt. Ich habe mich vom Hofleben zurückgehalten. Aus Sparsamkeit! Ja, ich mußte mit meinem Geld vorsichtig umgehen und konnte mir nicht eine prachtvolle und kostspielige Gewandung nach der andern leisten. Ich mußte aber auch meine Zeit nützen. Ich mußte, ich wollte lernen, studieren, lehren.

Ich hatte keine Zeit für Tanz, Lustbarkeiten, Gelage, schöne Frauen und Jungfrauen – und – nun fällt es mir aufs Herz – auch keine Zeit für Gott, mochte ich auch als eifriger Calvinist gelten, da ich pflichtgemäß die sonntäglichen Gottesdienste besuchte, zudem ich mich auch von allen Vergnügungen fernhielt. So wird man oft im Guten wie im Schlechten von seiner Umwelt falsch beurteilt. Es steht geschrieben: »Ein Mensch sieht, was vor Augen ist; der Herr aber sieht das Herz an.« Diese sogenannte Rechtschaffenheit genügt vor ihm nicht. Das ist keine Gerechtigkeit, die vor ihm gilt. Ich bildete mir zwar ein, im wahren Glauben zu stehen. Und trotzdem hatte ich noch nicht erkannt, daß wir nur aus Gnade selig werden. –

Ich war also nur selten Gast im Heidelberger Schloß und nur bei besonderen Einladungen und Anlässen. Trotzdem waren dort oben, unbeachtet und ungesehen, unerkannt, meine liebsten, meiner ruhigen Natur entsprechenden Stunden, wenn ich auf der Terrasse sitzend in das enge Tal hinab und hinauf in die Weite der Himmelsbläue blicken und ungestört nachdenken konnte.

Ein ganz besonderer Anlaß zu einer Einladung ins Schloß, ein Schauspiel, wie es sich kaum noch einmal meinen Augen bieten wird, war dann im Jahr 1613 die Heirat des jungen Kurfürsten Friedrich V., der seinem leider schon 1610 verschiedenen gütigen Vater gefolgt war. Er selber regierte erst seit 1615 selbständig. Zum Heiraten hatte man den Siebzehnjährigen wohl alt genug erachtet. Auch seine Braut war ebenso jung wie er. Es war ein wunderschönes Bild, wie dieses junge Paar unter Trompetengeschmetter, Fahnenwehen, geleitet und gefolgt von prächtig gekleideten Edlen, daherschritt. Zwei hübsche Kinder, dachte ich im Vollgefühl meiner würdigen 24 Jahre, als ich diese Siebzehnjährigen betrachtete.

Die Braut war wirklich eine auffallende Erscheinung, und mein Vetter Friedrich war nicht nur darum, weil sie so reizvoll war, zu beneiden oder vielmehr zu beglückwünschen, denn Neid lag mir fern. Sie war zudem eine Königstochter, die Tochter König Jakobs I. von England. Daher wohl erst recht all dieser gleißende Prunk, dieser Jubel, dieses frohlockende Trompetengeschmetter!

Im vorigen Jahr erst hatte mein ältester Bruder mit der Schwester Friedrichs, Louisa Juliana, hier in Heidelberg den Ehebund geschlossen. Dabei war nicht solch ein Prunk entfaltet worden, auch kein solch glanzvoller Einzug hatte in Zweibrücken stattgefunden wie bei seiner ersten Hochzeit mit Katharina von Rohan. War es, weil es nicht als solch großartige Verbindung zwischen den beiden Verwandten galt? Oder wurde in Betracht gezogen, daß Johann Witwer war? Johann war bei seiner ersten Hochzeit auch noch sehr jung, kaum zwanzig Jahre alt gewesen, und Katharina war gleichfalls eine entzückende Braut. Allerdings war sie von einer ganz anderen Schönheit als diese Engländerin. Sie war gleichfalls sehr schön, vielleicht noch schöner als diese Elisabeth. Katharina von Rohan war eine dunkle Schönheit, dunkelhaarig mit schwarzen Locken, einem bräunlichen Gesicht, großen schwarzen Augen unter dichten weitgeschwungenen Brauen und einem Mund wie eine Herzkirsche.

Aber über der ersten Hochzeit damals hatte wie auch über dieser glanzvollen Heidelberger – allen Teilnehmern noch unbemerkt – ein düsterer Schatten gelegen. Mitten in den Festfreuden wurde der junge Fürst von dem plötzlichen Tod seines Vaters überrascht. Katharina selbst starb nach kaum zweieinhalbjähriger Ehe zwölf Tage nach der Geburt ihrer Tochter Magdalena Katharina am 10. Mai 1607. Vielleicht war sie zum Teil an Heimweh bei uns in der Pfalz langsam versiecht wie eine Blume im falschen Klima, in der ihr nicht zusagenden Umgebung, wenn ihr auch nach und nach immer mehr Hugenotten (französische Protestanten) nach Pfalz-Zweibrücken gefolgt waren, als ahnten sie, daß in Frankreich nach Jahren der scheinbaren Ruhe wieder Verfolgungszeiten über sie hereinbrechen würden.

Doch diese Überlegungen konnten nicht der Grund sein, daß mich trotz aller Festesherrlichkeit solch ungutes Gefühl überkam, wenn ich das strahlende junge Paar unter der ebenso strahlenden Sonne betrachtete, angesichts des blitzenden Neckars und des Schlosses, das ich nicht nur bewunderte, sondern auch liebte.

Warum sollte diesem Paar ein ebensolch herbes Geschick beschieden sein wie meinem Bruder Johann und seiner ersten Frau? Und doch - ich konnte mich dieser Hochzeit nicht freuen. Wie ein Reif lag es mir um die Brust. Und wußte doch nicht, welches harte Los diesen beiden bevorstand! Aber liegt nicht vieles, was in der Zukunft uns zustößt, nicht nur in Gottes Rat beschlossen, sondern auch in uns selber? Die schöne Braut war noch blutjung, aber in ihrem lieblichen Gesicht war bei näherem Zusehen doch ein Zug von Herrschsucht, Hochmut, oder wie ich es nennen soll, zu erkennen.

Ich mochte ihr nicht unrecht tun und habe ihr und vor allem ihrem Mann zu helfen versucht, wie ich nur helfen konnte, wie der Chronist schrieb: »Johann Casimir hat an dem Schicksal des unglücklichen Winterkönigs Friedrich V. von der Pfalz innigstes Interesse, hat ihm große Dienste geleistet, auch Gustav Adolf immer aufs neue für ihn interessiert.«

Doch davon ahnte ich damals wirklich nichts. Es war noch fast ein Jahrzehnt bis dahin. Mir fiel aber ein, daß diese liebreizende Prinzessin eine Enkelin Maria Stuarts war. Maria Stuart, Königin von Schottland, hatte sogar noch in ihrer Kerkerhaft fast jeden Mann bezaubert und zu ihren Plänen willig gemacht. Sogar sein Leben hatte mancher, um sie zu befreien, zum Opfer gebracht. Da sie nach der Krone Englands strebte, wurde sie von ihrer Base Elisabeth von England jahrelang gefangen gehalten und später hingerichtet. Der Sohn Marias, dieser Jakob, war dann doch der Erbe Elisabeths und König von England geworden. Hatte diese seine Tochter Elisabeth nicht den verführerischen Liebreiz, aber auch die Herrschsucht, dieses alles überragende Selbstgefühl ihrer Großmutter geerbt? Würde ihr das Schloß über dem traulichen Neckartal, das kleine Land der Rheinpfalz genügen? Noch war die Siebzehnjährige eine Knospe. Wie würde sie sich entfalten?

Ich hatte den triumphalen Einzug der Braut und des Bräutigams in Begleitung der Fürsten, Grafen, Ritter, Junker, Edelknaben in ihren farbenprächtigen Uniformen und glitzernden Waffen, geschmückten Pferden, begleitet vom Schlag der Pauken, Pfeifen- und Trompetenklang, miterlebt. Das Volk jubelte. Alles war Freude, überschäumende Freude.

Ich war dabei, als in genauer Reihenfolge nach Stand und Würdigkeit, der Heerpauker voran samt Trompeten und Pfeifen, in den Festsaal gezogen wurde. Ich saß gleichfalls auf einem der roten Samtsessel an der Tafel, die sich unter der Fülle der Gerichte und Getränke schier bog. Ich hatte den dem Mahl folgenden Ehrentänzen zugesehen, bei denen jeweils nur ein Paar feierlich daherschritt. Eröffnet wurde dieser Reigen der Hochgeborenen von dem Brautpaar, welchem fürstliche Personen mit Windlichtern voranschritten und adlige Ehrenjungfrauen die Schleppe der Braut trugen.

Doch dann bin ich – unbemerkt von den andern – aus der Tür geschlüpft und habe lange Zeit ganz für mich allein auf meinem Lieblingsplatz auf der Terrasse vor dem Friedrichsbau des Schlosses gesessen. Der Kopf dröhnte mir von allem Trompetengeschmetter und Pfeifengeschrill. Nun drang die Musik, die mir eher als Getöse erschien, gedämpfter zu mir heraus. Auch aus dem Tal stieg der Lärm der Lustbarkeiten zu mir hinauf.

Doch über mir wölbte sich in ewiger Stille der weite Nachthimmel mit seinen Sternen. Ich werde bei seinem Anblick immer gesammelter. All die Gedanken, die mich an diesem Freudentag – mich als einzigen wohl – beunruhigt hatten, verflüchtigten sich. Ich wollte und durfte mich nicht mehr um die Zukunft dieses strahlend jungen Paares sorgen. Ebensowenig durfte ich über meine eigene Zukunft grübeln. »Sorget nicht für den kommenden Morgen«, steht in meiner Bibel.

Ich war gewiß, daß ich als junger drittgeborener Sohn eines kleinen und auch noch recht verschuldeten Fürsten niemals solch glanzvolle Hochzeit feiern, meine Hand gar nach einer Königstochter strecken durfte. Ich hatte nichts zu bieten. Doch ich war in dieser Nacht nicht betrübt darum. Ich dachte an die seltsamen Worte, die ich einst als Kind – mir selber kaum verständlich – gesprochen hatte: »Ich habe mich selbst.« Als Erwachsener hatte ich dies zu deuten gewußt. Ich hatte gesunde Glieder, selbst nicht das Hüftleiden meiner Vorfahren, meines Vaters Johanns des Hinkenden. Ich war nicht wie der Gemahl meiner beklagenswerten Tante, die gezwungen worden war, den gemütskranken Albrecht Friedrich von Preußen zu ehelichen. Ich war im Vollbesitz meiner geistigen Kräfte, ja, sie waren, wie mein Aufstieg zum Rektor der Heidelberger Universität bewiesen hatte, weit über dem Durchschnitt.

Wie dankbar muß man für Gesundheit Leibes und des Geistes sein, und wie gleichgültig nimmt man diese Gaben hin! Dankbar dem Schöpfer, Gott!

Damals hatte ein Fürst meinen kindlichen Worten: »Ich habe mich« hinzugefügt: »Und Gott!« Hatte ich ihn wirklich? Ich blickte in jener Nacht zu dem Sternenhimmel auf. Ich war mir meiner Unzulänglichkeit bewußt, mochte ich vor den Menschen auch noch so fromm erscheinen. Ich habe die Hände gefaltet und gebetet: »Laß mich dich wahrhaft finden, mein Gott. Ich lege mich, mein Geschick in deine Hand.«

Die Entscheidung

Während der Vermählungsfeierlichkeiten zu Heidelberg fiel die Entscheidung über mein ganzes ferneres Leben.

Es heißt, auf einer Hochzeit wird eine zweite Hochzeit vorbereitet. Das stimmt in vielen Fällen, mag nun ein junges Paar sich dabei kennenlernen und die ersten Liebesfäden knüpfen oder fürstliche Abmachungen über die oft bedauernswerten Söhne und Töchter hinweg beschlossen werden. Doch bei mir war das nicht der Fall, daß ich zu Heidelberg meine Lebensgefährtin fand, wenn hier auch der Auftakt zu meinem späteren Ehebund gegeben wurde. Wie schon erwähnt, hielt ich damals eine Heirat für mich ausgeschlossen. Vor meiner Mündigkeit hatte mich mein Bruder sehr knapp gehalten. Danach hatte mir mein armseliges Erbe fast noch weniger abzuwerfen: eine zerfallene Burg, vier armselige Dörfer. Was sollten mir daraus für Einkünfte werden? Ich war und blieb ein Habenichts. Ich habe daraus gelernt, mich mit wenigem zu behelfen und von großer Sparsamkeit zu sein. Dies hat mir später zu dem hohen Posten eines Finanzministers verholfen. Die Umsicht, Genauigkeit, Zuverlässigkeit, die mir aus dieser Notlage erwuchs, brachte mir den ehrenvollen und bedeutungsvollen Auftrag, der mir in Heidelberg zuteil wurde. Woraus man wieder die Wahrheit des Bibelwortes ersieht, daß »denen, die Gott lieben, alle Dinge zum Besten dienen«.

Doch nun will ich endlich berichten, was zu Heidelberg geschah. Wie üblich dauerten die Festlichkeiten, die zu Ehren des Brautpaares begangen wurden, mehrere Tage. Am nächsten Abend durften sich auch die anderen Gäste im Schlosse mit Schreit- und Springtänzen miteinander verlustieren. Auch Lieder wurden gemeinsam gesungen.

Die jüngeren Teilnehmer sowie die edlen Frauen, die zum Teil nur zuschauten bei dieser Fröhlichkeit, wußten wahrscheinlich gar nicht, welcher Ernst in einem der anderen Säle zu gleicher Zeit herrschte. Die anwesenden Fürsten gehörten sämtlich zu der anno 1608 gegründeten Union der deutschen protestantischen Fürsten. Friedrich IV. von der Pfalz, der Vater des Bräutigams, war bis zu seinem Tode seinem hohen Rang als Kurfürst und seinen Geistesgaben entsprechend Vorsteher dieser Union gewesen. Mein Bruder Johann hatte als sein Schwiegersohn dies Amt nur interimistisch übernommen, das heißt nur bis zu der Zeit, da Friedrich V. das Alter erreicht hatte, als Kurfürst und Führer dieses Bundes aufzutreten.

Diese protestantischen Fürsten waren nicht allein dieser Hochzeit wegen allesamt nach Heidelberg gekommen. Dies Fest war zugleich ein unauffälliger Grund zu einem Treffen. Am zweiten Tag des Festes und auch an den folgenden Tagen hatten sich diese Herren nun zu schwerwiegenden und geheimen Beratungen von dem fröhlichen Treiben abgesondert.

Ich selber hatte mich auch zurückgezogen, jedoch nicht in diesen Versammlungsraum. Ich dünkte mich nicht würdig genug, um an diesen Verhandlungen teilzunehmen. Ich hatte mich in eine der tiefen Fensternischen des Ballsaals gesetzt. Mich gelüstete es nicht, mit dem andern jungen Volk zu singen und zu tanzen. Es waren viele ansehnliche, anmutige Edelfräulein im Saal. Ich selber, der nicht mit solch dunklen Haaren und Vollbart einherschritt wie meine beiden älteren Brüder, scheine nach einem Jugendbildnis mit meinem glatten Gesicht, den blonden Haaren, den blauen Augen, dem schmalen Kopf meiner Mutter zu ähneln und recht gut ausgesehen zu haben. Doch ich wollte in keinem Mägdlein falsche Hoffnungen wekken, die gar bald zerstört worden wären, wenn der Herr Vater mich als Habenichts erkannt hätte. Zudem gelüstete es mich nicht zu tanzen, und dem Gedanken an Frauenliebe und Ehe hatte ich völlig entsagt. So schaute ich geruhsam dem fröhlichen Treiben im Saal zu, wobei ich anwesend und doch nicht anwesend war. Ich hatte einen Spalt des hohen Fensters geöffnet. Frische Luft drang in den stickigen Raum, und ein Duft von Frühling, von den ersten Veilchen am sonnigen Hang, stieg zu mir herauf. Es drängte mich, unbemerkt hinauszuschlüpfen und draußen auf der Terrasse den Vorfrühling dieser milden Februartage zu genießen, ein Vergnügen, zu dem mir leider oft keine Zeit übrigblieb. Ich wandte mich um, den nächsten Ausgang zu erspähen.

Da stand plötzlich, wie aus der Erde gewachsen, ein schmucker Edelknabe vor mir. Ich blickte erstaunt auf und war noch überraschter, als er mich leise und ehrfürchtig ersuchte, bei den hohen Fürstlichkeiten in dero Beratungssaal sogleich zu erscheinen. Brauchte man mich etwa als Schreiber? Ihrer geheimen Beschlüsse wegen wurde ich dessen als vertrauenerweckend gewürdigt? Die hohen Herren schauten mir allesamt entgegen, als ich in den Saal trat, durch dessen hohe Fenster schon die Abendsonne gleißte.

»Da ist er also, der Auserwählte!« rief einer mit dröhnender Stimme. Ich war so verwirrt, von der Sonne zudem geblendet, daß ich nicht erkennen konnte, welcher der Herren gerufen hatte.

Mein Bruder Johann, der ja vorläufig der Vorsteher der Union der deutschen protestantischen Fürsten war, wies mir einen Stuhl an, und dann eröffnete er mir den Beschluß der erlauchten Versammlung.

In seiner würdevollen, etwas weitschweifigen Art erklärte er mir, warum man mich hatte rufen lassen. Zuerst verstand ich durchaus noch nicht, was ich mit dem zu tun haben sollte, was in dieser Versammlung in langen Stunden verhandelt und erörtert worden war. Mein Bruder erläuterte mir die derzeitige Lage des Protestantismus, die mir zwar nicht völlig unbekannt war. Ab und zu unterbrachen lebhaftere Bemerkungen und Zurufe der Umsitzenden seine Ausführungen. Es war von diesen Herren gut gemeint. Es wäre aber bei meiner Kenntnis der Sachlage nicht nötig gewesen. Ich hörte darum nur mit halbem Ohr hin. Allein den gehaltvollen Einwürfen des Landgrafen Moritz von Hessen widmete ich größere Aufmerksamkeit. Nicht umsonst wird dieser hochbegabte Mann Moritz der Gelehrte genannt. Er saß sozusagen in allen Sätteln fest, war als Dichter sowohl wie auch als Komponist und Philosoph hochgeschätzt und hat im Jahr 1627 als Fünfundfünfzigjähriger zugunsten seines Sohnes abgedankt und sich ganz der Wissenschaft und Kunst gewidmet. Eigenartig wurde dieser den Musen so ergebene Mann auch als Kriegstheoretiker geschätzt und hatte schon als Achtundzwanzigjähriger das erste Exerzierreglement verfaßt. Dieser so umfassend gebildete Fürst hätte wohl noch besser als mein Bruder mir die Lage erörtern und die Aufgabe, die man mir zugedacht, darlegen können. Nun, Johann war schließlich auch kein Dummkopf und wußte seine Worte zu setzen.

Es handelte sich um folgendes: Durch den Augsburger Religionsfrieden im Jahr 1555 hatte zwar die evangelische Kirche in Deutschland eine Zeit der Ruhe gewonnen. Doch dieses Abkommen stand auf schwachen Füßen und war von dem streng katholischen Kaiser nur aus politischen Gründen geschlossen worden. Unter seinen Nachfolgern war es zwar noch eingehalten worden, wenn es auch immer wieder zu Bedrückungen der Protestanten gekommen war. Ein Jahr vor der Heidelberger Hochzeit war Matthias seinem Bruder auf den Thron gefolgt, doch er war schon betagt und kinderlos. Sein Erbe würde sein Neffe Ferdinand II. sein. Dieser stand im vollen Mannesalter, Mitte Dreißig, und war wie alle Habsburger streng katholisch, zudem auch noch Jesuitenschüler.

Moritz von Hessen, etwa 6 Jahre älter als er, bestätigte uns in seiner vorsichtig überlegenden bedachtsamen Art, daß wir Protestanten von diesem Habsburger nichts Gutes, nein, eher Schlechtes zu erwarten hätten (was sich in den kommenden Jahren durch seine gewaltsame Gegenreformation und die Heraufbeschwörung des furchtbaren Krieges, der jahrzehntelang unser schönes Deutschland verwüstete, bestätigt hat). Die protestantischen Fürsten durften sich von falschen Friedensschalmeien nicht einlullen lassen. Sie mußten nicht nur eines geistigen Kampfes, sondern sogar kriegerischer Verwicklung gewärtig und gewachsen sein, vor allem, da sich die katholischen Stände unter Maximilian von Bayern 1609 gleichfalls in einem Bündnis, der »Liga«, vereint hatten und eifrig rüsteten. Die Union mußte sich noch fester zusammenschließen, sie mußte gleichfalls auf kriegerische Auseinandersetzungen vorbereitet sein. Doch sie brauchte für Auseinandersetzungen mit der Waffe nicht bloß Heeresmacht. Sie brauchte einen tatkräftigen Anführer. Mein Bruder Johann war kein Kriegsheld. Das hat er, wie ich bereits erwähnte, dadurch bewiesen, daß er sein Land im Stich, seine Hauptstadt Zweibrücken von Fremden verteidigen ließ und selber nach Metz floh.

Moritz von Hessen hatte nur lächelnd des Haupt geschüttelt, als man ihm diese Stellung anbot. Er konnte wohl auf dem Papier in Theorie die Kriegsführung lehren. Aber selber streiten, ein Heer anführen, das lag ihm nicht.

»Wir brauchen einen stolzen jungen, mitreißenden Kriegshelden, hinter dem ein erprobtes Heer, die nötigen Waffen und Geldmittel stehen. Einen, der ebenso stark und fest in unserem evangelischen Glauben steht! Einen Retter in der Not. Einen, der singen kann: ›Es streit' für uns der rechte Mann . . .‹, der sich auf des Herrn Arm verläßt. Der sagt: ›Mit meinem Gott kann ich Kriegsvolk zerschlagen‹. Einen, der die Macht hat, es mit dem Habsburger aufzunehmen! Der dem Kaiser die Stirn bieten kann!« So und noch vieles andere riefen die Fürsten durcheinander. Sie waren dabei aufgesprungen, und das Abendrot umwob sie, als wären sie mit Blut übergossen. Ach, wieviel Blut ist nach diesem Tage geflossen!

Ich blickte die Herren verwirrt an. Ja, was sollte ich denn hierbei? Ich war wahrhaftig kein Kriegsheld, verstand noch nicht einmal wie Moritz von Hessen in der Theorie etwas davon. Ich hatte keine Macht, kein Geld, kein Heer hinter mir und konnte in meiner ruhigen Art auch keine kampferprobten Männer begeistern, anführen, mitreißen.

Moritz von Hessen hatte wieder sein feines Lächeln, mit dem er mich beobachtete. Leise, beruhigend schüttelte er den Kopf. »Ihr seid nicht als Heerführer und Retter in der Not ausersehen«, sagte er mit seiner angenehmen Stimme zu mir, als das laute Reden und Rufen langsam abebbte.

»Trotzdem haben wir deine Hilfe nötig«, fuhr mein Bruder fort. »Wir kennen dich als klug, umsichtig und verantwortungsbewußt. Du hast gewandte Umgangsformen, verstehst dich auf wohldurchdachte und überzeugende Reden. Wir sind von deiner Rechtlichkeit und deinem Eifer für unsere gute Sache so überzeugt wie von der Aufrichtigkeit deines protestantischen Glaubens, in dem du von Kind fest gewurzelt bist.«

Wenn mir mein ältester Bruder unversehens einen Sack voller Goldstücke überreicht hätte (was durchaus nicht seiner Art entsprach), wäre ich nicht verblüffter gewesen als bei dieser Lobeshymne, die ich bisher noch nie von ihm gehört hatte. Was sollte ich darauf erwidern? Was konnte ich erwidern? Nichts! Ich starrte ihn bloß verdutzt an, als sähe ich ihn in ein Fabeltier verwandelt.

Ich muß wohl in diesem Augenblick nicht gerade so klug ausgesehen haben, wie er mich soeben geschildert hatte. Die meisten der Herren lachten ob meiner verblüfften Miene.

Johann blieb ernst, brachte die andern mit einer Handbewegung zur Ruhe und sagte so befehlsmäßig, wie der große Bruder zum kleinsten spricht: »Du wirst als Abgesandter der Union der deutschen protestantischen Fürsten nach Schweden reisen. Wir haben, nachdem wir die Verhältnisse unseres Bundes genugsam erwogen haben, beschlossen, zu versuchen, den jungen König Gustav Adolf von Schweden in unsere Verbindung zu ziehen oder ihn wenigstens dafür geneigt zu machen. Als überzeugter und frommer Protestant mag er dafür zu gewinnen sein. Zu diesem Behuf haben wir dich als unseren Botschafter erwählt. Wir sind überzeugt, daß du diese Ehre zu schätzen weißt und dich ihrer würdig zeigst. Als deinen Beistand werden wir David Pereus zu gewinnen trachten, der dir als Professor der Gottesgelehrsamkeit an hiesiger Universität wohlbekannt ist und dessen Name als Herausgeber der berühmten Neustädter Bibel wahrscheinlich bis Schweden gedrungen ist.«

»Ich – nach Schweden – an den königlichen Hof«, stammelte ich ungläubig und sah in dem würdigen Gottesmann, der mir zur Seite stehen sollte, trotz seiner Gelehrsamkeit keine große Stütze. »Aber ich habe doch –«

»Kein Geld«, fiel einer der Herren lachend ein, »damit werden wir dich genugsam ausrüsten, auf daß du Ehre einlegst, und mit den nötigen geistigen Gaben hat dich unser Gott ausgerüstet.«

»Ich habe mich selber und Gott«, ging es mir durch den Sinn. Ich schwieg immer noch. Ich schaute zum Fenster hin. Die Sonne war untergegangen. Ein einsamer Stern stand hoch über dem Wald.

»Nur tapfer ans Werk, auf die Fahrt!« ermunterte die wohllautende Stimme des Hessenfürsten. »Ich werde euch für die Reise und den Hof des Schwedenkönigs Empfehlungsschreiben mitgeben. Ihr werdet allenthalben gute Aufnahme finden.«

»Mir soll's auch nicht auf einen Beutel harter Goldmünzen und ein Brieflein oder zwei ankommen«, rief ein anderer Fürst. Die übrigen Herren stimmten bei.

Ich war so benommen von dem, was da auf mich einstürmte. Ich wagte und fand keine Widerworte. Oder fühlte ich, daß es der Weg war, den nun Gott für mich ausersehen hatte?

So wurde meine Reise nach Schweden beschlossen. Es ist Verleumdung, wenn man mir heute noch nachsagt, ich wäre dorthin gegangen, um mein Glück zu machen. Mein Verwandter, der Herzog Georg Hans Pfalzgraf von Lützelstein, hatte vor vielen Jahren dort die Eisengewinnung erlernen wollen, weil er vermutete, daß sein armes Waldland auch Erz in sich berge. Diese Hoffnung hatte sich nicht bewahrheitet. Aber eine reiche Mitgift seiner schwedischen Braut hatte zur Verbesserung seines Besitzes beigetragen. Ich bin weder um Erz noch um Geld nach Schweden gereist. Ich diente einer höheren Sache und einem größeren Herrn.

Die Reise durch Deutschland

Es war Februar gewesen, Vorfrühling. Am sonnigsten Hang des Schloßberges hatten die ersten Veilchen geblüht und Haselkätzchen an dem noch braunen Buschwerk goldgelb geleuchtet. Da hatten wir in Heidelberg die Fürstenhochzeit gefeiert.

Zwei Monate später hatte sich die alte Stadt erst recht für einen Brautzug geschmückt. Sie glich selber einer Braut mit dieser Fülle von weißen und rosa Blüten zu beiden Seiten des blitzenden Stromes und an allen Hängen bis zum grünenden Wald hinauf, aus dem Wildkirschen wie weiße Riesensträuße leuchteten. Mir war, als hätte sich die mir so liebe Stadt zu meinem Abschied so prächtig in aller Schönheit zeigen wollen. So habe ich sie allzeit in Erinnerung behalten.

Ich bin im Februar, als ich die Weisung der Union der protestantischen Fürsten erhalten hatte, natürlich nicht sogleich aufgebrochen. Solch ein Springinsfeld bin ich nicht, und Übereilung entspricht nicht meiner bedachtsamen Art. Der mir bestimmte Begleiter Ehrn David Pereus zögerte noch länger als ich, seiner übergroßen Gewissenhaftigkeit oder gar Umständlichkeit entsprechend. Ich war einerseits recht zufrieden, daß ich ohne diesen gelehrten Zauderer mich frischweg auf die Reise machen konnte, bin aber heute noch froh, daß er mir zugeteilt war. Beweist es doch, daß es Verleumdung ist, wenn man mir nachsagt, daß ich wie ein Abenteurer oder Ehrgeizling auszog, in Schweden mein Glück zu suchen.

Ich mußte indes noch auf die Empfehlungsbriefe des gütigen und ob seiner Weisheit allenthalben bekannten und hochgeschätzten Moritz von Hessen warten. Desgleichen auf die mir von den Fürsten versprochene geldliche Unterstützung, die allerdings nicht aus solch prallen Beuteln voll Goldstücken bestand, wie nach ihren lebhaften Zurufen anzunehmen gewesen wäre. Nun, ich hatte im Grund auch gar nicht soviel erwartet. Manche von den Herren mochten wohl Schulden haben wie mein Bruder Johann, die er zum Teil sogar noch von Großvater Wolfgang ererbt hatte, was jedoch nicht an Prunk und Pracht hinderte, wie es einem Landesherren eben zukam.

Außerdem hatte ich persönlich noch mancherlei Vorbereitungen zu treffen: meinen Nachfolger in das Rektorat einführen, mich von meinen Schülern verabschieden, was mir aufrichtig schmerzlich war, und desgleichen von meiner Mutter, was ich, dem vierten Gebot gehorchend, tat, was mir aber – um aufrichtig zu bleiben – nicht sehr schmerzlich war.

Sie hatte sich nach meines Herrn Vaters Tod mit meiner jüngsten Schwester, die erst 13 Jahre alt war, nach Meisenheim zurückgezogen. Das Schloß in dieser kleinen Stadt, in deren Kirche eine Reihe meiner Vorfahren beigesetzt sind, mußte für ihren Aufenthalt darin erst wieder instand gesetzt werden, da es in jener Zeit äußerst reparaturbedürftig gewesen war. Da sie sich in dem festungsähnlichen Stephansbau und dem engen Ludwigsbau nicht wohl fühlte, erreichte sie, daß eine neue Witwenwohnung, der Magdalenenbau, errichtet wurde.

Sie war gerade in der Zeit, da ich sie vor meiner Abreise aufsuchte, mit meinem Bruder Johann darüber am Verhandeln und achtete meiner kaum. Sie war verbittert, klagte, wie sie Jahr um Jahr, fast ein Jahrzehnt in diesem feuchten unfreundlichen Gemäuer des Schlosses, im Stephans- wie im Ludwigsbau, gefroren hätte und ihr Gliederreißen darauf zurückzuführen sei. Sie meinte an den Folgen dieser Leidenszeit einen frühen Tod zu erleiden, sie ist dann doch fast achtzig Jahre alt geworden, zwanzig nach meinem damaligen Abschiedsbesuch im Magdalenenbau verblieben.

Von größerer Wichtigkeit und Bedeutung für meine Reise gen Norden war eine andere Vorbereitung, die ich getroffen und sogleich in selbigem Februar begonnen hatte: ich lernte die Sprache dieses Nordlandes, ich lernte mit großem Eifer Schwedisch. Ich will mich nicht selber rühmen. Es ist Gottes gütige Gabe, daß ich – jeden meiner Lehrmeister hoch in Erstaunen versetzend – überraschend schnell auffasse und behalte. Da ich meine Zeit wahrlich ausnutzte, kam ich geschwind zu recht umfassenden Kenntnissen und passablem Gebrauch der schwedischen Sprache, worin man vorerst zwar noch meinen deutschen, ja sogar pfälzischen Akzent heraushörte. Immerhin konnte ich die fremde Sprache gut verstehen und mich darin verständlich machen, was mir von nicht geringem Nutzen war.

Nun muß ich aber noch die Frage beantworten, wer in meinem südlichen, von Schweden so entfernt gelegenen Heimatland mein Lehrmeister in dieser Sprache gewesen ist. Aus Büchern allein kann man sich eine rechte Aussprache ja nicht aneignen.

Es war eine glückliche Fügung, daß ich im südlichen Gau Deutschlands Gelegenheit hatte, die Sprache des fernen Nordens zu erlernen. Ein sympathischer alter Herr, der früher als Sekretarius dem schwedischen Gesandten gedient hatte, war gerne bereit, mich als solch eifrigen Schüler anzunehmen. Er tat es mehr aus Liebhaberei und Freundlichkeit als um Geldes willen. Als sein Herr nach den Niederlanden hinüberwechselte, hatte er vorgezogen, in Heidelberg zurückzubleiben. Ich verstand ihn gut, denn auch mir war diese Stadt ans Herz gewachsen. Not bräuchte der freundliche Alte auch ohne Beschäftigung als die mit Büchern, die ihm nichts einbrachte, nicht zu leiden. Er bezog eine ansehnliche Rente, stand sich besser als ich, der Fürstensohn. Daraus ersah ich, daß die Regierung dieses nordischen Reiches anscheinend sich nicht mit Schulden rumzuschlagen brauchte und bei denen, die ihr dienten oder gedient hatten, knauserte wie mein herzoglicher Bruder bei seinen eigenen Geschwistern und seiner Mutter. Daß diese schwedische Herrschaft ein recht geordnetes Regiment führte und zugleich über einen beträchtlichen Wohlstand verfügte, das wurde ich auch während meiner Reise, die ich zunächst ohne meinen würdigen Begleiter Ehrn Pereus antrat, vom Süden bis zum Norden Deutschlands, vom Neckar- bis zum Meeresstrand auf angenehmste Weise gewahr. Über ganz Deutschland verstreut hatten die Schweden ihre Absteigequartiere und ihre Leute. So hatte ich keine Ausgaben in teuren Gasthäusern zu befürchten, da ja einfache Rasthäuser für mich als Fürsten und Bruder eines regierenden Herzogs nicht in Frage gekommen wären. Ich brauchte auch nicht bei adligen weitläufig Verwandten einzukehren. Sobald ich den schwedischen Herren meinen Namen nannte, das Ziel meiner Reise angab und zuüem noch die Empfehlungsbriefe des angesehenen Moritz von Hessen vorwies, wurde ich auf das freundlichste und ehrerbietigste aufgenommen, auf das beste verpflegt und mit guten Wünschen und Ratschlägen weitergeleitet.

Wenn ich dann abends gemütlich mit den schwedischen Herren und denen, die dort gleich mir eingekehrt waren, zusammensaß, setzte ich meine Gastgeber in freundliches Staunen ob meiner schwedischen Sprachkenntnisse. Ich selber aber geriet immer mehr ins Staunen, je mehr ich von diesem Volk des Nordens erfuhr, und es verlangte mich immer mehr, es näher kennenzulernen.

Ich bedauerte, den Befreier des Landes, den großen Gustav Wasa, nicht mehr lebend anzutreffen. Mit welcher Verehrung sprachen sie allesamt von ihm. Er war ihnen Volksheld, König, Vater, Vorbild gewesen.

Just zu der Zeit, da in Deutschland die geknechteten leibeigenen Bauern aufstanden und in dem blutigen Bauernkrieg von den Fürsten elend hingemetzelt und die Überlebenden in noch tiefere Not und Abhängigkeit versetzt wurden, da hatten die dalekarlischen Bauern, die freien Bauern Schwedens, mit Gustav Wasa an der Spitze die Fremdherrschaft gebrochen.

Wie gelüstete es mich, diese stolzen freien Bauern, dieses kraftvolle Geschlecht kennenzulernen, das jedoch den stolzen Nacken wie ihr Führer und späterer König in gläubiger Demut vor dem Höchsten beugte, vor Gott.

Ich drängte geradezu weiterzukommen, bald Schweden zu erreichen. Dabei hätte ich mir ruhig mehr Zeit lassen können. Diese Reise durch das blühende gesegnete deutsche Land war ja die reine Lustfahrt. Ich bekenne, daß es nicht nur am Neckar, am Rhein, in der Pfalz gut zu leben ist. Wie schön ist ganz Deutschland mit seinen stolzen Burgen, Schlössern und den reichen Städten, deren mächtige Dome die spitzen Giebel der ziervollen Bürgerhäuser überragen. Mit seinen Wäldern, Wiesen, Weiden, Feldern und traulichen Dörfern!

Konnte ich damals ahnen, daß schon nach weniger als zwei Jahrzehnten der furchtbarste aller Kriege, der dreißig Jahre über diesem unglücklichen Land wütete, diese Gefilde verwüsten, seine Häuser in Asche legen, seine Bewohner quälen, martern, zum großen Teil ausrotten würde? War ich nicht so etwas wie ein Vorbote all dieses Schreckens, des Wütens der Menschen gegeneinander? Und das Erschütternde dabei ist: es geschah um des Glaubens willen, des christlichen Glaubens. So wie Jesus vorausgesagt hatte, daß sie einander verfolgen werden und meinen, sie täten Gott einen Dienst damit. Oh, wenn ich an all das Blut denke, das geflossen, geströmt ist! War ich nicht auch voller Hoffnung und gedachte das Beste zu tun, wenn ich den Schwedenkönig im Namen der protestantischen Fürsten bat, mit ihnen für unseren und seinen Glauben zu kämpfen?

Doch es war gut, daß mir die Zukunft verborgen blieb! Uns Menschen gelüstet es immer wieder, das Kommende zu erfahren. Es ist Gottes Gnade, daß er uns das uns Bestimmte verhüllt. Der Apostel schreibt: »Wir wissen aber, daß denen, die Gott lieben, alle Dinge zum Besten dienen.« Daran müssen wir uns halten und Anfang und Ende in seine Hand legen.

So kam ich denn frohgemut nach etwa drei Wochen am Strand der Ostsee in der Stadt Stralsund an. Hier wollte ich meinen Reisewagen lassen und zu Schiff nach Schweden weiterfahren. Aber mit dem Schiff weiterfahren, das war schneller gedacht als getan. Wohl war mein Kommen dem schwedischen Hof angesagt worden, und die vorzüglich geleiteten Niederlassungen in Deutschland hatten von Station zu Station meine Reise weitergemeldet. Doch wenn auch bekannt war, in wessen Auftrag und in welcher Mission mein Besuch geschah, so war ich doch nicht als solch hochgestellte Persönlichkeit geachtet, um mir ein königliches Schiff entgegenzusenden, das mich im Hafen von Stralsund erwartet hätte. Doch das bekümmerte mich wenig. Wurde ich doch im Hause des Stralsunder Bürgermeisters höchst ehrenvoll aufgenommen und aufs beste verpflegt.

Meinen treuen Heiner, der mich als einziger Bedienter bis hierhin begleitet hatte, bekümmerte es noch weniger, daß wir unsere Reise so lange unterbrechen mußten. Im Gegenteil! Ihm machte die Weiterfahrt sogar rechte Sorgen. Als wir beide zum ersten Male am Meeresstrand standen, beichtete er mir bedrückt: »Ich hab's bisher verheimlicht. Es hat mir halt in der Nas gesteckt, in die weite Welt naus zu kommen. Aber vor dem Wasser, da bin ich halt bang. Als einst mein Onkel mich über den Rhein in seinem Boot mitgenommen hat, da isch mir's ganz übel geworde. Und jetzt über dies Wasser da nüber und von drübe wieder zurück!«

Er schaute mich kläglich an und tröstete sich dann selber: »Nun, es isch ja nit viel breiter als der Rhein bis drübbe, da wird's Elend nit so arg lang dauere.«

Ich wagte dem armen jungen Blut gar nicht zu sagen, daß dies »drübbe« nicht uns gegenüber lag, sondern wir noch tagelang gen Nordosten würden segeln müssen. Es war ja nicht das offene Meer, das sich hier in Stralsund uns bot. Heiner hatte wohl recht, daß es hier wie eine Wasserstraße nicht viel breiter als der Rhein wirkte. Ich selber war zuerst enttäuscht gewesen, da ich die Weite des freien Ozeans erwartet hatte. Doch der schwedische Postmeister, der mich zum Hafen geführt hatte, war sogleich mit der Erklärung bei der Hand, daß die in lichten Schleiern verhüllte, in der Sonne weiß aufblitzende Küste in der Ferne die Insel Rügen wäre und ich später, wenn ich daran vorbeigesegelt wäre, in freieres Gewässer käme.

Nun, das verriet ich dem guten Heiner nicht. So genoß er denn wie ich die gute Verpflegung und die Freundlichkeit der blonden Mägde, die ihm so reichlich auftischten, und lobte: »Man kann doch noch deutsch mit ihne babble, wenn man sie auch nit so gut versteht. Aber drübbe in Schwede, da versteht man dann gar nichts.« Trotzdem er dic Stralsunder Mädchen derart lobte, zählte er doch die wenigen Münzen in seinem Lederbeutel zusammen, krauste dabei die Stirn, überlegte und versprach, dann bei der Heimreise von dem wunderbaren Gold des Meeres, dem Bernstein, den man ihm als Handelsware gezeigt hatte, wenigstens ein bescheidenes Kettchen oder eine mit dieser Kostbarkeit geschmückte Spange seiner Gret mitzunehmen. Damit würde sie die ganze Pfalz in Erstaunen versetzen, prophezeite er.

Auch ich bewunderte diese herrlichen Bernsteingeschmeide. Noch mehr beeindruckte mich aber der Hafen mit seinen ein- und auslaufenden Schiffen und Barken, seinem Gewirr der Masten, seinen stattlichen Kontorhäusern, seinen mit Ochsenblut bestrichenen Speichern, die ihre Krane weit herausstreckten, seinem Fisch- und Getreidemarkt. Den Reichtum dieser Stadt, der ihr aus dem Meer erwuchs, ersah ich, bewunderte ich beim Anblick seiner stolzen spitzgiebeligen Häuser und in dem Rathaus mit den zahlreichen Sälen, den vergoldeten Säulen, wohin mich der Bürgermeister selber führte. Er bestieg auch mit mir den Turm der Nikolaikirche und wies mir stolz von dort aus die ausgedehnten Teiche, die nach dem

Lande hin der Stadt vorgelagert waren, so daß sie nur auf drei großen Deichstraßen zu erreichen war. Ach, er ahnte noch nicht, daß kaum mehr als ein Jahrzehnt danach es so wichtig war, jene Stadt auf diese Art fast uneinnehmbar zu machen, ahnte nicht, welch große Hilfe in der Not ihm dieser junge Schwedenkönig bieten würde, zu dem ich nun unterwegs war.

Und ich ahnte nicht, daß dies von mir so hoch geachtete Stralsund noch höher in meiner Achtung steigen würde, daß es nicht nur eine reiche Stadt war, sondern – nicht in ihrem Reichtum verweichlicht wie das alte Rom – eine tapfere Stadt war, daß die kleinen Buben, die jetzt harmlos froh darin herumspielten, sie mit den Vätern heldenmütig verteidigen würden, während ihnen von der Seeseite Schweden Kriegsgeräte und Lebensmittel zukommen lassen würde. Hatte doch der berühmte Feldherr Wallenstein geschworen: »Und wenn Stralsund mit Ketten an den Himmel gebunden wäre, so müßte ich es haben.« Und dennoch mußte er, nachdem er selbst vor die Stadt gerückt war und sie stürmen ließ, nach einigen Wochen der wütendsten Belagerung und dem Verlust Tausender seiner Soldaten abziehen. Stralsund blieb frei! Noch heute grüße ich dich aus der Ferne, tapferes, treues Stralsund!

Übers Meer ging die Fahrt

Abschiednehmend grüßte ich Stralsund damals, als ich an Bord eines stattlichen schwedischen Handelsschiffes die gastliche Stadt verließ. Es war ein klarblauer Frühsommermorgen. Das Meer war ruhig, aber es glitzerte und gleißte in der Sonne, daß einem die Augen schmerzten, wenn man eine Weile darauf schaute. Weiße Möven wiegten sich auf und ab rings um und über unserer Takelage.

»Wenn sie nur so schön singe täte, wie sie aussehe«, schränkte Heiner mein Lob ein. »Sie kreischen elendig.«

»Na, Heiner, nennt man Euch nicht auch die Pälzer Krischer?« scherzte ich. »Schilt die Möwen nicht! Gib auf dich selber acht, daß du zur Strafe nicht seekrank wirst!«

»Hier auf dem glatten Wässerle«, antwortete Heiner stolz.

Der Kapitän, der neben uns an der Reling stand, schmunzelte in seinen Bart. »Wir sind noch nicht auf offener See«, raunte er mir zu. »Geben Eure fürstlichen Gnaden dann selber acht auf Euch!«

Ich lachte nur unbesorgt. In der frischen Meeresluft fühlte ich mich so froh und frei, als könnte mir gar nichts Übles zustoßen.

Die Fischerboote hatten wir rasch hinter uns gelassen. Bald kreuzten andere größere Schiffe unseren Kurs. Der Kapitän erklärte mir ihre Bauart, deutete ihre Wimpel. Die ersten, die uns begegneten, trugen die Zeichen der Hanse, von Stralsund, Lübeck, Danzig. Später kamen auch norwegische, dänische und vor allem schwedische uns entgegen.

Grellweiß gleißte die Kreideküste Rügens zu uns herüber. Wir näherten uns der buchtenreichen Insel so dicht, daß es mir war, als hörte ich ihre grünen Wälder rauschen. Doch dann gegen Mittag verschwand sie mehr und mehr. Und mehr und mehr weitete sich die See vor uns. Mehr und mehr begann das Schiff zu schaukeln, zuerst nur leicht, dann heftiger. Die Takelage knarrte.

»Weißt du noch, Heiner«, wandte ich mich belustigt zu meinem treuen Gesellen hin, »so haben wir uns zuweilen auf der Wippewappe im Schloßhof gewiegt. Genauso ging es auf und ab, und das Brett, auf dem wir saßen, knarrte.«

»Hört auf, Herr«, stöhnte der Arme. »Ich geh nunter ins Schiff und leg mich nieder. Vielleicht geht's mir dann besser.«

»Iß eher etwas!« riet ich.

»Schaut noch wenigstens zur Insel Bornholm hinüber!« schlug der Kapitän vor. »Seht, dort taucht sie zu unserer Linken auf. Ist ein gesegnetes Fleckchen Erde, lustige bunte Fischerhäuser, stattliche Bauernhöfe mit fruchtbaren Feldern. Das Seltsamste sind die Kirchen, Rundkirchen, eigentlich ein einziger runder Turm.«

»Oh, Herr, legt dort an!« flehte Heiner.

»Interessierst du dich so für Rundkirchen, Heiner?« erkundigte ich mich lachend.

»Oh, Herr«, jammerte er, »ich will dort auf dem Land auf Euch warten, bis Eure Gnaden zurückkommt. Ich sterbe auf dem Schiff. Ihr könnt mir's glauben. Ich lüg Euch nichts vor. Ich sterb.«

Der Kapitän zwinkerte mir zu. »Es ist noch keiner an der Seekrankheit gestorben«, beruhigte er. »Und in Bornholm kann ich nicht anlegen, selbst wenn ich einen Toten an Bord hätte, was aber nicht der Fall sein wird«, fügte er hinzu, als Heiner verzweifelt aufschrie und dann mit Gepolter die Treppe ins Schiffsinnere hinabstob. Dann wandte sich der Kapitän mir zu und erklärte: »Bornholm gehört den Dänen.«

»Und darum geht Ihr dort nicht an Land?« fragte ich. »Sind die Dänen Eure Feinde?«

»Die Dänen?« Er spuckte verächtlich ins Wasser hinab: »Ihr habt wohl noch nie von dem Blutbad in Stockholm gehört, um nur eine dänische Untat zu nennen. Doch ich spreche nicht gern davon. Ich werde sonst zu wild, rege mich auf bis zum Jähzorn. Mag's Euch ein anderer berichten. Gute Nacht, fürstliche Gnaden.« Er wandte sich mit einem Ruck um.

»Gute Nacht!« stammelte ich verlegen hinter ihm drein. Es tat mir leid, den freundlichen Mann ohne meine Absicht verstimmt zu haben.

»Gute Nacht!« wiederholte ich, ohne nachzudenken, und schaute dann verwundert über das Meer.

Ja, war es denn schon Nacht? Es war noch so hell. Nur auf dem Schiff war es stiller geworden. Die Seeleute schienen sich bis auf die Wachen und einen Steuermann auch zurückgezogen zu haben.

Aber Nacht, nein, Nacht war es nicht. Wie ein goldener Schleier lag es in der Ferne. Das Wasser schimmerte in einem eigenartigen von Rosa bis zu Tiefgrün wechselnden Schein. Und als eine große rote Kugel stand die Sonne über dieser schimmernden Meeresfläche. Ich staunte, wunderte mich und bewunderte.

Erst nach einer Weile fiel mir ein, daß ich mich im Norden befand und das Schiff sich noch immer mehr den nördlichen Breiten näherte. War jetzt nicht die Zeit der hellen Nächte, in denen das Tageslicht kaum einem nächtlichen Dämmern wich?

Es würde schwerfallen, in dieser fast unheimlich und fahl wirkenden Helle Schlaf zu finden. Doch ich mußte es meiner Gesundheit wegen versuchen. Ich warf noch einen Blick auf diese große rote Kugel, die tief über dem Meer verharrte, aber nicht darin oder dahinter versank. Dann stieg ich hinab in meine Kajüte und legte mich nieder. Die Wogen klatschten gegen die Planken des Schiffes. Sie schaukelten es hin und her, und endlich schaukelten und wiegten sie auch mich ein.

Es war schon spät, als ich erwachte. War ich doch erst in den frühen Morgenstunden eingeschlafen. Ich schämte mich vor dem Kapitän, als ich nach einem kräftigen Frühstück, das mir, sobald ich mich regte, in die Kajüte gebracht worden war, auf Deck stieg, denn die Sonne stand schon recht hoch. Aber weder der Kapitän noch die Besatzung hatten Zeit, sich um mich zu kümmern. Er wies mich nur knapp zur Linken, wo klar sichtbar eine hohe Küste lag, rief mir: »Karlskrona!« zu, und ich erblickte eine Stadt am Fuß grüner Hügel, und damit grüßte ich und grüßte mich zum erstenmal Schweden. Schweden, das Land, das mein ferneres Schicksal bestimmen sollte! Es wurde mir seltsam zumute, als ahnte ich etwas von dem, das meiner harrte. Ich klammerte mich mit beiden Händen so fest an die Reling, daß meine Knöchel weiß hervorschauten. Inwendig aber hielt sich meine Seele an den Herrn, wie einst Mose sich an ihn hielt, »den er nicht sah, als sähe er ihn«.

Der Anblick Schwedens war diesmal nur von kurzer Dauer. Das Schiff bog nach Osten vom Festland ab.

»Der Sund zwischen Schweden und der Insel Öland ist gefährlich mit seinen Klippen«, schrie mir durch das Wind- und Wellengebrause der Kapitän zu. »Lieber in die offene See, wenn es dort auch nicht so leicht heute ist. Wir haben Dünung, muß in der Nacht irgendwo Gewittersturm gewesen sein. Zudem noch Gegenwind! Schwieriges Vorwärtskommen! Keine Zeit, Euch heute Erklärungen zu geben!«

Ich nickte ihm zu als Zeichen, daß ich ihn verstanden hatte.

»Bleiben in der Nähe der Insel Öland, drüben links. Gibt etwas Schutz!« fügte er noch tröstlich hinzu.

Nun, meinen armen Heiner würde auch das kaum trösten. Ich hatte, sobald ich auf war, nach ihm gesehen. Er jammerte und ächzte erbärmlich und beklagte seine armen Eltern und jene Gret, die ihn nie mehr wiedersehen würden.

Ich dankte Gott, daß mich nicht auch die Seekrankheit erfaßt hatte. So elend mochte ich nicht dem König von Schweden meine Aufwartung machen. Immerhin hatte mir der Kapitän versichert, daß man sogleich gesundete, wenn man wieder an Land festen Boden beträte.

Armer Heiner, das würde noch tagelang dauern! Und das Schiff schaukelte jetzt nicht nur, es schlingerte, wie das der Kapitän nannte. Ich stieg noch einmal zu Heiner hinunter. Ich wollte ihn überreden, etwas zu essen. Er wehrte so verzweifelt ab, als wollte ich ihm einen Gifttrank einflößen. Ich riet ihm, mit mir hinauf an die frische Luft zu kommen.

»Ich kann nicht nauf«, widersprach er. »Das Schiff springt wie ein Ziegenbock. Keinen Schritt könnt ich machen.«

»Ich stütze dich«, versprach ich, »und droben halten wir uns an der Reling fest. Du wirst staunen, was es da alles zu sehen gibt. Du machst dir keinen Begriff, wie schön das Meer ist. Wie lange Reihen strahlend weißer Rosse kommen die Wogen angejagt, aus weiter, weiter Ferne immer näher und näher, immer höher und höher, bis sie sich schäumend und klatschend an der Schiffswand brechen. Oft hebt sich eine der weißen Kronen auch so hoch, als wollte sie zu uns hereinschauen, wollte uns holen, übersprüht uns zischend und brausend mit funkelnder Gischt. Weißt, das einzige, was ich dabei zu erleiden hab – aber ich nehm's lachend hin: mein Gesicht brennt und beißt mich von diesen Spritzern Salzwasser, von dem Meereswind und der Sonne. Paß auf, davon wirst du wieder frisch!«

»Nix als Wasser – hu, nix als Wasser!« heulte Heiner.

»O nein«, widersprach ich, »links von uns dehnt sich nun unübersehbar lang die Insel Öland. Du kannst die weißen Bauernhöfe sehen, die grünen Weiden, worauf sich Pferde übermütig tummeln. Und wieviel Schiffe begegnen uns, immer mehr schwedische sind darunter! Sogar ein feines schmales Kriegsschiff näherte sich uns so sehr, daß wir erkennen konnten, daß sie uns allerlei Zeichen machten. Sie riefen uns auch etwas zu, aber vor Wogengebraus konnten wir nichts verstehen. Wir grüßten nur höflich zurück. Vielleicht war der König selber auf diesem Kriegsschiff und kam uns entgegen, uns beide abzuholen, weil wir doch gar so vornehme Herren sind, der Heiner und ich. Was meinst?«

Ich lachte über meinen Scherz. Aber Heiner stimmte nicht ein. Er meinte überhaupt gar nichts. So mußte ich ihn denn seinem Schicksal, seiner Seekrankheit überlassen.

Ich erkundete darauf das ganze Schiff so gut es bei dem starken Wellengang möglich war, beobachtete die Besatzung bei ihrer Arbeit und stellte fest, daß Seeluft hungrig und müde macht. Darum aß ich tüchtig, so daß der Kapitän seine Freude hatte, wie es mir bei ihm schmeckte. Ich ging früh in meine Kajüte hinab und schlief bald fest wie ein Murmeltier.

Erst am nächsten Tag ließen wir Öland hinter uns. Noch lange sah ich seine letzte Spitze in der Ferne. Als ich mich dann zur Rechten wandte, war es mir, als würde mir ein Schlag versetzt. Ein Beben überlief mich, drang vom Kopf, nein, vom Herzen her durch meinen Körper. Ich konnte mich nicht erinnern, je so betroffen, so erschüttert gewesen zu sein.

»Was ist das dort drüben?« rief ich aufgeregt dem Kapitän zu. »Ein Traum? Eine unwirkliche Vision, eine Luftspiegelung, wie sie in der Wüste vorkommen soll und Fata Morgana heißt. Eine Märcheninsel, nein, eine Geister-, eine Gespensterinsel. Unheimlich wirken die hohen riesigen, weißen Mauern, die ebenso weißen vierkantigen gewaltigen Türme darauf, die zahlreichen Kirchtürme und Spitzgiebel. Irgendwie verzaubert wie ein Eiland der Toten dünkt mich das – ohne Leben – ohne Laut.«

Der Kapitän trat zu mir. »Das ist Gotland«, sagte er ernst, und er schien fast so erschüttert wie ich, während er hinüberschaute. »Ihr habt von Traum und so etwas wie Vatermorden gesprochen. Ja, es war ein wunderbarer Traum, und nun ist es ein Alptraum, und gemordet ist darin worden, nicht bloß Väter, nicht bloß Männer, sondern Frauen, Kinder.

Seht genau hin, dann erblickt Ihr Girlanden von leuchtend blauen Blumen am Tor der weißen Mauern. Das ist der Schmuck des toten Gotlands. Wegwarten! Es sind die blauen Augen all derer, die warten, daß Gotland neu erblüht. Unter Schwedens Schutz wird das sein.«

Ich hatte ihm erstaunt, erschüttert gelauscht.

Er schaute eine Weile schweigend zu den grell leuchtenden aufeinandergetürmten Riesensteinen hinüber. Dann fuhr er fort.

»Diese Mauer umgab mit ihren vierzig Türmen bis zu zwanzig Meter Höhe schützend die stolze Hansestadt Visby. Nichts ihresgleichen gab und gibt es weit und breit. Es ist das größte Bauwerk Nordeuropas. Visby war sein würdig, es war die mächtigste Hansestadt aus Handelsniederlassungen von Kaufleuten aller Nationen bis zur sibirischen Stadt Nowgorod hin entstanden. Hier entwikkelte sich der mächtige ›Hanseverbund‹. Glanz und Reichtum, aber auch Fleiß und Gottesfurcht herrschten in Visby. Siebzehn Kirchen, zahlreiche stattliche Steinbauten, mächtige Giebelhäuser, von welchen eines sieben Stockwerke hoch ragte, riesige Speicher, das alles lag dicht nebeneinander und zeugte von Visbys Macht.

Und dann überfiel der Dänenkönig Waldemar Atterdag das glückliche, friedliche Visby und drang mit seinem Heer durch schändlichen Verrat in die ahnungslose Stadt ein. Seht noch einmal genau hin. Erkennt ihr die leeren Fensterhöhlen, die wie den Himmel um Rache anrufenden, zu ihm aufragenden Ruinen der Kirchen? Das ist Visby, das ist Gotland.«

Ich schaute tiefbewegt zu der Insel hinüber, die schweigend an uns vorbeiglitt.

Ach, ich ahnte nicht, wie kaum zwei Jahrzehnte später es deutschen Städten nicht besser erging. Vor allem gedenke ich heute des stolzen Magdeburgs, der Hochburg des Protestantismus, dessen Bewohner sich kühn und entschlossen zur Verteidigung bereitet und voller Vertrauen auf Gottes und Gustav Adolfs Hilfe ausharrten. Aber Gottes Wege sind unerforschlich, und Gustav Adolfs Hilfe kam einige wenige Tage zu spät. Man kann nicht schildern, welche Gewalttaten, welches Blutvergießen das verwüstete Magdeburg von den kaiserlichen Soldaten Tillys erdulden mußte. Doch ich will nicht noch weiter denken, nicht an das, was mir selber geraubt, zertrümmert wurde.

Gotland entschwand wie ein Traum.

Es folgten zwei Tage, an denen ich von Bord aus Wasser und Himmel und sonst nichts sah, wenn auch der Kapitän mir versicherte, daß auf beiden Seiten nicht weit von uns Land wäre, wir uns eigentlich in einem großen Binnensee befänden. Oft bildete ich mir ein, in der Ferne etwas von diesem Kurland, Livland, Estland, Ingermanland, die alle von den Deutschherren-Rittern erschlossen und besiedelt sein sollen, zu erspähen. Doch wahrscheinlich waren es nur Dunst- oder Wolkenstreifen. Ich kann von diesen Landen nichts berichten.

Ich langweilte mich jedoch durchaus nicht, selbst wenn wir keinen Schiffen begegneten oder der Kapitän, der sich gerne mit mir unterhielt und Erklärungen gab, zu sehr in Anspruch genommen war. Ich beobachtete mit Vergnügen, wie die Segel emsig dem Winde entsprechend gesetzt wurden. Da hingen sie bei einer Flaute (Windstille) schlaff herab wie nutzlose alte Säcke, und das Schiff schien dann ein unbeholfener, schwerfälliger Kasten. Doch wenn der Wind in die richtig ihm zugewandten Segel blies, dann blähten sie sich stolz, und das Schiff flog leicht und zielsicher dem Heimathafen zu. Dann hatten wir Aufwind, wie der Kapitän es nannte. Ich dachte dann an das Bibelwort: »Welche der Geist Gottes treibt, die sind Gottes Kinder.«

Erging es uns nicht auch wie diesem plumpen Schiff, das aus eigener Kraft nicht vorwärts kam? Waren wir nicht auch matt und schlaff wie die Segel? Doch wenn der Aufwind kam, wenn wir ihn für und an uns wirken ließen, dann konnten wir auch von uns sagen, »daß sie auffliegen mit Flügeln wie Adler«.

Über diesen Gedanken wurde mir so froh und weit ums Herz. Ich atmete tief die frische Meeresluft ein. Ich besann mich nicht mehr und schrieb in meiner Kajüte nicht mehr immer neue, immer formvollendetere Sätze, die ich zu dem schwedischen König sprechen wollte. »Ich lasse mich treiben«, sagte ich vor mich hin, und das dünkte mich nicht leichtsinnig, sondern die richtige Einstellung für meine Mission im Auftrag der protestantischen Union und für meinen eigenen Lebensweg.

Wir bogen endlich nach links ein und gelangten in eine unübersehbare, unzählbare Menge kleiner Inseln. Schären nannte sie der Kapitän. Ein Lotse kam an Bord, um das Schiff durch dieses Gewirr zu leiten.

»Wenn man einen Lotsen hat, braucht man trotz aller Fährnisse keine Sorgen zu haben!« erklärte mir der Kapitän.

»Ich habe einen Lotsen. Das und viel mehr noch ist mir auf der Schiffsreise klargeworden«, sagte ich, und mein Herz war sehr fröhlich.

Der Kapitän schaute mich so verdutzt an, als ob er an meinem Verstand zweifele. Und dann brummte er zu meiner großen Belustigung: »Euer Gnaden hätten eine Mütze aufsetzen sollen. Tagelang den Kopf in der Sonne, die vom Wasser auch noch zurückgestrahlt wird . . .«

Damit ging er langsam von mir, blieb aber in einer Entfernung stehen, schaute zu Boden, kehrte zu mir um und fragte besorgt: »Wollt Ihr einen lütten Köm (Schnaps) trinken und Euch dann in Eure Kajüte legen?«

Ich lachte hellauf. »Ich denke nicht daran!« rief ich übermütiger, als sonst meine Art ist, »bei diesem herrlichen Wetter und dieser interessanten Fahrt durch die Schären. Sie sind bewundernswert, ein einmaliges Bild: all diese hellen Felsenklippen, die so steil aus dem Meer ragen, diese kleinen Inseln mit ihrem Wiesenland und den Tausenden von Birken mit ihren schlanken weißen Stämmen und grüngoldenen Schleiern. Auch stehen hie und da lustig bunt gestrichene Häuschen dazwischen.«

»Ja, ja, schön ist unser Schweden«, gab der Kapitän zu.

»Ja, schön ist's, aber wie komme wir wieder heim? Wie wird's auf der Rückfahrt werde?« tönte es hinter uns.

Ich wandte mich überrascht um. Da stand wahrhaftig mein Heiner hinter uns, ein wenig bläßlich, ein wenig wackelig auf den Beinen, aber anscheinend von der bösen Seekrankheit genesen.

Ich freute mich natürlich sehr. »Vorläufig denken wir nicht an die Rückfahrt, sondern an die Ankunft, die bald sein wird!« sagte ich.

»So ganz bald noch nicht«, schränkte der Kapitän ein. »Wir müssen hier sehr langsam und vorsichtig fahren, richtig durchwinden müssen wir uns. Euer Diener mag sich derweil noch ein wenig zu neuen Kräften essen.«

Das hat der Heiner dann auch aufs beste besorgt. Er stand rotwangig und stramm hinter mir, als wir in die Bucht einfuhren, in die sich der Mälar ergießt.

Vor uns tauchten die Spitzgiebel der Speicherbauten von Stockholm auf. Dahinter ragte auf steiler Felswand ein düsterer drohender vieltürmiger Bau, aus dessen Dächergewirr ein mächtiger Turm alle anderen überragte: das Schloß. Unser Schiff fuhr in den Hafen ein. Mast stand neben Mast. Der Kapitän hatte Mühe, noch einen Platz zu finden.

Endlich rasselte mit dröhnendem Gepolter der Anker herab. Kommandorufe schallten hin und her, und hin und her rannte die Mannschaft. Ich verstand nicht, was alles von ihr zu erledigen war. Ich sah nur die emsige, aber auch fröhliche Geschäftigkeit. Muß man nicht fröhlich sein, wenn man den Heimathafen glücklich erreicht? Gott schenke mir einst, nein bald diese Gnade, im himmlischen Heimathafen einzulaufen und dort den Anker auszuwerfen!

Im strahlenden Sonnenschein betrat ich Schwedens Boden.

Vor dem Schloß in Stockholm

So war ich denn in Schweden angekommen. Ich hatte mich von dem freundlichen Kapitän mit dem bärbeißigen Gesicht mit Dank verabschiedet und auch von der Mannschaft, sofern ich sie erreichen konnte. Sie waren alle überaus geschäftig, packten zum Teil schon ihre Bündel, um – wenn auch nur für kurze Zeit – an Land zu gehen und ihre Angehörigen wiederzusehen.

Ich hielt, mit meinem treuen Heiner hinter mir, zögernd auf dem Laufsteg ein. Ich hatte zwar keinen feierlichen Empfang mit allen möglichen Ehrungen erwartet. Schließlich war ich das als kleiner Habenichts nicht gewohnt. Doch immerhin war ich der Abgesandte der deutschen Fürsten, selber auch ein Fürstensohn.

Jetzt sollte ich mir wohl wie ein fremder Bettelmann durch das Gewirr des Hafens, durch die Straßen mit ihren stolzen spitzgiebeligen Häusern den Weg zu dem so erdrückend wirkenden Bau dort oben erfragen und dort demütig um Einlaß bitten.

Demütig! Ich stutzte. Sieh mal einer an, lieber Johann Casimir, so weit ist es mit deiner christlichen Demut, wovon dieser große Reformator Calvin lehrte, so sein eigenes Leben und das seiner Gefolgschaft darauf ausrichtete, daß er sogar strenge Kleiderregeln in seiner Hauptwirkungsstätte, dem gottesfürchtigen Genf, einführte und jeden äußerlichen Putz verwarf und auf den inwendigen hinwies und hinstrebte. Danach hast du dich gerichtet, Johann Casimir, hast stets einen bescheidenen dunklen Anzug getragen und hast nicht in gleißendem Samt und schillernder Seide sowie goldenen Ketten geprangt. Aber wie ist es mit der Demut deines Herzens, die erst recht dein größter Meister lehrte, der von sich selber sagt: »Ich bin sanftmütig und von Herzen demütig«?

Ich senkte beschämt den Kopf, und dabei übersah ich ganz und gar, indes ich mir die wahre christliche Demut anempfahl und befahl, daß zwei Herren vor mir auftauchten. Auf den ersten Blick erkannte ich sie als Edelleute, wenn sie auch nicht auffällig gekleidet waren. Der alte Herr mit frisch gerötetem Gesicht und stahlblauen

Augen überließ dem jungen, gleichfalls blauäugigen, der recht munter dreinblickte, nach einer formvollendeten Begrüßung die ebenso muntere Unterhaltung zu führen. Er entschuldigte lebhaft, daß sie etwas zu spät gekommen, aber sogleich aufgebrochen wären, als man im Schloß die Ankunft des Schiffes gemeldet hätte, um mich im Namen der schwedischen Krone gebührend willkommen zu heißen. Dieser jüngere Kammerherr sprach deutsch, was der ältere wohl nur wenig oder gar nicht beherrschte. Sie waren beide baß erstaunt und erfreut, als ich in fehlerlosem Schwedisch erwiderte.

Wir unterhielten uns lebhaft, während wir durch die Straße am Hafen und dann bergauf schritten. Ich nahm die erneute Entschuldigung, die diesmal der ältere Kammerherr vorbrachte, belustigt entgegen. Für die kurze Strecke bis zum Schloß war bestimmt kein Wagen nötig. Ich war doch kein zimperliches Edelfräulein oder ein hocherhabener König. Ich war froh, einmal wieder festen Boden unter den Füßen zu haben und darauf ausschreiten zu dürfen. Und als ein Dürfen empfand ich auch, nach langer Zeit wieder bergan zu steigen.

Wir gelangten im besten Einvernehmen bis vor das Tor, das den Schloßhof abschloß. Dort blieben die Herren zögernd stehen, und es schien mir, als wenn der ältere den jungen mit einem Blick stumm zu etwas aufforderte.

»Was ist?« fragte ich sogleich. »Haben Eure Gnaden mir etwas verheimlicht und wagen nicht damit herauszurücken? Redet nur! Ich bin von Jugend auf an mancherlei wenig angenehme Überraschungen gewöhnt.«

Der alte Herr nickte seinem jüngeren Begleiter aufmunternd zu, schaute ihn eindringlich an, und ich wiederum blickte die beiden verwundert an.

Mit einem plötzlichen Entschluß wandte sich endlich der Jüngere mir zu, und während der weißhaarige Kammerherr eine bedauernde Geste dazu machte, erklärte er mir: »Seine Majestät der König ist zur Zeit nicht anwesend.«

Ich faßte nach einem der rauhen Eisenstäbe des halboffenen Tores. Doch nicht als ob mich diese Mitteilung so erschüttert hätte, daß ich mich daran festhalten mußte. Im Gegenteil! Mir kam es schier erheiternd vor, daß die beiden darob so bekümmert waren. Mir fiel es schwer, ein Lachen zu unterdrücken. Seltsam, ich kam mir auf einmal wie ein übermütiger Schulbub vor, wie ich kaum je in der fröhlichen Pfalz unter dem Regiment meines weniger fröhlichen Herrn Vaters gewesen war.

»Nun, das ist kein Grund, daß die Herren oder ich selber uns betrüben. Der König konnte, obwohl seine Klugheit trotz seiner Jugend schon als hervorragend gerühmt wird, nicht wissen, wann ich hier einträfe. Das hing von mancherlei Umständen, wie Wetter, Meer und Wind ab. Habe ich so lange Zeit für diese weite Reise gebraucht, so kommt es auf ein paar Tage des Wartens auch nicht an. Ich bin keine hohe Fürstlichkeit, wenn ich auch, wie der König weiß, als Abgesandter hoher Fürstlichkeiten zu ihm gesandt worden bin.«

Dieser letzte Satz mag den Herren wohl doch etwas gekränkt geklungen haben. Der junge beeilte sich mit leichtem Erröten zu versichern: »Es ist wahrlich keine Unhöflichkeit unserer Majestät. Er ist seit Ende Januar weggefahren, um den Friedensvertrag mit Dänemark in Knäred zu unterzeichnen. Oxenstierna ist dabei, der bis 1611 für ihn mit anderen Adeligen die Regierung führte und 1612 von ihm zum Reichskanzler ernannt wurde.«

»Oxenstierna«, murrte der Ältere vor sich hin und hatte wohl vergessen, daß ich Schwedisch verstand, »sein Schatten, sein düsterer Schatten, der übrigens nicht düster aussieht, sondern rotblond und blauäugig ist.«

»Immerhin ist Oxenstierna ein genialer Staatsmann«, wandte der junge Edle, diesmal auch auf schwedisch, ein. »Die Friedensbedingungen hat er auch ausgehandelt.«

»Schöne Friedensbedingungen«, murmelte der weißhaarige Herr. »Ich gebe zu, wir mußten Südschweden von den Dänen einlösen, aber was hat es uns für harte Goldstücke gekostet, Elfsborg und die andern Gebiete diesen Dänen abzukaufen und den Frieden dazu. Frieden mit den Dänen!«

Er blickte so ingrimmig drein, daß ich wiederum fast lachen mußte.

»Ihr mögt die Dänen wohl nicht?« fragte ich.

»Mögen!« stieß er zornig aus. Er wandte sich um und wies zur schimmernden Meeresbucht hinab. »Bis dort in den Mälarsee ist das Blut derer geflossen, die von dem Dänenkönig hingemordet wurden, heimtückisch, als er sie zum Feste geladen hat. Meine Eltern waren auch dabei. Gottes Vorsehung hat seinen Auserwählten, Gustav Wasa, den Retter Schwedens, davor bewahrt, auch ein Opfer dieser Mörder zu werden, wie mehr als tausend des schwedischen Adels.«

»Und trotzdem schließt sein Enkel nun Frieden mit dem verhaßten Volk?« fragte ich sehr ernsthaft.

»Müssen wir beiderseits nicht Frieden schließen um all der Unschuldigen willen, die unter den Beschlüssen ihrer Regierungen zu leiden haben? Frieden!« stöhnte der Alte auf. »Wann wird je Frieden auf Erden sein? Ihr kommt doch auch nur hierher, um uns zu neuen Kämpfen zu zwingen.«

»Nein«, widersprach ich, »um uns Deutschen den Frieden zu erhalten, wenn die Macht Schwedens schützend hinter uns steht. Um Krieg zu verhindern, komme ich.«

Ich stieß das schwere Eisentor auf, obwohl es nicht an mir gewesen wäre, mir so gleichsam den Eintritt zu erzwingen.

»Bitte, erwähnen Sie nirgends etwas davon, was ich jetzt sprach«, bat der weißhaarige Herr bekümmert. »Ich rede oft, was ich besser für mich behielte. Es macht wohl das Alter.« Er seufzte. »Ach ja, sie wollen alle Frieden und sind doch alle immer wieder im Streit.«

»Es wird erst Friede auf Erden sein, wenn Er kommt, von dem geschrieben steht: ›Er ist unser Friede‹«, antwortete ich, und mir war dabei, als wenn die Kraft dessen, der unser Friede ist, in mir waltete, als wenn er es wäre, der dies schwere Eisentor vor mir öffnete, das Tor in ein neues, von ihm für mich bestimmtes Leben.

Die schwedische Königstochter

Ich atmete tief auf, befreit, glücklich. Ja, ich war am Ziel!

Wirklich am Ziel? Nein, das Ziel meines Lebens war noch weit entfernt. Und das Ziel dieser Reise? Äußerlich lag es nun dicht vor mir, das Schloß von Stockholm. Ich war durch das von zwei Türmen flankierte äußere Tor und weiterhin in den Innenhof eingetreten. Eigentlich war ich demnach schon *im* Schloß. Doch die Hauptsache, das Schwerste, meine Aufgabe, die mich hierher geführt hatte, lag noch vor mir: das Gespräch mit dem König. Und der König war noch gar nicht zu sprechen, war nicht anwesend. Seltsam, daß mir doch so froh und frei zumute war.

Das Schloß selber konnte mir solch erhebende freudige Gefühle wahrlich nicht einflößen. Es dünkte mich immer noch wie bei seinem ersten Anblick, als es bei meiner Einfahrt in den Hafen vor mir auftauchte: eine geradezu Furcht einflößende Burg, ein Granitblock auf einem Granitblock, nicht zu vergleichen mit dem Heidelberger ziervollen figurenreichen Ott-Heinrichs-Bau, der an einer Seite den traulichen Hof mit seinem plätschernden Brunnen abgrenzt, dem anschließenden Friedrichsbau, von dessen Terrasse ich so oft in das liebliche Neckartal hinab und zu den grünenden blühenden Hängen hinaufgeblickt hatte. Und nichts hatte dies Gemäuer von der Sinnenfreude des Zweibrücker Schlosses. Ich blieb auf dem Holperpflaster des nicht sehr großen Hofes stehen, schaute mich suchend um.

»Wie gefällt Euer fürstlichen Gnaden unser Schloß? Ist es nicht gewaltig, eine Verkörperung der schwedischen Macht?« fragte der junge Edelmann.

Ich suchte nach dem passenden Wort zur Erwiderung. »Es ist –« antwortete ich zögernd und suchte einen besseren Ausdruck als ›erdrückend‹. »Es ist beeindruckend«, sagte ich endlich.

»Ihr vermißt Park- oder wenigstens Grünanlagen, wie Ihr es wohl im Westen bei Euren Schlössern gewohnt seid«, wandte sich der alte

Graf auf schwedisch freundlich zu mir. »Dazu war dies Felsgestein nicht geschaffen. Doch wir werden bald, vielleicht morgen schon in eines der Krongüter übersiedeln und in lieblichere Umgebung gelangen. Ihr saht bei Eurer Einfahrt bereits auf den unzähligen Schären mit ihren weißen Birken und hellem Grün, daß unser Land auch seine Schönheit hat.«

Wir waren indessen die Freitreppe hinauf und ins Schloß eingetreten. Auch hier schienen die weiten Gänge und Hallen trotz der Sommerzeit kühl, ja geradezu fröstelig und freudlos.

Der alte Herr wies einen Bedienten an, meinen in einiger Entfernung brav folgenden Heiner mit meinem Gepäck uns voraus in die mir bestimmten Gemächer zu weisen, ihm beim Auspacken behilflich zu sein und ihn dann zum Abendessen mitzunehmen. Nun, das Auspacken würde im Nu bei meiner bescheidenen Ausstattung geschehen sein.

Der alte Edelmann verabschiedete sich sehr höflich von mir mit der Erklärung, daß wir uns demnächst im Speisesaal wiedersehen würden. Er wandte sich zur Rechten.

Der andere Begleiter geleitete mich zu meiner neuen Bleibe. Es war ein lebhafter junger Mann, das merkte ich jetzt erst recht, als er mit mir allein war und munter mit mir durch die hallenden Flure schritt. »Es wird Euer fürstlichen Gnaden bestimmt bei uns gefallen. Schweden ist ein schönes Land. Euer fürstliche Gnaden werden sich bald wie zu Hause fühlen«, sagte er.

»Nennt mich nicht dauernd so feierlich ›Euer fürstliche Gnaden‹«, bat ich. »Ich bin Pfalzgraf, und der Titel genügt mir. Solche Ehrerbietung bin ich nicht gewohnt.« Das mag – mir unbewußt – etwas bitter geklungen haben, wenn das auch gar nicht in meiner Absicht lag.

Der blonde Schwede wandte sich schier erschrocken mir zu. »Oh, Ihr müßt nicht meinen, Euer Liebden, wir ließen es hier an der gebührenden Ehrerbietung fehlen. Wissen wir doch, daß Ihr der Abgesandte und Vertreter hoher Fürstlichkeiten seid. Der König selber hat angeordnet, daß seine geliebte und hochgeschätzte Schwester Katharina Euch hier an seiner Statt erwarten und würdig empfangen soll, wozu sich die Prinzessin gerne bereit erklärt hat, so gern sie auch gerade in dieser Sommerzeit in der freien Natur weilt. Ihr könnt daraus ersehen, daß auch sie Euer Gnaden schätzt, denn Katharina ist dafür bekannt, daß sie nur tut, was sie selber will. Der König würde ihr nie etwas befehlen, und nicht einmal Oxenstierna würde es wagen.«

Ich mußte lachen. »Dieser Herr Reichskanzler ist wohl der mächtigste Mann Schwedens.«

Der junge Herr errötete. »Nun, in etwa«, gab er zu. »Ich kann es ja frei heraus sagen. Wißt Ihr, wir reden jetzt einfach wieder deutsch miteinander. Dann werden uns irgendwelche Lauscher nicht verstehen. Oxenstierna war eine Zeitlang der eigentliche Regent, solange unser König noch unter Vormundschaft stand. Auch jetzt hat er noch den größten Einfluß auf den jungen Herrscher, der aber von Jahr zu Jahr selbständiger wird. Immerhin ist er wohl beraten, wenn er auf Oxenstierna hört. Oxenstierna ist ein hervorragender Staatsmann. Nur dünkt er uns freiheitsliebendem schwedischen Adel oft zu selbstherrlich.«

Er schaute nachdenklich auf die Steinplatten des düsteren Ganges, den wir durchschritten. »Hätte der verewigte König nicht zum zweiten Mal geheiratet, wäre Katharina aus erster Ehe unsere Königin geworden«, überlegte er. »Sie hätte wohl die Gaben dazu. Sie ist klug, energisch, fest im protestantischen Glauben, eine echte Enkelin des großen Gustav Wasa.«

»Könnte es denn nicht einmal Thronstreitigkeiten zwischen ihr und dem jüngeren Bruder geben?« äußerte ich meine Befürchtung.

Er schüttelte eifrig den blonden Kopf. »O nie und nimmer!« rief er aus. »Sie liebt ihn innig, und er schaut zu ihr wie zu seiner Mutter auf. Sie ist ja auch zehn Jahre älter als er.«

»Zehn Jahre älter?« wiederholte ich langsam. »So ist sie bald 30 Jahre alt. In Fürstenhäusern ist es doch üblich, die Töchter wie zuweilen auch die Söhne in früher Jugend, in der Kindheit schon, zu verheiraten. Bei der Heidelberger Hochzeit, auf der mir dieser Auftrag von den protestantischen Fürsten wurde, waren beide Brautleute siebzehn Jahre alt.«

Der blonde Schwede schmunzelte. »Nun, ich sagte bereits, Prinzessin Katharina weiß, was sie will, und tut, was sie will. Ich nehme an, der gute Oxenstierna hat ihr schon Freier genug vorgeschlagen. Er hätte sie wahrscheinlich gern vom Hof entfernt, da sie mit ihrem scharfen Verstand und ihrem Einfluß auf ihren Bruder seinen politischen Plänen hinderlich sein könnte. Aber, na ja, sie hat noch keinen gewollt.«

Er pfiff vor sich hin, lachte wieder. »Wird wohl auch manches Angebot gehabt haben. Hat nicht ihre Frau Tante, die einen Pfalzgraf, wohl einen Verwandten Euer Liebden, geheiratet hat, Fässer voll Goldstücke als Brautschatz mit nach Deutschland genommen? Nun, ich möchte solch eine superkluge und energische Frau auch mit einem Goldschatz als Mitgift nicht. Und hier wären wir, und das ist gut für Euch, daß Ihr mein loses Geschwätz nicht mehr anhören müßt, und gut für mich, daß ich mein Mundwerk nicht noch weiter spazierengehen lasse. Ja, ja, die Zungensünde, davor hat mich unser Hofprediger schon oft gewarnt.«

Er drückte auf eine schwere Klinke, die nicht aus Gold, wie ich in einigen französischen Schlössern anläßlich der ersten Hochzeit meines Bruders bewundert hatte, sondern aus starkem schwedischem Eisen geschmiedet waren. Auch die beiden Räume, in die er mich führte, waren sehr einfach ausgestattet: ein breites Bett mit frischem grobem Leinen bezogen, ein großer Schrank, ein Schemel, ein kleiner Tisch füllten den einen aus. In dem zweiten stand nur ein breiter, wohl nur zum Schreiben bestimmter Tisch und drei Armsessel. All diese Möbel waren aus Eichenholz, schwer und wuchtig. Sie schienen aus früheren Jahrhunderten zu stammen und für Jahrhunderte bestimmt zu sein. Mein fröhlicher Begleiter ließ mich allein, nachdem er versprochen hatte, mich in Kürze wieder abzuholen und zu Prinzessin Katharina zu führen.

Ich blickte mich noch einmal in Ruhe um. Diese schlichten Eichenmöbel, die Bärenfelle vor dem Bett und Tisch, das handgewebte Leinen und die gleichfalls handgewebten wollenen Wandbehänge, das alles gefiel mir, sagte meiner einfachen ruhigen Art zu. Es war ganz ohne den Prunk, den Zierat westlicher Schlösser und wirkte doch nicht armselig, eher reich. Reich an Kraft, Macht, Bodenständigkeit, so wie das Königtum der Wasa aus bäuerlicher Stärke erwachsen war. Hier war es nicht vonnöten, zu versuchen, in Samt und Seide und Goldketten Eindruck zu machen, wenn auch gewiß in der königlichen Schatzkammer Kostbarkeiten vorhanden waren. Und wenn dem nicht so war, galt nicht das Volk der Dalarner Bauern, die Gustav Wasa zum Sieg verholfen hatten, mehr als alle toten Kleinodien?

Ich wählte mit Bedacht ein gutes, aber unauffälliges dunkelblaues Samtwams, das nur durch eine weiße Halskrause und eine matt schimmernde Goldborte aufgehellt wurde. Meine etwas gelockten blonden Haare bürstete ich so glatt wie möglich zurück. So, nun war ich gerüstet.

Mein junger schwedischer Begleiter, der mich abholte, schien ebenfalls mit meinem Äußeren zufrieden zu sein. Er musterte mich nach seinem Eintritt von oben bis unten. »Gut«, lobte er dann mit seinem fröhlichen Lachen, »Eure Augen sind von dem gleichen klaren Blau wie die unseres Königs, und Ihr kleidet Euch so schlicht wie er. So wollen wir uns aufmachen, um vor Ihrer Hoheit ehrerbietig zu erscheinen.«

Trotz der Sommerzeit und trotz meines Samtwams' fröstelte mich in den kühlen düsteren Gängen. Es konnte ja nicht sein, daß mich diese Begegnung erschauern ließ, wenn ich auch etwas gespannt auf diese superkluge Jungfrau war, deren Eigenwillen sogar dem mächtigen Oxenstierna die Stirn bot.

Wir traten in ein großes saalartiges Gemach, das trotz seiner drei tief herabreichenden Fenster von der Sommersonne, die in diesen »hellen« Tagen gar nicht untergehen würde, nicht völlig erhellt wurde.

Eine schlanke, aber stattliche Frauengestalt stand an einem dieser Fenster und wandte sich uns nur halb zu. Gerade durch diese Haltung, die Wendung ihres Kopfes zu unserer Seite, bekam ihr ganzes Äußere etwas Abschätzendes, Überlegenes.

Ihr Mund, unter dem sich schon ein kleiner Ansatz von Doppelkinn zeigte, schien in den Winkeln spöttisch herabgezogen zu sein. Der prüfende Blick ihrer Augen wurde verstärkt durch die weitgeschwungenen Augenbrauen, die nicht wie einst bei meiner Mutter der damaligen Mode entsprechend ausgezupft, sondern sehr dicht waren.

Ich war froh, daß ich mich ihr nicht in Glanz und Gala präsentierte.

Sie selber trug ein einfaches hellgrünes Kleid. Die blonden Haare fielen in zwei anspruchslose Locken gedreht auf die Schultern. Als einzigen Schmuck trug sie um den Hals eine Bernsteinkette geschlungen und zwei Bernsteintropfen als Ohrringe. Ja, so genau habe ich dein Bild noch vor mir, als ich dich zum erstenmal erblickte, Katharina, Fürstin von Nyköping, Enkelin des großen Gustav Wasa und Schwester Gustav Adolfs.

Die Augen beeindruckten mich am meisten, wie sie mich so durchdringend anblickten. Fischaugen, dachte ich zuerst, kalte Fischaugen. Nein, verbesserte ich sogleich, es sind kühle Nixenaugen, und schon wieder änderte ich meine Ansicht, diese Augen waren schön, hell, furchtlos, forschend, wissend, und gerade weil sie wissend waren, auch traurig. Und nun blitzte der Funke in ihnen auf, dieses urplötzliche Aufflammen, das alle Wasa kennzeichnen sollte, wie man mir in den schwedischen Raststätten häufig berichtet hatte, so wie auch ihre stolze, etwas gebogene Nase ein Erbteil dieser Familie war.

Ich hatte mich inzwischen tief vor ihr verneigt und einige wohlüberlegte schwedische Sätze, der höfischen Sitte entsprechend, vorgebracht.

Jetzt aber hatte sie sich mir völlig zugewandt, lachte, aus ihren Augen sprühte das Wasa-Feuer recht angenehm lustig und erwärmend. Sie machte eine energische Handbewegung. »Lassen wir die Floskeln!« befahl sie. »Es ist bei uns nicht Brauch, und ich habe schon befriedigt erfahren, daß auch Ihr gegen all diese Titulationen seid und bloß das sein wollt, was Ihr ohne fürstliche Gnaden seid, ein Pfalzgraf. So weiß ich, wer Ihr seid, und Ihr wißt, wer ich bin. Ich hoffe, Ihr werdet einige Tage mit mir und meinem Gefolge vorliebnehmen, bis mein königlicher Bruder kommt. Ich hoffe sogar, daß wir uns gut verstehen. Das hoffe ich nicht nur, ich weiß es fast. Ich weiß aber genau, daß Ihr Hunger habt, und deshalb wollen wir in den Speisesaal zum Abendessen gehen.« Sie reichte mir ihre Hand, eine kräftige und kräftig zufassende Hand.

Ich staunte sie an. Sie hatte fließend gesprochen und – fließend deutsch gesprochen.

Sie schien über meine Verwunderung belustigt. Sie lächelte, und plötzlich war dies herbe, strenge Gesicht weich und anziehend fraulich, blitzten die stahlblauen Augen nicht mehr kritisch, sondern freundlich. Der Wasafunken darin war zu einem wärmenden, wohltuenden Licht geworden.

»Ihr könnt Euch die Mühe sparen, fürstliche Gnaden«, scherzte sie. »Ihr braucht Euch vor mir nicht mit schwedischen Worten abzumühen. Meine Mutter war eine Deutsche, wir sind sogar mehrfach miteinander verwandt. Sie war eine Tochter des Kurfürsten von der Pfalz. Meine Tante Anna Maria heiratete einen Pfalzgrafen Georg Hans von Veldenz-Lützelstein, und so könnte ich noch mehrere Verschwägerungen aufzählen. Aber auch schon zu meines Großvaters Zeiten wurde viel Deutsch am schwedischen Hof gesprochen.«

Sie legte wie selbstverständlich ihre Hand auf meinen Arm. Aber nicht ich führte, sie führte mich zum Speisesaal. Und seltsam – ich ließ mich gerne führen von dieser kühlen, energischen nordischen Königstochter, die mir auf einmal liebenswert und voll fraulicher Güte erschien.

Die hellen Nächte

Es war die Zeit der hellen Nächte. Ich erlebte sie zum erstenmal, und ich, der ruhige, gelassene Mann, konnte mich ihrem Zauber so wenig entziehen, wie das ganze schwedische Volk, jung und alt, arm und reich, Edelleute, Bürger und Bauern rings um mich her.

Es wurde Nacht und doch nie Nacht. Die Sonne glitt wie ein riesengroßer blutroter Ball dicht über die Oberfläche des Meeres. Sie ging nicht darin unter, sprühte ab und zu Lichtgarben über den tiefblauen Himmel und tauchte alles ringsum in eine fahle unirdische Helligkeit, die seltsam erregte, berauschte.

Die Luft war weich, warm und prickelte dennoch wie sprudelnder Franzosenwein auf der Haut. Es war, als bedürfte in diesen Nächten kein Mensch des Schlafes. Allenthalben in Schlössern, Häusern, auf Bauernhöfen und auf den Wiesen, unter dem zarten Blattwerk der Birken wurde getanzt und dazu gejauchzt, gesungen. Wie ein Taumel war es über die Menschen gekommen.

Hatte dieser erregende Zauber der hellen Nächte auch die kühle Katharina erfaßt? War sie darum gelöster, mitteilsamer, als sie den Berichten nach, die ich über sie gehört hatte, von Natur aus war?

Als ich am zweiten Tag in Stockholm weilte, mich indessen unter Führung der mir schon vertrauten Kammerherren in der betriebsamen Stadt und Umgebung umgesehen hatte, winkte sie mich unversehens nach dem Abendessen zu einer der Fensternischen hin. »Wie gefällt Euch dies Schloß?« fragte sie knapp.

Ich suchte verlegen nach einer Antwort, um die ich sonst selten oder nie verlegen bin.

»Gesteht es nur ruhig, dieser düstere Bau gefällt Euch durchaus nicht«, sagte sie in ihrer geraden Art. »Sowenig wie mir. Mir graut es zuweilen geradezu darin. Seht, drüben in jenem Flügel liegt der große Saal, in den nie ein Sonnenstrahl dringt. Ein Prunksaal, ein Krönungssaal? Nein, ein Mordsaal ist es. Die Blüte des schwedischen Adels ist dorthin von dem hinterlistigen Dänenkönig zum

GUSTAV II. ADOLF
König von Schweden
1594—1632

H E I D E L B E R G

Schloß mit Blick auf die Stadt

J O H A N N
C A S I M I R

Pfalzgraf von Zweibrücken

1589—1652

Bildnis 1611

KATHARINA
Schwester Gustav Adolfs und Gemahlin Johann Casimirs
Jugendbildnis

PFALZGRAF JOHANN I.
Herzog von Zweibrücken
1550—1604
Vater Johann Casimirs

PFALZGRÄFIN
MAGDALENA
1553—1633
Gemahlin Johanns I.
Mutter Johann Casimirs

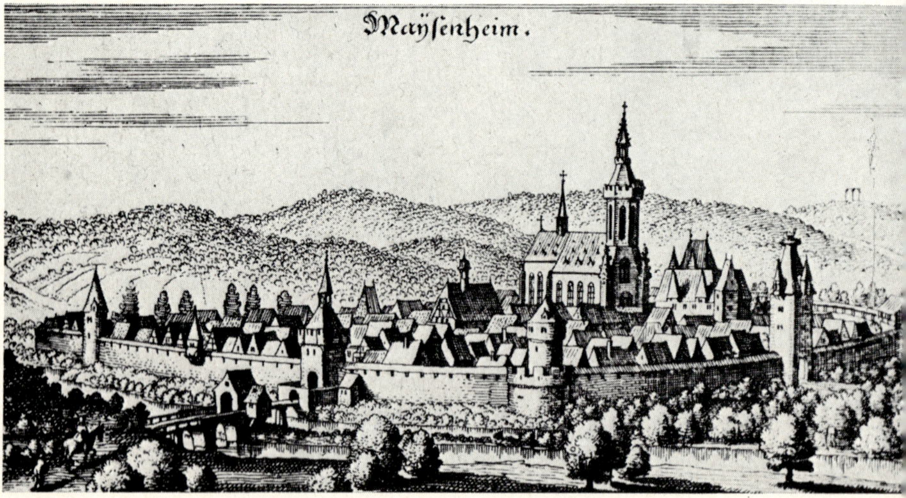

Meisenheim am Glan (Kupferstich)

Festessen und zum Tode durch Henkershand geladen worden, so wie in Frankreich die protestantischen Edelleute als Hochzeitsgäste in der Bartholomäusnacht umgebracht wurden.« Sie blickte hinüber, wo die Scheiben der hohen Fenster nun blutrot die Fensterscheiben des andern Flügels zurückspiegelten. Ich erschrak, ich sah in Katharinas Augen wieder dies jähe Aufblitzen der Wasa. Blutrot glühte es darin nun auch.

»Es wird wieder darin gemordet werden«, murmelte sie mit seltsamer Stimme, daß es mich schauderte, »später, viel später. Ich sehe es, ein König wird dort ermordet, ein schwedischer König.«

Sie straffte sich. Es war, als wenn sie erwachte. »Hab ich Euch erschreckt?« fragte sie mit einem verlegenen Lächeln. »Ich bin keine Hexe und nicht abergläubisch. Ich stehe fest in meinem evangelischen Glauben. So wie Paulus den Herrn bat, ihm den Pfahl in seinem Fleisch zu nehmen, so habe ich gebetet, daß ich von dieser Gabe des zweiten Gesichts befreit würde. Aber ich bin wie Paulus nicht erlöst worden. Ich habe dies Erbstück der Wasas behalten müssen und danke meinem Gott, daß er mich von einem noch weit furchtbareren Erbteil, das meine beiden Oheime Erik und Johann überschattete, verschonte.«

Ich muß die Prinzessin wohl verblüfft, ja entsetzt angestarrt haben.

Sie lachte noch einmal gequält auf. »Vielleicht werde ich noch einmal von all dieser Düsternis erlöst.« Sie seufzte auf. »Ich sehne mich nach einem helleren Land, nicht nach der unwirklichen Helligkeit dieser Nächte, die uns verwirrt.«

Sie strich energisch ihre Haare zurück. »Kommt!« forderte sie mich auf, »das Gefolge wartet und rätselt, was ich mit Euch Wichtiges bespreche.« Sie wandte sich den Edelherren und -damen, die sich in die Tiefe des Saales zurückgezogen hatten, zu. »Ich will Euch nun allen meinen Willen, das heißt auch den meines königlichen Bruders, kundtun«, rief sie ihnen mit heller, befehlsgewohnter Stimme zu. »Ihr wißt, daß heute morgen mir ein Kurier einen Brief von Seiner Majestät brachte. Die endgültige Unterzeichnung des Friedensvertrages verzögert sich noch einige Tage. Damit wir diese schöne Mitsommerzeit besser draußen in der Natur genießen können, stellt Seine Majestät mir frei, mich mit unserem fürstlichen Gast und meinem Hofstaat auf eines der Krongüter zurückzuziehen. Ich habe mich, schon im Hinblick auf die Würde unseres hohen Gastes, der Vertreter der deutschen protestantischen Fürsten ist, für die alte Königstadt Uppsala entschlossen, wo auch mein erhabener Großvater Gustav der Erste so gern weilte. Morgen brechen wir auf. Bitte, treffen Sie alle so rasch wie möglich die Vorbereitungen.«

Am nächsten Abend waren wir schon in Uppsala, und ich lernte eine andere Katharina kennen, eine frohere, freiere. Es war, als wäre eine Last von ihr abgefallen. »Sie ist so verändert, weil sie das düstere Schloß verlassen konnte«, dachte ich.

»Die hellen Nächte wirken auch auf unsere stolze Katharina«, hörte ich einmal eine junge Hofdame kichernd einer andern zuflüstern.

»Nein, sie ist froh, daß Oxenstierna noch außer Sicht ist«, raunte die andere, »oder der Besuch . . .«

Ich wandte mich nach den beiden.

Ich muß wohl ein noch strengeres Gesicht als die gestrenge Katharina gemacht haben. Die beiden Fräuleinchen huschten mit hochroten Köpfen eilig davon. Nun, ich machte mir wenig oder gar nichts aus diesem kleinen in allen Schlössern üblichen Hofklatsch.

Sollte Katharina von Schweden in aller ihr zustehenden Distanz und meinem ihr gleichfalls zustehendem Respekt Gefallen an einer gelegentlichen Unterhaltung mit mir gefunden haben, so konnte mir das nur Freude bereiten. Ich hatte auch Gefallen daran, mit dieser hochintelligenten Frau Gespräche zu führen, die sich auf allerlei Fragen der Wissenschaft sowie unseres evangelischen Glaubens erstreckten, aber wie auf stillschweigende Übereinkunft das Gebiet der Politik vermieden, wahrscheinlich um dem mächtigen Herrn Reichskanzler nicht ins Gehege zu kommen.

Das Schloß in Uppsala war auch kein Lustschloß französischen Stils. Abgesehen von seinem großen Saal, wo sich gleichfalls wie in Stockholm zuweilen die Reichsstände versammelten, war es noch bescheidener als der wuchtige eindrucksvolle Bau in Stockholm.

Aber wir alle waren froher und ungezwungener. Zur großen Überraschung und Freude der jungen Damen und Herren erlaubte Katharina sogar, daß sie wie allenthalben im Lande in den hellen Nächten tanzten. Sie selber nahm an der allgemeinen Lustbarkeit, die ehrbar, aber nicht leise blieb, nicht teil. Sie schaute von der Estrade aus zu, wenn die Geigen im Saal zum Reigen ertönten, und falls die Tanzenden sich sogar ins Freie wagten, ließ sie Sessel für sich und die alten Herrschaften hinaustragen. Auch ich mischte mich nicht unter die Tanzenden. Mir war diese Art der Vergnügungen fremd und nur als Zuschauer bekannt. Zudem wollte ich den mir als Beistand zugeordneten David Percus nicht noch mehr entrüsten, als er es ob dieses Treibens schon war. Der gute, ob seiner Gelehrsamkeit hoch angesehene Professor der Theologie war mit seiner umständlichen gewissenhaften Art entsprechend langsamer in einer schwerfälligen Reisekutsche von Heidelberg her gefolgt und fand sich hier recht fehl am Platze. Er hat sich danach auch immer mehr vom Hofleben zurückgezogen und seine Befriedigung darin gefunden, mit Gottesgelehrten in Uppsala wie in Stockholm eifrigen Verkehr zu pflegen und mit ihnen über theologische Fragen zu disputieren, bis er noch befriedigter war, als er als mein erster Abgesandter nach Deutschland zurückkehren konnte.

Katharina erwies mir die Ehre, daß ich meinen Platz in ihrer Nähe einnehmen durfte. Noch größere Ehre erschien mir, wenn ich sie und eine oder zwei ihrer vertrautesten Hofdamen in das Gemach begleiten und Gesellschaft leisten durfte, wo einst ihr Großvater Gustav Wasa am liebsten verweilt und in Mußestunden selber einfache viersaitige Lauten, Gamben und sechssaitige Zithern, wie sie die Holzhauer in den Bergen haben, gebaut und darauf gespielt und dazu gesungen hatte. Ist nicht fast jeder Schwede ein Musiker? Spielt nicht mancher einfache Bauersmann vortrefflich zu Hochzeiten und Mitsommerfesten auf?

Doch wie oft mochten auch ernste Gedanken Gustav Wasa beschäftigt haben, wenn er hier in dem einfachen Zimmer an diesem tannenen Tisch saß. Wie oft mochte er hier auch die Hände gefaltet und Gottes Beistand erfleht haben?

Mir war in diesen hellen Nächten dieser große Mann so nah, als ginge er noch durch diese Räume in seiner schlichten Friesjacke, als schauten mich seine stahlblauen Wasa-Augen durchdringend an. Alles war ja so seltsam, so unwirklich in dieser Zeit, da die Nacht wie ein Tag war und ein Traum wie Wirklichkeit, Vergangenheit wie Gegenwart.

Und so wagte ich es und bat die Enkelin Gustav Wasas, mir in diesen hellen Nächten, da uns der Schlaf floh und wir sein auch nicht benötigten, von ihm zu erzählen. Keine konnte es so wie sie! Ich fühlte, wie gern sie es tat. Wenn ich von ihr schied, ehrerbietig gedankt hatte, legte ich mich nicht nieder wie der gute David Pereus schon oft vor mir getan hatte, sondern schrieb getreu auf, was ich von ihr erfahren hatte, und hier lasse ich es folgen.

Gustav Wasa

Gustav Wasa wird von seinem Volke noch in fernen Zeiten gepriesen werden, seit er ihm Frieden und dadurch Ruhe und Wohlstand gegeben hat.

Frieden, echten Frieden aber gewinnt man nur in Freiheit. Sonst ist es nur ein stumpfes, ängstlich-schweigendes Sich-Ducken unter Gewalt. Diese Freiheit mußte für Schweden erst erkämpft werden, und somit war dieser »Friedenskönig« zuerst ein Kriegsheld.

Schon in sehr jungen Jahren trug er das Hauptbanner unter seinem Onkel Sten Sture in der Schlacht bei Brännkyrka, in der sie über die Dänen siegten, die damals ihre Herrschaft in Schweden aufgerichtet hatten.

Als 1518 der grausame und verräterische Christian II. von Dänemark mit seiner Flotte vor Stockholm anlegte, um Schweden aufs neue zu unterwerfen, hatte ihm der von den Reichsständen abgesetzte Erzbischof Trolle einen leichten Sieg versprochen. Doch Sten Sture schlug die Dänen so, daß sie auf ihre Schiffe zurückweichen mußten. Christian bot Unterhandlungen an, und die gutgläubigen und gutherzigen Schweden sandten ihm und seinen Leuten sogar Lebensmittel auf ihre Schiffe, wo ihnen die Vorräte ausgegangen waren. Christian ließ sich Lachs und Rentierschinken gut schmekken und erklärte daraufhin mit honigsüßem Lächeln, er wäre bereit, einen günstigen Frieden zu schließen. Ja, er ging sogar so weit, sich zu erbieten, selber an Land zu kommen, um über den Abzug der Dänen zu verhandeln. Natürlich müßte er sich dadurch sichern, daß Geiseln ausgetauscht würden. Voller Vertrauensseligkeit wählten die Schweden sechs ihrer Besten aus. Gustav Wasa war unter ihnen. Doch als sie auf einem der dänischen Schiffe ankamen, wurden sie überwältigt und gefesselt. Das Schiff jedoch, das den König und dänische Geiseln im Austausch bringen sollte, lud dänische Schwerbewaffnete ab.

Während am Strande vor Stockholm erneuter Kampf tobte, die Waffen klirrten, klirrten die Ketten an Gustav Wasas Handgelenken, und das Schiff segelte eilig mit ihm und seinen Gefährten davon, immer weiter fort von der Heimat, einer ungewissen Zukunft, schmählicher Gefangenschaft oder gar dem Tod entgegen.

Ja, es hätte den Tod bedeutet, wenn nicht des Königs Vertraute, Sigbritt gewesen wäre. Sie hatte zwar auf dem Amsterdamer Obstmarkt, wo sie früher Äpfel verkauft hatte, nicht Staatskunde studiert, war darin aber diesem sich selbst als so schlau dünkenden Christian weit überlegen. Sie machte ihm klar, daß lebende Geiseln viel mehr wert wären als tote, daß er mit diesen Söhnen aus ältesten Adelsgeschlechtern ein wichtiges Druckmittel für ihre Landsleute besäße. Das sah der blutrünstige König, der vorgehabt hatte, die jungen Männer gleich köpfen zu lassen, ein. Und so endete Gustav Wasa im Gewahrsam des Burgherrn von Kalö. Von seinen Gefährten war er, um gemeinsame Fluchtpläne zu verhindern, vorsorglich getrennt worden. In die Einsamkeit seines Gefängnisses drangen nur die prahlerischen Reden seiner Wächter, woraus er entnahm, daß König Christian fieberhaft Kriegsrüstungen betrieb und nach und nach erneut immer mehr Boden in Schweden gewann.

Der junge Mann preßte die Lippen zusammen, ballte die Fäuste, zeigte sich aber diesen Dänen und ihren Worten gegenüber stur gleichgültig. Doch er bewegte auch diese Lippen im stummen Gebet und faltete die geballten Hände und gedachte dabei der Psalmworte, die dann und wann in seinem Elternhaus vorgelesen worden waren: »Mit meinem Gott kann ich Kriegsvolk zerschlagen und mit ihm über Mauern springen.«

Ja, es gelang ihm, über die Mauer zu springen, aus seinem Gefängnis zu entfliehen, seinen Wächtern zu entrinnen! In einem Bauernkittel erreichte er auf Seitenwegen im Schutze der Dunkelheit, aber vor allem im Schutze seines Gottes, Flensburg.

Wiederum ist es eine höhere Führung, daß er einem Viehhändler in die Quere geriet, dem einer seiner Knechte entlaufen war. Der derbe Jütländer war heilfroh, so rasch Ersatz zu finden, fragte nicht, woher dieser etwas eigenartig anmutende Fremdling aufgetaucht war, sondern nahm Gustav Eriksson gern in seinen Dienst.

Kräftig mit der Peitsche knallend zog Gustav Eriksson hinter einer Herde Ochsen durch das Holstentor in die freie Hansestadt Lübeck ein. Hier war er in Sicherheit. Hier konnte er den blauen Kittel abwerfen und sich vor den erstaunten Augen seines Dienstherrn als Edelmann entpuppen.

Der Bürgermeister von Lübeck nahm den Flüchtling freundlich, ja sogar freudig auf. Er samt seinen Ratsherren schmunzelten in ihre würdevollen Bärte. Es war ihnen zumute wie sehr vielen Mitmenschen, die sich Christen nennen und auch selber sich ehrlich dafür halten: Sie fühlten eine ganz unchristliche Befriedigung, einem ihnen nicht Wohlgesonnenen, dem sie gleichfalls nicht wohlgesonnen waren, eins auszuwischen.

»Er hat uns so manchen Tort angetan, hat uns so oft in die Suppe gespuckt. Erst vor kurzem, als unsere vier Prachtkoggen von den Dänen gekapert worden waren, schien ein Krieg beinahe unvermeidbar«, meinte der beleibte Bürgermeister Klaus Brömse und legte sein Doppelkinn in behagliche Falten, »nun legen wir ihm einen Stein in den Weg.«

»Einen Stein in den Weg legen«, äußerte dazu der humorvolle Hauptmann Hans Holm, »das ist, was die See betrifft, kein rechtes Hindernis für diesen Christian. Wir wollen ihm einen vor den Bug schießen.«

»Nennt es, wie ihr wollt«, lachte der Bürgermeister, »vorerst sitzt Gustav Eriksson wohlbehalten als Gast meines Hauses in der Breitestraße, und kleiden werde ich ihn, wie es einem Edelmann entspricht, in Samt und feines Tuch.« Dafür fand er den Beifall aller seiner Ratsherren, was nicht immer bei den dickköpfigen Lübeckern während der Verhandlungen der Fall war. Es war dem hohen Rat durchaus nicht ungelegen, sondern höchst gelegen, daß König Christian bald erfuhr, wo sein wertvoller, aus dem Käfig entflogener Vogel ein sicheres und behagliches Nest gefunden hatte.

Er sandte Unterhändler nach Lübeck, um im Namen des Königs die Auslieferung des Flüchtlings zu verlangen. Der Rat der Stadt benahm sich durchaus, wie es sich so hohen Herren gegenüber gebührt: er versammelte sich, stellte den Beschuldigten den Abgesandten gegenüber. Gustav Eriksson erklärte ihnen furchtlos ins Gesicht, er wäre nicht im Kampf oder von Rechts wegen gefangen genommen worden, sondern aus Wortbruch.

Darauf zuckten sämtliche ehrbare Lübecker Ratsherren bedauernd die Achseln und taten den Dänen – wiederum geschlossen – ihr Urteil kund, daß bei ihnen Recht vor Gewalt ginge und daher Gustav Eriksson bei ihnen als freier Mann bleiben oder weiterziehen dürfte.

Ja, frei war Gustav Eriksson Wasa nun. Er konnte in Wohlbehagen dahinleben. Aber ihm ging es nicht nur um seine eigene Freiheit, sein eigenes Wohlbehagen. Er wollte die Freiheit, den Frieden und damit den Wohlstand seines Volkes. Darum wollte er kämpfen.

»Du als einzelner und dazu noch blutjunger Mensch! Wie soll das geschehen?« spottete Hans Holm, mit dem er sich besonders angefreundet hatte, »ich bin dafür bekannt, daß ich kein Abenteuer scheue und manches bestanden habe. Aber darauf ließe sich selbst Hans Holm nicht ein. Denkst du am Ende gar an die Geschichte von David und Goliath? Du hast mehr als nur einen Riesen zu bezwingen.«

»Ja«, erwiderte Gustav Eriksson, »aber auch David gelang es nur, weil er im Namen des Herrn kämpfte, und ich habe mir das Wort zur Richtschnur genommen: ›Mit meinem Gott kann ich Kriegsvolk zerschlagen, und mit ihm über Mauern springen‹.«

»Hm«, gab Hans Holm zu, »immerhin mußt du warten, bis dein Gott es haben will. Gottes Zeit, nicht Gustavs Zeit ist die rechte Zeit. Die Lübecker Ratsherren haben den dänischen Halunken erwidert, du könntest bleiben oder weiterziehen, wie es dir beliebt. Aller Ehren wert von den tapferen Lübeckern, sich einem König entgegenzustellen! Kannst du aber wirklich weiterziehen?«

Nein, das mußte Gustav zugeben. Lübeck verlassen, nach Schweden zurückkehren konnte er nicht. Die Lübecker versprachen ihm alle Hilfe, aber wie wollten sie ihm helfen?

Er brauchte sich um Kleidung, Wohnung und Kost keine Sorge zu machen. Einer der reichen Kaufherren nach dem andern lud ihn ein. Aus dem Hause des Bürgermeisters war er zu dem gelehrten Max Helmstedt übergesiedelt, bei dem es ihm auch an nichts mangelte. Ja, er fand hier noch etwas Besseres, beinahe könnte man ihn mit dem Kaufmann im Gleichnis von der köstlichen Perle vergleichen.

Und weil er diese köstliche Perle fand, erkannte er auch später, warum ihm Gott diese Wartezeit auferlegt hatte, der Gott, der gesagt hat: »Meine Gedanken sind nicht eure Gedanken, und eure Wege sind nicht meine Wege, sondern so viel der Himmel höher ist als die Erde, sind meine Wege höher als eure Wege und meine Gedanken als eure Gedanken.«

Wie wäre je die reine Lehre Christi derart in das schwedische Volk eingedrungen und hätte sich darin versiegelt, wenn Gustav Eriksson nicht bei dem gelehrten Kaufherrn Max Helmstedt die Schriften des Wittenberger Mönchs zu lesen bekommen hätte, der vor zwei Jahren seine Thesen an die dortige Schloßkirche geschlagen hatte.

Jahr und Tag hatte Gustav Eriksson seit seiner Studienzeit in Uppsala keine Zeit zum Lesen gehabt. Nun gab ihm Gott bei diesem erzwungenen Warten die Zeit, zu lesen, nachzudenken und in sich wirken zu lassen, was ihm und seinem Volke zum Heil gereichen sollte. Hier wurde der Grund dafür gelegt, daß er im Glauben seinen Schweden Vorbild und Führer wurde. So wartete er denn – lesend und forschend, aber immer noch fiebernd nach dem Augenblick, da ihm Gott und nicht er selber den Weg frei machen würde, nach Schweden zurückzukehren.

Die dänischen Schiffe kreuzten unentwegt vor der Küste und lauerten auf den Flüchtling wie die Katze, durchsuchten jede Lübecker Kogge nach ihm.

Da – nach acht Monaten – wagte der kühne Hans Holm ein Husarenstück. Als wieder zwei dänische Orlogschiffe vor dem Öresund lagen, ließ er sich in der Nacht mit zwei verwegenen Gesellen an diese Kriegsschiffe herantreiben, legte eine Lunte an sie und entkam, bevor das Feuer ausbrach.

Darauf rannte er spornstreichs zu Gustav Eriksson: »Du hast offene Bahn nach Schweden! Komm!«

Ein Warnemünder Fischer nahm Gustav Eriksson mit. Sie erreichten unbehelligt nach acht Tagen den Kalmarer Sund. Doch Öländer Fischer berichteten ihnen, daß Kalmar zu Lande und Wasser von den Dänen eingeschlossen wäre. Kalmar und Stockholm wären die einzigen Städte, die sich gegenüber den starken Söldnerheeren Christian II., die vor wenigen Monaten in Schweden eingedrungen waren, noch hielten. Sten Sture war ihnen in dem tief verschneiten

Land tapfer entgegengeeilt, aber seine Mannschaft war geschlagen, er selber zu Tode verwundet worden.

Der Kommandant von Kalmar war gleichfalls tot. Noch hielt seine tapfere Witwe die Festung. Doch als es endlich Gustav Eriksson gelungen war, sich dort einzuschleichen, als er mit glühenden Worten die Mannschaft zum Ausharren aufforderte, da wandten sie dem jungen Fant den Rücken. Und als er ihnen zu heftig zusetzte, da wäre er unter ihren Säbelhieben gefallen, wenn die todesmutige Kommandantin sich nicht dazwischengeworfen hätte.

Er mußte Kalmar verlassen, und nun begann eine abenteuerliche Hetzjagd durch Schweden, immer wieder von den dänischen Spürhunden verfolgt, von feigen Landsleuten gemieden oder gar verraten und immer wieder im letzten Augenblick entronnen.

Später hat er, wenn er davon erzählte, darüber grimmig gelacht, oft auch war Bitternis in ihm aufgestiegen, und in seinen Wasa-Augen war die jähe Flamme erwacht, wenn er sich an Verräter im eigenen Volk erinnerte.

»Der Herr hielt seine Hand über mir«, sagte er häufig dabei, »es konnte mir nichts geschehen, weil er mich für meine Aufgabe berufen und auserwählt hatte, ehe ich geboren war.«

Vorerst sah es nicht danach aus. Er versuchte bei den Bauern in Småland um Hilfe zu werben. Doch sie wandten dem allzu jungen, machtlosen Geächteten den Rücken. Sie waren des Krieges müde, und Christian wäre ein gnädiger Herr geworden.

Nirgends fand er Anhang. Im Gegenteil! Christian hatte ein hohes Kopfgeld für ihn ausgesetzt, und oftmals wurde versucht, ihn zu fangen, aus dem Hinterhalt zu erschießen.

Endlich erreichte er im Herbst verkleidet in Lumpen und ausgehungert das Gut seines Schwagers Brahe.

Hier wurde er aufgenommen. Doch der Schwager wollte ihn überreden, anstatt das Volk aufzuwiegeln, für eine Versöhnung zu werben. Christian hätte sich gewandelt. Gerade hätte er den gesamten schwedischen Adel zum Krönungsfest eingeladen.

»Geht nicht hin!« schrie Gustav Eriksson jäh auf. »Hütet euch vor dem falschen Schuft!«

»Ein Wasa, der sich fürchtet!« spottete der Schwager.

»Ein Wasa, der mit seiner Familie Erbteil begnadet oder belastet ist, der Vorahnungen hat«, rief Gustav verzweifelt.

Brahe lachte ihn aus und fuhr mit seiner Frau nach Stockholm.

Gustav Eriksson aber zog als Flüchtling weiter, verbarg sich auf seinem väterlichen Hof, ruderte von dort in das Kloster Mariefred zu dem greisen Erzbischof Ulfssohn.

Auch der greise Gottesmann war mit den Befreiungsplänen des jungen Wasa nicht einverstanden. Er riet ihm sogar, gleichfalls und ungesäumt nach Stockholm zu reisen, wohin sich auch Gustavs Vater begeben hatte. Für alle, auch für den jungen Flüchtling und Aufrührer, gelte Christians Gnadenerlaß.

Und dann – während sie noch darüber disputierten – erschien der Bote.

Der Bote, dem man die Unglücksbotschaft von der Stirne, von dem entsetzten Gesicht ablas. Der verräterische Erzbischof Trolle hatte, neben dem König sitzend, über den Adel Schwedens das Urteil gesprochen. Sie alle schritten festlich gekleidet zum Marktplatz, um unter dem Schwert des Henkers zu sterben, zuerst die Bischöfe, nach ihnen der Reichskanzler, nach den Rittern die Bürgermeister und Ratsherren. Der Marktplatz wurde ein See von Blut, das durch die Gassen in den Mälarsee abfloß. Selbst den Henkern wurde dies grausige viehische Morden zuviel. Einer von ihnen rannte wahnsinnig davon.

Gustav Eriksson Wasa war verschont geblieben. Gott bewahrte ihn für seine Aufgabe. Gustav Eriksson ritt nach Dalekarlien, zu den stolzen freiheitsliebenden Bauern. Seine Stunde war gekommen. Noch war es schwierig, an sein Ziel zu kommen. Jetzt erst recht wurde er von König Christians Spürhunden verfolgt. Bald mußte er sich wieder als Bauernknecht hier und da durchschlagen, und mancher alte Freund scheute sich, ihn aufzunehmen. Wie ein Irrsinniger setzte nämlich König Christian sein Morden fort. Allenthalben wurden schwedische Adelige hingeschlachtet.

Bei einem reichen Gutsherrn wurde Gustav von einer Magd an seinen feineren Händen und herrenmäßigen Hemdkragen erkannt, bei einem andern, da er den Dreschflegel nicht recht zu handhaben wußte. Ein Studienfreund nahm ihn freundlich auf, ritt danach fort, und nur sein junges Weib erriet, daß er Verrat üben wollte und ließ den Gast wie einst Paulus an einem Seil vom hinteren Dachboden herab. Immer wieder muß er flüchten – flüchten.

Wiederum ist es eine Frau, die ihm hilft. Als er sich, als Knecht verkleidet, in ihrem Hof aufhält und die Dänen hereinstürmen und er sich bei ihr in der Küche die Hände wärmt, schlägt sie ihm mit der Backschaufel unsanft über den Rücken und schreit ihn an: »Was stehst du hier herum und gaffst, du Faulpelz! Marsch in den Stall, an deine Arbeit! Los fort mit dir zu den Pferden! Hilf dem Herrn anschirren!« Und ihr Mann fährt ihn, unter einer Ladung Stroh verborgen, weiter. Die Dänen trauen ihm nicht, durchstechen die Ladung mit ihren Lanzen. Eine trifft den Flüchtling an der Ferse, doch er gibt keinen Laut von sich. Aber eine blutrote Fährte sickerte in den Schnee. Da bringt der Freund dem Pferd eine leichte Wunde am Oberschenkel bei, und als die streifenden Dänen dieser Spur folgen, sind sie wieder genarrt.

Der vogelfrei Erklärte verbarg sich in Wäldern und Sümpfen. Er lernte das Warten auf Gottes Stunde, die seine Stunde werden sollte. Die Dänen wurden des Suchens müde.

Da trat Gustav Eriksson vor der Kirche von Rättvik vor die von nah und fern versammelten Bauern.

Noch zögerte ein Teil, doch als er sich enttäuscht abwandte, weiterreisen wollte nach Norwegen hinüber, holten sie ihn auf Schneeschuhen zurück. Und die Dalekarlier Bauern standen auf. Er konnte sein Banner entfalten. Zuerst scharten sich sechzehn junge Männer als seine Leibwache um ihn, dann waren es sechshundert, dazu kamen anderthalb tausend Bergleute. Von allen Seiten rückten die Bauern, die Fischer an. Trolle, der Verräter, trat ihm mit sechstausend Mann entgegen. Sie wurden über den Haufen geworfen. Und weiter und weiter ging der Siegeszug, Västerås, Uppsala, Stockholm. Noch vor der Einnahme wurde ihm vom Reichstag in Strängnäs der Königsthron angetragen. Als König von Schweden ritt er in Stockholm ein. Aus dem geächteten Flüchtling, dem vogelfreien Verfolgten war der Herrscher geworden. Doch er beugte in

Demut sein Haupt und bekannte: »Ich war und bin Gottes Werkzeug!«

Das blieb er auch in den folgenden Jahren. Aus dem Kriegsheld wurde ein Mann des Friedens, des Glaubens. Er blieb auch Gottes Werkzeug in der Ausbreitung der Lehre Luthers. Er zwang keinen seiner Untertanen – wie manche Fürsten –, zu dem neuen Glauben überzutreten. Ohne Streit und Gewissensnöte folgte einer nach dem andern seinem König, bis schließlich im Reichstag bestimmt wurde: Gottes reines Wort und Evangelium soll fortan im Reich gepredigt werden.

Vierzig Jahre ließ Gott der Herr Gustav Wasa Zeit, sein Reich zu ordnen und zu festigen. Das Volk hing an ihm wie an einem wahren Vater. Er war ihm in allem ein Vorbild.

Wenn er am Sonntag die Kirche verließ, standen sie in ihren farbschönen Trachten in langen Reihen und riefen ihm Heil über Heil zu.

Am 25. Juli 1560 redete der greise König zum letztenmal vor seinem Volk. Im großen Reichssaal waren alle vier Stände versammelt: die Freigeborenen und Steuerfreien, die Geistlichen, die Bürger und Bauern in ihren gewählten Vertretern.

Als König Gustav Wasa eintrat, umbrauste ihn tosender Jubel. Er setzte sich auf den Thron. Seine ältesten Söhne standen neben ihm, der zehnjährige Karl, Katharinas Vater, saß zu seinen Füßen. Als sich die Begeisterung gelegt hatte, erhob er sich, reichte Krone und Szepter zur Rechten hinüber und begann seine Rede.

Klein und mager stand er vor den kraftvollen Vertretern seines Volkes. Doch in seinen Augen flammte noch das alte Wasa-Feuer, sprühte es von Energie. Das Vermächtnis, das er mit dieser Rede gab, ist wörtlich der Nachwelt erhalten geblieben.

Es war so lang, daß er ab und zu einhalten und Atem schöpfen mußte. Es ist auch zu lang, daß ich es hier völlig abschreibe. Er sagte darin unter anderem: »Das ist ein Werk Gottes, daß ich als ein David aus einer Hirtenhütte aufgesucht, vorgezogen und endlich zu einem regierenden König über dies Reich gesalbt worden bin. Ich konnte mir solche Ehre nicht vorstellen, als meine Geburt danach vergessen war und ich mich hinter den Bergen vor des unmilden Christian blutdürstigem Schwert verborgen halten mußte, Gott aber und der gemeine Mann Schwedens sind meine Hilfe gewesen. Ich danke euch, meine lieben Kinder, daß ihr mich für gut gehalten, mich zur königlichen Hoheit zu erheben ... Habe ich etwas Gutes zuwege bringen können, so gebet Gott die Ehre. Was ich aus menschlicher Schwachheit gefehlt habe, vergebet mir um Christi willen ...

Meine Zeit ist bald verflossen. Ich sehe euch heute das letzte Mal und werde in kurzem vor des höchsten Königs Angesicht erscheinen, um für die herrliche, aber vergängliche Krone Rechenschaft abzulegen ...

Folget mir mit eurem Gebet vor Gott, vergeßt meiner nicht in euren Versammlungen, und wenn ich meine Augen zugetan, so lasset meinen Staub seine Ruhe genießen!«

Der schwedische Chronist fährt fort: »Hierbei streckte der König als ein anderer Moses seine Hände aus und gab seinen Untertanen seinen Segen. Seine grauen Haare, sein verfallenes, aber majestätisches Angesicht, die Tränen, so ihm dann und wann aus den Augen brachen, die ergreifende Rede, das alles machte auf die umherstehenden Versammelten solchen Eindruck, daß alle bald in Tränen zerschmolzen. Indem sich der König von seinen zwei Söhnen vom Reichssaal herunterleiten ließ, sah er unter Weges des öfteren zurück und gab mit beständigem Winken und mildem Mund sein zärtliches Gemüt zu erkennen. Die Gemeinde folgte ihm nach. Sie küsseten seine Fußstapfen, sie seufzten, sie weineten, sie riefen tausend Segen und wußten nicht, wie sie ihre blutenden Herzen deutlich genug ausgießen möchten.«

So hatte Gustav Wasa Abschied von seinem Volk genommen. Doch sein Gedächtnis ist in seinem Volk lebendig geblieben, so wie es der Herr seinen Gerechten verheißen hat.

Die Söhne des großen Königs

Ich war tief ergriffen von dem, was mir Katharina in den hellen Nächten erzählt hatte, während die andern tanzten und sangen, während mein Freund und Begleiter David Pereus mit seinen theologischen Freunden disputierte. Ich hatte es eifrig nachgeschrieben, und sie hatte mir das ehrfürchtig von ihr als Kopie gehütete Vermächtnis ihres Großvaters zur Durchsicht zur Verfügung gestellt, was ich als besondere Ehrung und wirkliches Vertrauen hoch zu schätzen wußte.

Ich gestand ihr das, und sie schien über diese Worte aufrichtig erfreut zu sein. Ich gestand ihr gleichfalls, daß ich ihren edlen Ahnherrn zwar hoch verehrte, ja, daß er mir ein wahres Vorbild wäre, ich allerdings nie ein Kriegsheld werden könnte.

Sie antwortete lächelnd: »Wenn Ihr kämpfen müßtet, so würdet Ihr auch zu kämpfen wissen. Mein Herr Großvater ist danach vierzig Jahre ein Friedenskönig gewesen. Ich selber ziehe die Menschen des Friedens vor, obwohl oder gerade weil in mir gar oft, leider zu oft, das Wasa-Feuer auflodert und ich mich ernstlich dagegen wehren muß, auch daß ich durch Gottes Hilfe davor bewahrt werde, meinem Oheim Erik zu gleichen. Bleibt Ihr nur ein Mann des Friedens, wie der Apostel Jakobus schreibt: ›Die Frucht der Gerechtigkeit wird gesät im Frieden denen, die den Frieden halten.‹«

Ich war über diese Äußerung sehr beglückt, mehr als ich mir einzugestehen traute. Ich versicherte ihr nochmals, wie sehr ich versuchen möchte, ihrem Großvater nachzufolgen. »Bei ihm kann man wohl das Bibelwort anwenden: ›Selig sind die Toten, die in dem Herrn sterben. Ja, der Geist sagt, daß sie ruhen von ihrer Arbeit, denn ihre Werke folgen ihnen nach‹«, sagte ich, doch dann wagte ich fortzusetzen: »Es drängt mich nun geradezu, noch mehr nicht von ihm, sondern von seiner Familie, seinen Söhnen zu erfahren. Hat sein ihm nachfolgender ältester Sohn sein Werk fortgeführt? Ihr machtet vorhin solch seltsame Bemerkung, daß Ihr Eurem Oheim Erik nicht gleichen möchtet. Das war doch König Erik. War er kein echter Wasa?«

»O doch«, versicherte sie, »das Wasa-Feuer brannte auch in ihm. Er hat auch den Zug nach Großem, das Streben und Verlangen, Großes zu leisten. Doch dann loderte dieses Feuer immer wieder zur Flamme des Wahnsinns auf. Er vollbrachte die furchtbarsten Taten. Man raunte von abgeschlagenen Köpfen und Armen, die auf dem Schloßhof herumlagen. Mich schaudert es, wenn ich es mir vorstelle, wenn ich von einem der Fenster dort hinabblicke. Als die Festung Elfsborg vor den Dänen kapitulieren mußte, dieselbe, die jetzt mein Bruder zurückerhalten hat, da ließ er die ganze Besatzung niederhauen. Grundlos und wider das Recht verurteilte er Hunderte zum Tode. Die edle Familie der Sture, die Mitkämpfer seines Vaters, ließ er bis zum letzten Mann ausrotten. Ja, er lief selber barhaupt in das Gefängnis und stieß dem tapferen Nils Sture mit eigener Hand den Hirschfänger in den Leib. Seinen eigenen Bruder Johann ließ er in den Kerker werfen.

Doch dann kamen wieder lichte Augenblicke. Er weinte herzzerbrechend, beklagte sich als den elendesten Menschen und verurteilte alle jene, die dienstbeflissen seine Bluturteile eilig ausgeführt hatten. Er ließ seinen Bruder Johann frei und bat ihn auf den Knien um Verzeihung.

Manche haben Erik mit dem grausamen König Nero verglichen. Mich überkommt trotz seiner Greueltaten oft ein herzliches Erbarmen mit ihm. Mir erscheint er wie Saul, der stattlich schöne, kampfesmutige, über den dann der böse Geist des Wahnsinns kam.

Und oft vergleiche ich beide Brüder mit den Söhnen des Hohenpriesters Eli, die nicht auf den Wegen ihres frommen Vaters wandelten. Hatte nicht auch Samuel Söhne, die nicht wie ihr Vater dem Herrn in Treue dienten? Wie mag es nur geschehen, daß solche Gottesmänner mißratene Söhne haben? Hat auch mein Herr Großvater seinen Söhnen zu viel Freiheit gelassen? Ich kann und will nicht darüber urteilen. Ihr fragt mich, ob Johann gleichfalls nicht ein rechter Nachfolger Gustav Wasas war. Nein!

Wie oft hatte Erik meinem Vater, seinem jüngsten Bruder vorgejammert: ›Johann ist heimtückisch, du glaubst nicht wie. Er ist schlecht, boshaft. Daß ich schlecht bin, weiß ich selbst, aber hinterlistig bin ich nicht. Ich bin gewalttätig. Er ist die Gewalttat selbst!‹

Ja, in Johann glimmte das Wasa-Feuer wie eine heimtückisch glosende Glut. Er hat später Erik gefangen gesetzt. Dazu mag er wohl wegen Eriks zunehmender Wahnsinnstaten berechtigt gewesen sein. Doch daß er ihn grausam behandeln ließ und, als Eriks kräftiger Körper alle Tortur überstand, ihn vergiftete, das war ein furchtbarer Brudermord, der durch nichts zu entschuldigen ist.

Er selber neigte durch seine polnische Frau zum Katholizismus. Sein Sohn Sigismund nahm die polnische Königskrone an.

Als dieser Sigismund aber seinem Vater auf den schwedischen Thron gefolgt war und die katholische Lehre in Schweden durchsetzen wollte, da scharte sich das protestantische Volk um meinen Vater Karl und vertrieb Sigismund in der Schlacht von Stångebro. Aber noch heute hat mein Bruder Gustav Adolf gegen Polen, gegen seinen Vetter Sigismund, allerdings nicht auf schwedischem Boden, zu kämpfen. Mein Vater verstand den Krieg in die Ostseeprovinzen hinüberzulenken. Mein Vater« – Katharinas Augen leuchteten auf – »er war kein Kriegsheld, keine Idealgestalt wie Gustav Wasa. Und doch flammte in ihm der Wasa-Funken. Es war ein stilles wärmendes Licht, einer der in aller Schlichtheit seinem großen Vater nachfolgte, seiner würdig war.

Er ließ seinem Sohn Gustav Adolf eine hervorragende wissenschaftliche und militärische Bildung angedeihen. Vor allem erzog er ihn im rechten Glauben und echter Gottesfurcht.

Durch geschickte Reformen hat dieser Karl IX. meinem Bruder ein geordnetes Reich hinterlassen, das in einem glänzenden Aufstieg begriffen ist. Ich weiß, Gustav Adolf wird Gustav Wasa nicht nachstehen. Er wird den Frieden zu erhalten suchen und, wenn es nötig ist, für den Glauben kämpfen zu Gottes Ehre. Ihr werdet ihn kennen- und liebenlernen.«

Katharina hatte so begeistert von ihrem Bruder gesprochen, war so lebhaft dabei geworden, wie ich sie bisher nie erlebt hatte, daß ich jetzt erst recht gespannt der Ankunft des großen Königs harrte.

Das alte Lied

Ich habe Gustav Adolf, den König von Schweden, kennengelernt. Während ich dies niederschreibe, ist es mir, als ob es gestern gewesen wäre. So deutlich steht er vor mir, wie ich ihn in Uppsala das erstemal an einem Abend der Mitsommertage, da die Sonne nicht untergeht und es immer hell bleibt, sah.

Hell, das war der erste Eindruck, den ich damals von ihm hatte. Mit diesem »hell« meinte ich nicht einen hellen Verstand, den er, wie ich später feststellte, ebenfalls besaß. Nein, es ging so viel Helligkeit, so viel Licht von ihm aus. Es strahlte aus den blauen Augen als reinste aller Wasa-Flammen. Es war in den rotblonden Haaren und auf der klaren Stirn, und doch sah er trotz seiner Jugend nicht wie ein sanfter Engel aus (obwohl nebenbei bemerkt diese landläufige Vorstellung von goldgelockten Engeln nicht richtig ist, sondern nach der Heiligen Schrift sind diese Boten Gottes »starke Helden«). Wie ein starker Held, so erschien mir auch dieser königliche Jüngling, dessen Heldentaten noch in der Zukunft verborgen lagen. Seine hohe Stirn, seine leicht gebogene Nase zeugten von Klugheit und Willenskraft. Noch stand er – nach allem, was ich von ihm bisher gehört hatte – sehr unter dem Einfluß seines ehemaligen Vormundes und derzeitigen Reichskanzlers Oxenstierna. Doch ich war sogleich überzeugt, daß er sich mit der Zeit durchsetzen, selbständig seinen Weg gehen würde.

Ich hatte bisher Oxenstierna noch nicht gesehen. Er war gleich nach der Rückkehr in Stockholm geblieben. So geschah die erste Begegnung mit dem König nicht unter den prüfenden, am Ende gar kritisch abschätzenden Augen dieses mächtigen Mannes, vor dem sich – ihren verhaltenen Andeutungen nach – die meisten am Hofe und wohl auch im Lande beugten oder gar fürchteten. Gustav Adolf und ich traten uns nicht wie ein mächtiger Monarch und ein kleiner Habenichts-Fürst, sondern wie schlichte junge Männer gegenüber.

Wir, das heißt Katharina mit ihrem Hofstaat und ich, saßen an jenem Nachmittag draußen im Garten, der eigentlich mehr eine Rasenfläche war, die von den für Schweden so charakteristischen weißstämmigen und feinlaubigen Birken umrahmt war. Alle saßen zwar nicht. Die jungen Kammerherren und Hoffräulein spielten zwischen den hellen Stämmchen eine Art »Bäumchen, verwechsle dich!« Nur die alte Hofmeisterin mit ihren klugen müden Augen und ein noch sehr junges Mädchen hatten bei Katharina und mir Platz genommen. Ich hörte zu gerne, ja wirklich zu gerne, wenn Katharina von den Sitten und Gebräuchen, der Vergangenheit ihres Volkes mit ihrer dunklen Stimme erzählte.

Plötzlich stockte sie, horchte – o sie hatte ungemein feine Ohren. Dann stand sie rasch auf und wandte sich um. Hinter uns erklangen rasche, federnde Schritte. Ein junger, hochgewachsener Mann näherte sich uns. Katharina lief auf ihn zu. Er nahm sie lachend in den Arm und sagte: »Ja, Schwesterherz, ich hab Oxenstierna in Stockholm abgesetzt und bin gleich weiter zu dir gefahren. Er kann schon allerlei für übermorgen erledigen, und ich möchte einen geruhsamen Abend, eine helle Nacht hier so recht ungezwungen mit euch verleben, so einfach und fröhlich, wie du es immer von Großvaters Zeit schilderst. Übermorgen sind wir dann wieder ganz würdevoll, wie es das Gesetz oder bei uns Reichskanzler Oxenstierna befiehlt. Morgen mußt du unserer lieben alten Oberhofmeisterin zur Seite stehen und mit ihr die Vorbereitungen, die euch Frauen angehen, treffen.«

»Was für Vorbereitungen?« fragte Katharina.

»Nun, der Adel und die Vertreter der Reichsstände werden diesmal nicht gegen Schneeverwehungen anzukämpfen haben. Sie werden in dieser Mittsommerzeit alle der Einladung Folge leisten und rechtzeitig zur Stelle sein. Es muß ihnen doch verkündet werden, daß endlich ganz Südschweden frei von Dänen ist. Es hat mich zwar große finanzielle Opfer gekostet, Elfsborg und andere Gebiete zu kaufen. Aber besser der dänischen Krämerseele Goldstücke darzubieten als wiederum kostbares, schwedisches Blut. Und nun haben wir Frieden mit Dänemark, endlich Frieden.«

Er atmete tief auf. Dann kam er, Katharina noch mit einer Hand umfaßt haltend, auf mich zu, der ich mich bescheiden zurückgezogen hatte. »Ist das dein deutscher Gast aus der Heimat deiner Mutter?« fragte er freundlich. »Hast du ihn gut unterhalten?«

Ich machte eine tiefe Verbeugung. »Es ist mir eine große Ehre und Freude, Eure Majestät sehen zu dürfen. Zugleich möchte ich meine ergebensten Glückwünsche . . .«

»Ach was«, unterbrach mich der König, »nur nicht solch französische Hofsitten! Wir sind doch über sieben Ecken sogar miteinander verwandt, also, lieber Vetter, reich mir die Hand!« Er streckte mir seine wohlgeformte, aber kräftige Hand hin.

Ich ergriff sie freudig bewegt, und wie ich in diese klaren Augen sah, da wurde es mir kühlem Verstandesmenschen so seltsam ums Herz. Ums Herz? Ach, mein Herz flog ihm einfach entgegen, und wie ich in späteren Jahren erfuhr, hatte ich auch das seine sogleich gewonnen. Wir waren wirklich – und nicht bloß über sieben Ecken, sondern auf andere Art miteinander verwandt.

Während er mich noch fröhlich anlachte, veränderte sich sein Gesicht. Er ließ meine Hand los, errötete wie ein sehr junger Mensch und schaute, ohne weiter meiner zu achten, in eine bestimmte Richtung. Ich folgte seinem Blick und starrte nun auch wie verzaubert auf ein wunderbares Bild. Scheu an den Stamm einer schlanken Birke gelehnt, als wenn sie dort Halt suchte, stand das junge Mädchen, das uns bisher Gesellschaft geleistet hatte. Wie eine Gloriole umgaben sie die rötlich goldenen Strahlen der Nachmittagssonne. Und golden war ihr Haar wie diese Sonne, blau wie der Sommerhimmel ihre Augen, und leuchtender als sie konnten auch die Sonnenstrahlen nicht sein. – Ebba Brahe!

Katharina faßte mich leicht am Arm. »Kommt«, befahl sie, »ich versprach Euch doch, Euch den Platz zu zeigen, wo mein Großvater am liebsten abends saß und über das Land schaute!«

Ich folgte ihr gehorsam.

»Ihr konntet ja den Blick nicht von Ebba Brahe wenden«, sagte sie ärgerlich. »Seid Ihr auch verliebt in sie?«

»Einer genügt, und mit dem kann ich in keinen Wettbewerb treten«, wagte ich zu erwidern. »Zudem habe ich nur dies wunderschöne Bild bewundert, so wie ein Gemälde, in das ich mich sonst nicht verliebe.«

Sie errötete verlegen. »Ja«, gab sie dann im Weiterschreiten zu, »sie ist meines Bruders einzige, große Liebe.«

»Die beiden geben ein herrliches Paar«, sagte ich.

»Sie werden nie vor den Menschen ein Paar sein dürfen«, antwortete sie gedämpft. »Das wird Oxenstierna mit allen Mitteln verhindern.«

»Warum?« fragte ich verständnislos. »Sind die Brahes nicht ebenso alter schwedischer Adel wie die Wasa?«

»Gerade weil wir erst in der dritten Generation eine königliche Familie sind, will Oxenstierna Gustav Adolf mit regierenden Herrscherhäusern verbinden. Auch gibt er vor, der oft so störrische halsstarrige schwedische Adel würde die Verbindung mit einer der Ihren nicht billigen. Das bezweifle ich. Oxenstierna strebt für Schweden nach Macht, und die will er wie die Österreicher durch Heiraten vergrößern und festigen. Bei mir hat er es nicht erreicht. Ich habe mich seinem Willen nicht gebeugt. Vorläufig schiebt Gustav Adolf eine Heirat auch noch heraus. Er sagt, er wäre noch zu jung. Er müßte erst noch lernen, ein guter König zu werden, ehe er Familienvater würde. Die andern so früh verheirateten Fürstensöhne hätten noch nicht dies schwere Amt auf ihren Schultern gehabt. Doch ich weiß, er wird Oxenstierna nicht widerstehen können.«

Ich kehrte nachdenklich mit ihr zu den andern zurück. Auch Katharina war ernst und still geworden. Am Abend und bis in die Nacht hinein war auf dem großen Rasenplatz ein fröhlicher, sehr fröhlicher Mitsommertanz. Ich war wieder nur Zuschauer. Es wäre mir auch nichts anderes übriggeblieben, wenn ich auch zur Not die höfischen Reigen, wie man sie in Heidelberg pflegte, mitmachen konnte. Hier galten nur alte schwedische Tänze, zu denen einige bäuerliche Geigen aufspielten. Männer und Frauen sangen dazu, standen sich bald gegenüber, wichen sich wieder aus, wirbelten dann wieder umeinander und um sich selber herum. Keine trug mehr die steife Hofkleidung, sondern die farbenprächtige Volkstracht mit den bunten Kopftüchern.

Als das Treiben immer lauter und lärmender wurde, beobachtete ich, wie ein Paar zu einer ferner stehenden Baumgruppe hin entschwand. Waren es Gustav Adolf und Ebba?

Katharina stand plötzlich neben mir. Sie hatte wohl dasselbe bemerkt. »Woran denkt Ihr?« fragte sie.

Ich antwortete ruhig: »Ihr wißt, daß ich ein Mann der Buchweisheit bin. In einem alten Folianten entdeckte ich ein mehrere Jahrhunderte altes Gedicht. Von dem Herrn von Kürenberg ist es in Mittelhochdeutsch geschrieben, das man heutzutage nicht mehr spricht. Das fiel mir jetzt ein.«

»Und wie heißt es?« forschte sie.

Langsam suchte ich die Worte zusammen, versuchte sie so gut wie möglich in unser Deutsch zu übertragen:

»Ich zog mir einen Falken, länger als ein Jahr.
Da ich ihn gezähmet, wie ich ihn wollte han,
und ich ihm sein Gefieder mit Golde reich umwand,
hob er sich auf zur Höhe und flog in andere Land.
Seitdem sah ich den Falken schön fliegen;
er führte an seinem Fuße seidene Riemen,
und war ihm sein Gefieder ganz rot goldin.
Gott führe sie zusammen, die gern geliebet wollen sin.«

»Gott führe sie zusammen, die gern geliebet wollen sin!« wiederholte Katharina leise mit ihrer dunklen Stimme. Dann schaute sie schweigend über das weite Land bis zu dem roten Sonnenball hin. Sehr hell und seltsam fern und doch auch seltsam nah erschien mir ihr Gesicht.

»Ich werde zusammengeführt werden. Und mein Sohn wird König sein!« flüsterte sie in die Mitsommernacht hinein.

»Was sagtet Ihr?« fragte ich verwundert.

Sie strich sich eine blonde Locke von ihrer Stirn zurück. Sie sah mich an, als wenn sie erwachte. »Ach, ich weiß nicht«, antwortete sie. »In diesen hellen Nächten kommt es oft über mich. Ich kann ihm nicht wehren, diesem Vorahnen. Ich rede wie im Traum. Achtet nicht darauf! Sagt mir noch einmal den letzten Satz des fremden Gedichtes. Nein, wartet! Ich finde ihn selber.«

Und sehr ernst, feierlich sprach sie: »Gott führe sie zusammen, die gern geliebet wollen sein.«

Sie schaute mich dabei mit ihren großen Wasa-Augen an.

Ich erschrak. Es durchfuhr mich wie ein Blitz. Ich liebte diese willensstarke, kluge Frau, und liebte sie mich auch? Und ich wußte zugleich, daß sie die Tochter, die Schwester eines Königs war, und wer war ich? Was hatte ich?

Urplötzlich tauchte die Antwort in meiner Erinnerung auf, die ich einst als Kind gegeben hatte: »Ich habe mich selber und Gott.«

Katharina hatte sich wieder von mir gewandt und verlor sich in dem Treiben der Tanzenden. Ich sagte noch einmal das alte Lied vor mich hin und dachte dabei an König Gustav Adolf und Ebba Brahe, an Katharina und mich.

König Gustav Adolf

Ich hatte Gustav Adolf zuerst als jungen Mann, als Jüngling noch, kennengelernt. Das heißt, richtig kennen lernt man einen Menschen erst nach Jahren, manchmal auch nie. Ich denke hierbei an solch zwielichtige Naturen wie Oxenstierna, dessen wahrer Charakter sich erst nach Gustav Adolfs Tod zeigte. Falls das nun sein endgültiger Charakter war!

Nein, ich muß diesen ersten Satz ändern, verbessern. Ich hatte Gustav Adolf an jenem Mitsommerabend nur gesehen, einige wenige Worte mit ihm gesprochen. Er war ein ansehnlicher junger Mann, und als ich ihm gegenüberstand, ging eine große Welle von Helligkeit und Heiterkeit von ihm aus über mich hin, und danach war in seinen Augen eine strahlende Liebe erwacht, die zwar nicht mir galt, sondern der jungen wunderschönen Ebba Brahe, die mich aber an jenem selben Abend meiner eigenen Liebe bewußt werden ließ. Ob ich darüber glücklich war? Ob mich diese Erkenntnis in Bedrängnis, Betrübnis stürzte?

Man muß immer dankbar sein, wenn man sich einem anderen Menschen verbunden fühlen, ihn ohne Wunsch rein lieben darf. Auch lieben dürfen ist eine Gnade, wenn es ohne Selbstsucht geschieht. Aber begehrt ein Herz, das törichte menschliche Herz, nicht doch immer, ist es nicht unruhig, bis es endlich ruht in Gott?

Ich beobachtete in jener hellen, wie verzauberten Nacht mehrmals Gustav Adolf und Ebba aus der Ferne, und ein anderes Lied aus meiner Liedersammlung in Heidelberg fiel mir ein:

»Es waren zwei Königskinder,
die hatten einander so lieb.
Sie konnten zusammen nicht kommen,
das Wasser war viel zu tief.«

Am nächsten Tag, als wir in Stockholm angekommen waren, konnte ich ungestört meinen Gedanken nachhängen. Es sei denn gewesen, das eifrige Hin- und Herlaufen vieler Bediensteter, das Klopfen und Hämmern beim festlichen Herrichten des großen Saals hätte mich stören können. Doch dagegen wußte ich mich allezeit innerlich abzuschirmen.

Den Morgen darauf erblickte ich Gustav Adolf als König. Ich durfte der Versammlung des Adels und der Reichsstände bescheiden im Hintergrund beiwohnen. Gustav Adolf stand vor seinem erhöhten Thronsitz vor den Vertretern seines Volkes, die ihm laut zujubelten, als er den Frieden mit Dänemark verkündete. Und er war wahrhaft trotz seiner Jugend ein König, ebenbürtig seinem großen Vorfahr Gustav Wasa.

Seine Augen, die über sie alle hinblickten und zugleich jeden einzelnen anzusehen schienen, schlugen einen jeglichen in Bann. Seine hohe klare Stirn, seine kühne Nase, sein entschlossener Mund, alles das strahlte Majestät aus, und ich fühlte, daß er ein mächtiger Mann werden würde, daß der Herr große Aufgaben für ihn bereit hätte.

Durfte ich nicht stolz sein, daß ich auserwählt worden war, ihm eine große Aufgabe, ja, wohl die Aufgabe seines Lebens zu überbringen? Daß er sie wahrlich als aus unseres Herrn Hand annehmen würde, dessen wurde ich bewußt, als ich danach mit all den Großen seines Reiches und der sich anschließenden Volksmenge dem Gottesdienst im nahen Dom beiwohnte. Sein Gesicht, das ich von der Seite beobachten konnte, zeigte tiefe Ergriffenheit, Sammlung, und beugte sich in Demut und Ehrerbietung bei dem Dankgebet über seine gefalteten Hände.

Ich habe es auch später immer mehr erkannt, daß Gustav Adolf wahrhaft fromm war, ohne unduldsam zu sein. Ich wohnte den Gebeten und Andachten bei, die er bei Tisch als – wenn auch noch gar junger – Hausvater hielt. Ich weiß, daß er als Feldherr, als Kriegsmann, der selber – wie man mir berichtete – tapfer bis zur Unbesonnenheit kämpfte, vor jeder Schlacht mit seiner Truppe betete und sein Lieblingslied »Verzage nicht, du Häuflein klein« sang. Vor jedem Feldzug, den er als ausgezeichneter militärischer Organisator plante, erbat er Gottes Beistand. Er hat in seinem Heer streng auf Manneszucht gehalten, das Rauben und Plündern streng geahndet, sogar die Kunstschätze in feindlichen Städten erhalten und bewachen lassen. Erst nach seinem Tode wurden auch die Schweden als Mordgesellen gefürchtet, und man sang in Deutschland:

Bet, Kind, bet,
morgen kommt der Schwed,
morgen kommt der Oxenstierna,
der wird dich das Beten lerna.

Doch die Zeiten lagen damals noch fern, und wenn später Gustav Adolf nachgesagt wurde, er hätte aus schierer Machtgier Deutschland für sich erobern wollen, so ist das eine böse Verleumdung.

Gustav Adolf habe ich damals auf Anordnung der Union der protestantischen deutschen Fürsten zu Hilfe gerufen, um für unsern und seinen heiligen Glauben zu kämpfen, und er ist reines Herzens gefolgt. Des bin ich Zeuge. Allerdings hat er mich an dem Tage, der dieser Friedensfeier folgte, zuerst enttäuscht. Doch ich sah ein, daß er nicht anders konnte. Als ich endlich zu der lang ersehnten Audienz in sein Arbeitszimmer geladen worden war und ich ihm in Worten, die ich in der vorhergehenden Wartezeit erst recht wohl überlegt hatte, die Lage des Protestantismus, die Gefahr, die uns durch den katholischen Kaiser, die mächtige katholische Liga drohte, schilderte, horchte er zwar gespannt zu. Seine Augen strahlten auf, blickten mich so durchdringend an, als wollte er mir jeden Satz aus dem Herzen herausziehen. Doch dann erklärte er mir, daß er bereit wäre zu helfen, einzugreifen, wenn wirklich Not am Mann wäre. Doch zum ersten wollte er keinen Krieg vom Zaun brechen, wenn noch Frieden in Deutschland herrschte. Ihm sollte man nicht vorwerfen, daß er mit einem Heer in fremdes Gebiet einmarschiert wäre und ein furchtbares Blutvergießen entfesselt hätte; denn das sähe ich doch wohl ein, daß so ein Eingreifen einen Riesenbrand entfachen würde. Das möchte er nicht auf dem Gewissen haben. Würden aber die reine Lehre und ihre Anhänger mit dem Schwert verfolgt werden, so hielte er für seine Pflicht, als Streiter für den Glauben aufzutreten.

Vorläufig wäre es – dem Herrn sei Dank – noch nicht nötig, wenn die Gefahr auch immer größer würde, und vorläufig könnte er es auch noch nicht.

Erst müßte ein Frieden mit Rußland geschlossen werden, der bald in Aussicht stände. Noch erschwerender wäre der Krieg mit Polen, mit seinem eigenen Vetter Sigismund, von dem noch kein Ende abzusehen wäre, wenn er auch von seinem Vater Karl IX. auf die andere Seite der Ostsee fern von Schweden hinübergelenkt worden wäre.

Ich dürfte jedoch den protestantischen Fürsten melden, daß er auf ihrer Seite stände und zu gegebener, von Gott dem Herrn bestimmter Zeit ihnen zu Hilfe kommen würde.

Ich verließ den König trotzdem etwas enttäuscht. Später fragte ich Katharina, der ich mich trotz ihrer im allgemeinen herben, Abstand haltenden Art schon überraschend vertraut fühlte, ob Oxenstierna dieser Entschluß zur Last zu legen wäre.

Sie überlegte kurz und schüttelte dann den Kopf und meinte: »Unser Reichskanzler wird wohl gleicher Meinung sein. Doch je älter er wird, desto mehr entscheidet Gustav Adolf selber. Er ist selbst ein besonnener und vorsichtiger Staatsmann und wird es immer mehr werden. Noch wird er sich auf Oxenstiernas Erfahrungen stützen und von ihnen lernen. Und Oxenstierna mag sein, wie er will. Es wird ihm an geradezu genialer Staatskunst kaum einer in ganz Europa gleichkommen. Ihr habt Oxenstierna nun kennengelernt. Welchen Eindruck hattet Ihr von ihm?«

Ich wußte so recht keine Antwort. Sie beobachtete mich scharf, hatte wieder ihr etwas spöttisches, überlegenes Lächeln, das mir nun eher mütterlich überlegen vorkam.

»Ich hatte ihn mir ganz anders vorgestellt«, sagte ich endlich zögernd.

Sie lächelte immer noch und wandte sich dann um, ging von unserer Fensternische fort zu den andern Edlen im Saal. Es schickte sich ja nicht, daß sie lange mit mir allein sprach.

Ich blieb zurück, setzte mich auf einen Stuhl an dem tief hinabgehenden Fenster und überlegte. Ich wollte nicht mehr an Katharina denken. Wie sinnlos war das!

Ich rief mir die erste Begegnung mit dem mächtigen Kanzler ins Gedächtnis zurück. Ja, ich hatte mir Oxenstierna ganz, ganz anders vorgestellt. Wie seltsam ist das oft im Leben, man macht sich von einem, den man nur vom Hörensagen kennt, ein Bild, und wenn man denselben dann von Angesicht zu Angesicht sieht, ist er so ganz anders. Das Bild, das ich mir von Oxenstierna gemacht hatte, zeigte ihn als klein, von schmaler Gestalt, als erwies er damit schon, wie er sich durchwinden, verstellen könnte, als schmalgesichtig, gelbhäutig, mit schwarzem, strähnigem Haar und schwarzen unsteten Augen. So recht ein Intrigant, ein Bösewicht! Ich hatte mich gar nicht mehr an die andersartige Schilderung seines Äußern durch den jungen Schweden erinnert.

Oh, wie hatte ich mich getäuscht! Das erkannte ich bei der Reichsversammlung im Kronsaal. Wie imponierend stand dieser kräftige, breitschultrige Mann mit dem vollen frischen Gesicht, dem rötlich blonden Haupthaar und dem gleichfarbigen gelockten kurzen Vollbart und der stolzen Adlernase neben dem Thron, als wäre eigentlich er Herrscher und nicht der junge König ihm zur Seite. Und war er es nicht auch? Wie überlegen war sein Mund, und wie alle beherrschend blickten seine graublauen Augen. Er war wahrhaft eine schöne Erscheinung, und trotzdem flog ihm mein Herz nicht zu wie dem jungen Gustav Adolf bei meiner ersten Begegnung. Im Gegenteil! Es krampfte sich zusammen, als fürchtete es sich vor diesem mächtigen Mann. Ich staunte über diese Regung. Ich bin doch sonst keine ängstliche Natur. Weiß ich mich doch im Schutz des Höchsten geborgen.

Doch obwohl ich mich selber schalt, blieb dieses beengende Gefühl auch bei der Unterredung mit dem König, der er selbstverständlich und wohl maßgebend beiwohnte. Es verließ mich auch nicht, als ich zu einer zweiten Unterredung vor Gustav Adolf erschien, um ihm vorzulesen, was ich genauestens als Antwort für meine Auftraggeber, die protestantischen Fürsten in Deutschland, niedergeschrieben hatte. Es durfte doch in keinem Fall in irgendeinem Punkt falsch aufgefaßt, unrichtige Vermutungen erweckt werden.

Als ich die Lesung beendet hatte, nickte der König zustimmend. »Ihr wißt die Worte wohl zu setzen und die Feder gut zu führen«, lobte er.

»Können die protestantischen Fürsten sich in der Not auf Euer Majestät Hilfe verlassen?« fragte ich besorgt.

Gustav Adolfs klare Augen blitzten mich an. »Ein Königswort gilt!« rief er.

Oxenstierna maß mich von oben bis unten mit seinem kalten überlegenen Blick. Es war mir, als wollte er mich kleinen Fant durch und durch erforschen, mich durchbohren, meines Nichts überzeugt werden lassen. Oder prüfte er mich aus noch anderem Grund, wollte mich der »mit allen Wassern gewaschene Fuchs«, wie ihn mir einer der Hofherren geschildert hatte, bereits irgendwie in einen seiner Pläne einspannen?

Ich schaute ihn furchtlos an und senkte vor seiner hochfahrenden Überlegenheit meine Augen nicht. Vor Gott dem Herrn nur war ich ein Nichts, vor dem Menschen ein Kind des Höchsten.

Der Reichskanzler wandte sich von mir ab, schwieg, starrte durch das Fenster in die Ferne. »Wenn der Frieden mit Rußland demnächst geschlossen und Rußland dadurch von der Ostsee abgedrängt ist, wenn wir Ruhe mit Polen haben«, sagte er langsam, »dann marschieren wir mit unserem wohlausgebildeten Heer in Deutschland ein. Ihr werdet es bis zum Süden hin erobern, besitzen, für immer einnehmen. Ein großes, gewaltiges Reich, Schweden mit Deutschland vereint, wird unser sein, und Ihr sein Herrscher!« Hoch aufgerichtet stand Oxenstierna da.

Gustav Adolf war auch aufgestanden. »Was hülfe es dem Menschen, wenn er die ganze Welt gewönne und nähme doch Schaden an seiner Seele?« antwortete er. »Liegt diese Gefahr nicht in jeder Macht, vor allem, wenn sie mit Strömen von Blut erworben ist? Ich denke nicht daran, einst in Deutschland die Rolle zu spielen, die der dänische König bei uns gespielt hat, als er Schweden beherrschte.«

Oxenstierna lachte kurz und verächtlich auf. »Ihr wärt ein besserer Regent als er«, widersprach Oxenstierna. »Deutschland, das zerrissene Reich, könnte sich nur beglückwünschen.«

Dann wandte er sich plötzlich um und fragte mich mit seiner kalten Stimme: »Was sagt Ihr dazu, die Ihr unsere Heeresmacht zur Hilfe begehrt?«

Mir fiel nur in meiner Verblüffung ein Vers aus Martin Luthers Lied ein:

»Mit unsrer Macht ist nichts getan,
wir sind gar bald verloren;
es streit' für uns der rechte Mann,
den Gott hat selbst erkoren.
Fragst du, wer der ist?
Er heißt Jesus Christ!«

»Ja«, bekräftigte Gustav Adolf, »mit und für Jesus Christ will ich streiten.«

Oxenstierna schwieg. Er maß mich von oben herab mit einem schier verächtlichen Blick. Von da an wußte ich mit voller Bestimmtheit, daß Gustav Adolf für unseren Glauben, Oxenstierna für die irdische Macht zu Felde ziehen würde.

Froher Ritt durchs Land

Zwei Tage nach der letzten Unterredung mit dem König und seinem Kanzler erlaubte ich mir nach dem Abendessen, wobei wie immer Gustav Adolf den Vorsitz am oberen Ende der Tafel innegehabt und das Gebet gesprochen hatte, ihn zu bitten, mich gnädig zu verabschieden, da ich nun meinen Auftrag erfüllt hätte.

Darauf war Gustav Adolf wiederum der gütige König und der fröhliche, Wärme und Herzlichkeit ausstrahlende Jüngling zugleich. »Aber lieber Vetter«, antwortete er mir lachend, »ihr werdet Euren lieben Besuch nicht derart abkürzen und damit uns, eure Verwandten, kränken. Nach solch langer Reise könnt Ihr nicht schon wieder aufbrechen. Was versäumt Ihr denn, wenn Ihr noch hier verweilt? Ich habe zwar nicht soviel Zeit, Euch mein geliebtes Land so gründlich zu zeigen, wie ich wohl möchte und wie es sich gebührte. Ihr wißt, der Friedensvertrag mit Rußland ist noch nicht abgeschlossen, der Krieg mit Polen noch nicht zu einem guten Ende gekommen. Doch es kann nicht einfach als Müßiggang bezeichnet werden, wenn ich eine Zeit mit Euch schlicht und ohne Pomp durch Schweden reise. Mein gutes treues Volk hat das Recht, seinen König wieder unter sich zu sehen, zu erkennen, daß er sich um sein Tun und Treiben kümmert. Bei meinem vortrefflichen Oxenstierna, dem unübertrefflichen Staatsmann, sind die Friedensverhandlungen in guten Händen sowohl wie die Oberaufsicht über die Geschehnisse in Polen, worüber er mir jederzeit durch Eilkurier berichten und, wenn es Not ist, mich zurückrufen wird. Kurzum, Ihr bleibt noch bei uns! Kommt her! Schlagt ein!«

Ich eilte zu ihm und ergriff freudig seine Hand, die mir durch ihre Form wie durch ihre Kraft lieb war und seine Aufrichtigkeit in ihrem festen, warmen Druck bewies.

Es war mir die letzten Tage recht seltsam ums Herz gewesen, wenn ich an meine Abreise dachte, und sogar mein treuer Heiner schien sich gar nicht so sehr auf das Wiedersehen mit seiner Familie und seiner Herzallerliebsten zu freuen. Ihm schien der schwedische Bärenschinken gut zu behagen, und ich hatte ihn schier im Verdacht, daß die Bernsteinkette, die er in Stralsund zu kaufen beabsichtigte, anstatt seine Pfälzer Gret bald eine schwedische Karin zieren würde. Als ich an diesem Abend von meinem Abschied sprach, hatte ich bemerkt, wie Katharina jäh erbleichte. Ihr frisches Gesicht erschien auf einmal so blaß wie ihr hellgelbes Kleid. Sie bevorzugte lichte Farben im Gegensatz zu meiner Frau Mutter, die ich nur in dunklen Gewändern gesehen hatte.

Zugleich wurde ich auch gewahr, wie Oxenstierna mit halb zugekniffenen Augen sowohl Katharina wie mich beobachtete, sein Mund sich überlegen spöttisch krümmte und er dann in Nachdenken versank, als wenn er eine Rechenaufgabe löste und damit noch nicht ganz im reinen wäre.

Wie sollte ich die Reaktion der beiden, Katharinas und Oxenstiernas, deuten? Oder hab ich mich getäuscht? Hatte mir das fahle Licht der Mitsommernacht sie so blaß erscheinen lassen? Ich schaute verstohlen zu ihr hinüber. Sie saß mir wieder so gelassen wie immer gegenüber. Nur ihre Bernsteinkette funkelte, als hätte sich eine der Strahlengarben, die ab und zu der rote Sonnenball in die Weite schoß, in ihr verfangen.

Und Oxenstierna schaute wie sie vor sich auf seinen Teller. Grübelte er vielleicht über den zweiten Friedensvertrag. Entwarf er ihn schon? Doch nein, wie das jähe Aufsprühen der Mitternachtshelligkeit blitzte nun wieder einer seiner scharfen Blicke zu mir herüber. Was dachte er? Hatte er Sorge, ich könnte meine Augen zu der Schwester des Königs erheben? Fürchtete er irgend etwas von mir, was seine Pläne durchkreuzen könnte? Ich glaube nicht, daß er mich für so größenwahnsinnig, so überheblich hielt. Nie würde ich meine Gefühle für Katharina verraten, und war ich auch ihr nicht gleichgültig, so würde die Stolze, stets Selbstbeherrschte niemals damit ans Tageslicht kommen. Nein, Oxenstierna brauchte nichts von mir zu befürchten. Ich war zwar ein Garnichts in seinen Augen, aber ich fürchtete mich nicht vor dem mächtigen Mann. Ich wußte, der Höchste, der Herr Himmels und der Erde, hielt seine Hand über mir. Es wurde mir bewußt, daß ich in diesen vergangenen Wochen, die so in mein Leben eingegriffen hatten, vom bloßen Namenchristentum, von einem noch weiter gehenden Gesetzeschristentum, das sich in äußeren Übungen und Tugenden beweisen wollte, zu einem inwendigen, bewußten Ja-Sagen zum Glauben an meinen Herrn Jesus Christus gelangt war.

»Er führet mich auf rechter Straße«, ermutigte ich mich mit den Psalmworten des Hirtenknaben David, der zum König wurde. In dieser Zuversicht, daß ich auf rechter Straße geführt worden war und weiterhin wurde, entschloß ich mich, noch fernerhin in Schweden zu bleiben.

Es war eine unvergeßliche Zeit, die ich mit Gustav Adolf, dem strahlend jungen, leuchtend fröhlichen König verleben durfte. In den ersten beiden Tagen konnte ich noch Katharina sehen und dann und wann ein paar Worte mit ihr wechseln. Es deuchte mir, wir waren beide dabei von einer seltsamen Befangenheit und doch wiederum Vertrautheit, und immer wieder waren die spähenden, scharf beobachtenden Augen Oxenstiernas in unserer Nähe, die uns geradezu belauerten und dadurch in mir eine ärgerliche Aufregung auslösten. Ob es Katharina auch so erging?

Wir waren mit dem Hof wieder nach Uppsala übergesiedelt in die alte Königstadt, worin sie sich wohler und bisher gelöster fühlte. Nach kurzem Aufenthalt ritt ich mit Gustav Adolf von Uppsala aus in bester Stimmung, nur von einigen Herren als Gefolge, seinem Reitknecht und meinem Heiner begleitet, durch das sommerliche Land.

Wir wurden von den Bergleuten von Dannemora, Wanga, Motala und Fällingsbro sowie den Hammerschmieden, die dortselbst wirkten und in Rämen (Vermland) den besten Stahl herstellten, freudig begrüßt. Ich war überrascht, wie viele von ihnen deutsch sprachen, und Gustav Adolf erklärte mir, daß sein Großvater wohlerfahrene Bergleute, Hammerschmiede, Schmelzer und Gießer aus Deutschland hätte kommen lassen, die die Schweden lehrten und danach hier im Lande blieben.

»Ihr werdet auch hier im Lande bleiben«, rief mir Gustav Adolf lachend zu, als wir nebeneinander ritten. »Wer einmal Schweden richtig kennt, den läßt es nicht mehr los. Und Ihr braucht Jahre, es kennenzulernen!«

Wir besuchten die Silbergruben von Sala sowie die von Stora-Kopparberg und Garpenberg. Auch Kupfergruben gab es, die noch nicht völlig erschlossen waren.

»Ihr könnt Euch für einen Krieg wohl ausrüsten«, stellte ich fest, »Waffen aus dem Eisen Eures Landes in Mengen herstellen, aus Eurem Kupfer Kanonen und Münzen gießen, aus Eurem Silber Taler prägen. Und das Holz dazu, die Holzkohle, liefern Eure riesigen Wälder, und von den Bergbächen gewinnt Ihr die Wasserkraft für Eure Hammerwerke.«

»Ihr habt eine rasche Auffassungsgabe und erkennt, worauf es ankommt«, lobte der König, »so einen Mann wie Ihr könnte ich so gut, noch besser gebrauchen als die Bergleute, Schmiede und Schmelzer aus Eurem Deutschland. Überlegt es Euch gut. Und seht doch« – er hielt sein Pferd an, wandte sich um und wies über das weite Gebiet ringsumher –, »ist unser Schweden nicht schön?«

Ja, es war schön mit seinen Wäldern, Feldern und Wiesen, den lichtgrünen weißstämmigen Birken und den breit ausladenden behäbigen, rotgestrichenen Bauernhöfen.

»Ja«, stimmte ich zu, »es ist schön.«

»Und der größte Schatz, den ein König besitzen kann, ist nicht in der Erde verborgen, besteht nicht in den Erträgnissen seiner Felder. Der größte Schatz sind die Menschen, die hier wohnen. Ich spreche mit Absicht nicht von Untertanen«, fuhr Gustav Adolf fort. »Sie alle sind freie Menschen wie ich. Nirgends in Europa sind die Bauern so frei wie hier, und sie haben meinem Großvater zum Sieg und damit zur Macht verholfen.

Nicht in einem wohlgepanzerten und kampfgeübten Adel liegt diese Macht, sondern in der Gesamtheit des treuen, fleißigen, kraftvollen Volkes.«

Ich konnte ihm nur schweigend zuhören und mit einem Kopfnicken beipflichten.

»Ihr werdet Jahre brauchen, um Land und Leute kennenzulernen«, fuhr Gustav Adolf fröhlich fort.

»Jahre?« wiederholte ich verständnislos. Doch dann faßte ich mich.

»Gewiß braucht man Jahre, um dies Land zu kennen, seine Berge, die solche Schätze hegen, seine Wälder, deren Holz auf den mächtigen Flüssen zu den Häfen gebracht wird, seine roten Bauernhäuser inmitten der weiten Felder, seine Schlösser. Oh, ich könnte noch so vieles aufzählen, und das alles wirklich kennenzulernen, vor allem seine Menschen, dazu reicht mein kurzer Besuch hier nicht aus!«

»Warum soll Euer Besuch nur kurz sein?« fragte Gustav Adolf lachend. »Ihr könnt für immer bei uns verweilen.«

»Für immer, das würde Eurem Hof nicht wohl anstehen. Wißt Ihr nicht, daß ich Calvinist bin und Euer Volk lutherisch ist?«

»Natürlich ist mir das bekannt«, erwiderte Gustav Adolf und richtete sich – nun ganz König – im Sattel auf. »Wenn lutherische Fürsten Euch als Abgesandten erkoren haben und wenn ich, der Herrscher des Landes, Euch gleichfalls aufgenommen habe, was schert es dann diejenigen, die mir zuraunten, daß Euch anstatt Luther der Schweizer Calvin zur reinen Lehre gewiesen hat? Schreibt nicht der Apostel Paulus in einem Brief an die Korinther, sie sollen nicht sprechen, der eine: Ich bin paulisch, der andere: Ich bin apollisch, der dritte: Ich bin kephisch, der vierte: Ich bin christisch. Ist Christus nun getrennt?

Christus selber hat gesagt: ›Es wird eine Herde und ein Hirte sein!‹«

Er hatte so laut und kräftig gesprochen, daß es das Gefolge hinter uns hörte und die beiden edlen Herren die Köpfe senkten.

Ich wunderte mich einmal wieder über die umfassende Kenntnis der Heiligen Schrift, worin Gustav Adolf seinem großen Ahnherrn nachfolgte. Zugleich empfand ich eine tiefe Befriedigung darüber, wie er unseren protestantischen Glauben beurteilte. Und doch hatte ich ein seltsam beklemmendes Gefühl. Ahnte ich, wie man mir später noch übel zusetzen würde, weil mein Reformator, mein Hinweiser auf Christus in Genf und nicht in Wittenberg beheimatet gewesen war? Und sie beide hatten doch den Wahlspruch des Apostels als ihren eigenen gehabt: »Alles und in allen Christus.«

Auch Gustav Adolfs Augen waren dunkel geworden. Er starrte in die Ferne, als erblickte er eine noch verschleierte Zukunft.

Doch dann zog er am Zügel. Er winkte mit der Hand, als gäbe er Befehl zum Aufbruch, und scheuchte zugleich etwas Bedrängendes hinweg. Unser kleiner Trupp setzte sich wieder in Bewegung.

Gustav Adolf zeigte auf einen stattlichen Bauernhof. »Wir kehren bei Lars Larsson ein, ehe wir uns auf den Heimweg machen.«

Der würdige Bauer kam uns ehrfurchtsvoll, aber weder ob des unerwarteten Besuchs erschrocken, noch mit allzu tiefen Bücklingen entgegen. Er bot dem König und seinen Begleitern ein Willkommen, dankte für den Besuch und bat uns zu einem Imbiß in sein Haus, indessen Heiner und des Königs Stallbursche die Pferde versorgten und danach vom Gesinde des Hofes beköstigt werden sollten.

Wir traten zu meiner Überraschung in einen saalartigen hellen Raum. Die Hausfrau mit ihren beiden Töchtern in ihren schönen Landestrachten bedienten uns mit kräftigem Brot, selbstgemachtem Käse, Butter, Schinken, schenkten Dünnbier oder je nach Belieben Milch dazu ein. Das alles geschah mit solcher Würde, wie man sie bei alten eingesessenen Bauerngeschlechtern antrifft. Lars war der Führer der Bauern bei den Reichsständeversammlungen, erklärte mir einer der Herren.

Das Mahl wurde fröhlich eingenommen, nachdem der Hausherr und hier nicht der König das Gebet gesprochen hatte. Es gefiel mir in dem hellen sauberen Bauernhaus besser als in dem düsteren Stockholmer Schloß. Und hell und sonnüberglänzt war auch unser Heimritt nach Uppsala.

Gustav Adolf musterte mich mehrmals von der Seite. Es schienen gute, fröhliche Gedanken zu sein, die ihn dabei bewegten. »Nun ist unsere gemeinsame Reise zu Ende«, sagte er bei der Abendtafel. »Ich muß morgen Oxenstierna zu den Friedensverhandlungen und danach zu den Kampfhandlungen folgen.« Er sah durchaus nicht betrübt dabei aus, und ich folgerte daraus, daß er jetzt übergenug von meiner Begleitung hatte.

»So werde ich mich heute abend schon von Eurer Majestät verabschieden müssen«, sagte ich förmlich.

»Das werdet Ihr nicht, lieber Vetter«, erwiderte er, und in seinen Augen blitzte wieder das Wasa-Feuer, ein lustiges, wärmendes und leuchtendes Freudenfeuer schien es mir. »Ihr werdet meine geliebte Schwester Katharina nicht im Stich lassen. Trotz ihres Hofstaates hat sie sich immer einsam gefühlt. In Euch hat sie dann wirklich einen Verwandten gefunden, einen, der sie versteht und den sie versteht, der mit ihr auch im Glauben an unseren gemeinsamen Herrn Jesus Christus eins ist. Das war bisher schwer, solch einen Mann zu finden. Und wer es mit ihr wagen will, hat es auch nicht leicht. Sie heißt Katharina wie Luthers Ehegemahl, und er hat sie oft Herr Käthe genannt. Aber Ihr werdet bei unserer Katharina so wohl aufgehoben sein wie unser Martin Luther bei der seinen. Des seid Ihr auch gewiß. Eure Gesinnung kenne ich, lieber Vetter. Eure Augen können nicht lügen oder etwas verbergen. Mit Katharina habe ich gesprochen. Ich habe vor meiner Abreise nicht mehr Zeit zum großen Feiern.«

Er stand auf, und ihm folgend erhoben sich alle Anwesenden.

Gustav Adolf aber strahlte wie ein glückliches Kind. »Kommt her, geliebte Schwester, geliebter Vetter!« befahl er.

Ich weiß nicht, wie mich meine Füße zu ihm trugen. Es brauste in meinem Kopf, dröhnte in meinen Ohren. Doch dann schaute ich auf, blickte in Katharinas Gesicht.

Es war nicht kühl, abweisend und überlegen, wie es die meisten kannten. Es war warm, weich und leicht errötet. Doch sie sah nicht wie ein schüchtern errötendes Mägdlein zu Boden, sondern ihre Augen waren fest auf mich gerichtet, und während wir uns auf Gustav Adolfs Geheiß die Hände reichten, war in ihnen ein unerschütterliches Vertrauen, das Versprechen eines gemeinsamen Weges in guten und bösen Tagen unter dem Schutz und der Leitung unseres Herrn.

Ich danke dir dafür heute noch, Katharina, meine Herrin, meine geliebte Frau Katharina.

Stockholmer Hochzeit

In der Zeit der hellen Nächte hatten Katharina und ich uns kennengelernt. In der Zeit der hellen Nächte feierten wir Hochzeit. Der Termin für dieses Fest war länger hinausgeschoben worden, als ich gedacht hatte. Ich hatte in dieser Wartezeit jedoch nicht müßig gesessen und die Gastlichkeit des schwedischen Hofes genossen. Ich habe wohl mehr gearbeitet als die Kammerherren, die wirklich nicht allzuviel zu tun hatten. Gustav Adolf hatte mir großes Vertrauen geschenkt, hatte mir, während Oxenstierna wegen der Verhandlung mit Rußland und den polnischen Zwistigkeiten noch fern war, mancherlei Einblick in die Finanzen, die Rüstungen, die Heer- und Flottenstärke und andere Teile der Staatsführung gegeben. Ich war sein fast ständiger Begleiter geworden, und als er zu Oxenstierna abreiste, fand er mich würdig, während seiner Abwesenheit ihn in mancherlei Obliegenheiten zu vertreten. Ich besichtigte in seinem Auftrag die Königlichen Hammerschmieden, die Eisen- und Silberbergwerke, die Kupferminen, die Schmelzöfen, die Gießereien und die Waffenschmieden, alles, was dem Land den Rückhalt für eine Bewaffnung gab, ob es sich nun um Hellebarden, Helme, Schwerter für das Fußvolk, wie auch Hufeisen für die Pferde, wie die gesamte Ausrüstung der Reiter handelte.

Ich war oft wochenlang unterwegs, wurde auf manchen Bauernhöfen und Edelsitzen eingeladen. Die Tage eilten in der belebend frischen Luft dahin, und ich war so froh und voller Tatenlust, daß ich auch spät abends noch keine Müdigkeit verspürte. Ich wollte mich des Vertrauens des Königs würdig erweisen.

Doch die Tage der hellen Nächte, der Herbst waren rasch vergangen. »Als flögen wir davon«, sagte ich das Psalmwort eines Abends zu Katharina.

Sie lächelte. »Wir beide werden auch auf andere Weise davonfliegen«, meinte sie. »Hoffentlich erschreckt dich der nordische Winter nicht zu sehr. So innig ich Schweden liebe, so lebt doch auch in mir die Sehnsucht der Nordländer, die Insel Thule in Schnee, Eis und

Nebel hinter mir zu lassen und mit dem Schiff gen Süden zu fahren. Und noch mehr möchte ich hinter mir lassen«, fügte sie leise hinzu.

Ich wollte es nicht zugeben, aber dieser endlose dunkle Winter mit seinen Schneemassen, die einen von der nächsten Umwelt abschnitten, flößten mir doch Schrecken ein. Er war um so schwerer zu ertragen in den kalten düsteren Sälen, den langen winddurchtosten Gängen des Schlosses, das trotz der Mengen Holz, die aus den riesigen Wäldern hergebracht und in den Kaminen verheizt wurden, nichts von Wärme und Behagen, von Geborgenheit aufwies. Zum Glück hatte mir Gustav Adolf, der den Winter über gleichfalls in Stockholm weilte, andere Arbeit zugewiesen, die mich befriedigte und ablenkte. Ich war so eine Art Geheimkanzlist bei ihm geworden und wurde dadurch immer mehr mit den Staatsgeschäften vertraut. Ich war tief befriedigt, daß er mich so seines Vertrauens würdigte. Nur störte mich, daß Oxenstierna auch zurückgekehrt war, sich zwar recht höflich und wohlwollend gegen mich erwies. Aber gerade dieses Wohlwollen war von solch herablassender, ironischer Art, daß ich es fast demütigend empfand. Zugleich hatten seine Blicke so etwas Lauerndes, Abschätzendes. Ob er in mir als dem Verwandten und Vertrauten des jungen Königs einen Rivalen fürchtete? Ich merkte ja, wie er ihn noch so sehr beherrschte, wirklich, wie man mir einmal erklärt hatte, sein Schatten war.

Wenn er anwesend gewesen wäre, so hätte an jenem fröhlichen Abend Gustav Adolf Katharinas und meine Hände nicht ineinander gelegt, und ich selber hätte niemals gewagt, darum zu bitten.

Oder war das auch nach Oxenstiernas Plan geschehen? Wollte er die energische kluge Schwester des Königs als Ratgeberin des Bruders entfernen?

Er war es auch, der mich mit seinem gnädigen und mich so überheblich dünkenden Lächeln eines Tages fragte, ob ich meiner fürstlichen Familie schon meine Verlobung mit der königlichen Hoheit Prinzessin Katharina mitgeteilt hätte und ob mir darauf schon deren Freude darüber kundgetan worden wäre. Als drittes wollte er wissen, ob ich meinen ältesten fürstlichen Bruder, den Herzog Johann von Pfalz-Zweibrücken, gebeten hätte, meinen zukünftigen Wohnsitz einer Königstochter entsprechend gebührend herrichten zu lassen. Dieser Fuchs wußte doch selbstverständlich, daß mir nur Neu-Kastell als Erbe zugesprochen war und daß dieser auf Bergeshöhe liegende burgartige Bau eher als Ruine wie als Schloß zu bezeichnen war.

Wollte er meiner und meiner Armut nur spotten? Doch – ich will nicht ungerecht sein, nicht in meinen letzten Tagen meines irdischen Pilgerlaufs den Splitter in meines Bruders Auge sehen und des Balkens im eigenen Auge nicht gewahr werden.

Doch es fällt schwer, wenn wir uns auch bemühen, unserem Herrn nachzufolgen, schweigend Anfeindungen zu erdulden und wie er nicht wiederzuschelten, wenn man gescholten wird. Ich habe nach Gustav Adolfs frühem Tod viel gehässige Angriffe Oxenstiernas hinnehmen müssen und habe nicht immer sanftmütig stillgehalten. Doch in jenen Tagen meiner Brautschaft mag er vielleicht – vielleicht seine Anfragen nicht böse gemeint und nur das Wohl Katharinas im Auge gehabt haben, um sie besorgt gewesen sein. Dagegen spricht allerdings, daß er es später war, der mit allen Einwänden und Mitteln verhinderte, daß Katharinas reicher Brautschatz mir nach der Hochzeit voll ausbezahlt wurde. Wegen dieser Äußerungen Oxenstiernas erschrak ich insgeheim, als Katharina mir so harmlos sagte, wie sie sich auf die Fahrt gen Süden freute. Ob sie sich nicht erst recht erschrecken würde, wenn sie das halbverfallene Neu-Kastell erblickte? Ich hatte zwar ihr sowohl wie ihrem königlichen Bruder von Anfang klargemacht, daß ich an irdischen Gütern ein Habenichts wäre und nach meinem kindlichen Glauben nur zwei Schätze besäße, mich selbst und Gott.

Ich habe auf Oxenstiernas Bemerkungen es Katharina noch einmal sehr ernst und eindringlich vor Augen gestellt, in welch armselige Verhältnisse sie einheirate und ich ihrer durchaus nicht würdig wäre. Doch sie hat zuerst gelacht und geantwortet, sie wollte ja nicht eine Burgruine ehelichen, sondern mich, und ich wäre ihr gut genug.

Dann war sie ernst geworden und hatte mich gefragt, ob ich sie so niedrig einschätzte, daß ich annähme, daß sie Geld und Gut über den Menschen stellte, und was unsere Bleibe in meiner Heimat beträfe, so lege sie auch das in Gottes Hand und hielte sich an des Herrn Wort: »Sorget nichts!« Trotzdem – wenn ich mich auch schämte, es ihr, meiner Vertrautesten, einzugestehen, war ich etwas bekümmert.

Gustav Adolf tat meine Bedenken, die er wohl bemerkte, lachend mit einer Handbewegung ab: »Ihr könnt doch in einem Flügel des Schlosses Drei Kronen wohnen, und wenn Ihr nicht Gast Eures königlichen Bruders und Schwagers sein mögt, sondern völlig Euer eigener Herr sein wollt, so siedelt in eins der Krongüter, die der schwedischen Krone und somit auch Katharina zu eigen sind, nach Schloß Skenäs oder Braborg, Rönö oder dorthin, wo Katharina geboren ist, nach Stegeborg über! Wenn Ihr damit nicht genug Wohnraum habt!«

Ich hielt ihm dagegen, daß Katharina unbedingt mit in mein Land folgen möchte.

»Nun gut«, meinte er darauf, »was Katharina will, das will sie. Laß sie sich deine Heimat einmal nach Eurer Hochzeit anschauen, und dann kehrt zurück. Du weißt, wie gerne ich Euch hier habe und wie nötig du mir auch mit deiner Arbeitskraft und Umsicht bist.«

Ich freute mich über seine herzlichen Worte, aber ich schrieb doch, sobald der Winter so weit gebrochen war, daß wenigstens ein Kurier ohne Lebensgefahr die Ostseefahrt unternehmen konnte, nochmals an meinen Bruder Johann und trug ihm meine Sorge vor.

Er antwortete mir überaus höflich und freundlich, er möchte mir davon abraten, Neu-Kastell wieder aufzubauen. Es würde große Summen benötigen, und außerdem schiene die Zeit vorüber, da die Ritter hoch auf den Bergen thronten. Er schlüge vor, in Meisenheim, wo die Erbgrabstätten unserer Vorfahren sind, zuerst Station zu machen. Für meine Mutter wäre dort der Magdalenenbau dem alten Schloß angefügt worden. So ungemütlich wäre der alte Bau aber durchaus nicht. Das hätte sich die Frau Mutter nur eingeredet. Er, Johann, wollte einen Teil davon für uns herrichten lassen. Von dort aus könnten wir ringsum die Gegend bereisen und uns den rechten Platz für einen dauernden Wohnsitz aussuchen. Katharina, der ich diesen Brief zu lesen gab, war mit den Vorschlägen recht zufrieden, wenn wir uns danach auch noch etwas mit der Hochzeit gedulden mußten.

Sie scherzte: »Nein, eine Ritterdame einsam hoch oben auf dem Berge will ich nicht werden, ich will unter die Menschen des Tales.«

»Du kannst aber in die Meisenheimer Enge keinen großen Hofstaat mitführen. Was werden die schwedischen Adeligen die Nase rümpfen«, gab ich zu bedenken.

Sie lachte wieder.

»Das will ich auch nicht«, versicherte sie. »Weißt du nicht, daß eine Prinzessin, die nach Frankreich heiratet, an der Grenze ihre heimatliche Begleitung zurücklassen muß. So halte ich es auch und will sogar dafür nicht einen neuen Schwanz von Ehrenjungfrauen aus deinem Lande eintauschen!«

Am 11. Juni 1615 war unsere Hochzeit. Zu meiner großen Genugtuung waren ein groß Teil der protestantischen deutschen Fürsten der Einladung gefolgt.

Unter gewaltiger Prachtentfaltung an Kleidern, Wagen und Teppichen, wie sie der schwedischen Königstochter zustanden, setzte sich der lange Zug in Bewegung zum nahen Dom. Die Glocken läuteten, und Trompetenfanfaren schmetterten, als wir, das Brautpaar, und der Hof eintraten. Katharina und ich hätten gerne auf all diesen Pomp verzichtet, hätten uns nur in Gegenwart ihres geliebten Bruders vor Gott Treue gelobt und den Herrn Jesus Christus als Ersten in unseren Bund aufgenommen.

Doch das ging nicht an. Wir mußten uns dem Brauch fügen.

Für mich wäre eine schlichtere Hochzeit wohl noch eher möglich gewesen, nicht aber für die Tochter eines Königs, die Schwester eines Königs wie Gustav Adolf.

Nach der Trauung und dem anschließenden Galaessen fing die eigentliche Festzeit erst richtig an. Die Gäste, die zum großen Teil von weither gekommen waren, durften doch nicht sogleich wieder heimkehren. Sie mußten sich von den Strapazen der beschwerlichen Reise erholen. Ich bezweifle, ob diese Feiern, bei denen immer eine die andere ablöste, wirklich dazu dienen konnten, neue Kräfte zu sammeln.

Wir, das Brautpaar, das den Mittelpunkt bildete, durften bei keiner Veranstaltung fehlen, und wenn wir auch nur einen Ehrentanz zu Beginn irgendeiner Lustbarkeit schritten oder aufmerksam einem Konzert lauschten.

Unsere Verpflichtungen nahmen kein Ende. Es folgten Einladungen zu angesehenen Bürgern und Bauern wie auf die im ganzen Land verstreuten Schlösser der Adeligen.

Bis in den hohen Norden hinauf mußten wir reisen und dort die Glückwünsche der Lappen entgegennehmen, die vor allem der Königstochter und Königsschwester galten.

Allenthalben gab es zudem noch Geschenke, sogar von den Bergleuten und Hammerschmieden, den Eisengießern. Oft konnte der Wagen die Erinnerungsstücke kaum fassen, die Katharina mit in die neue Heimat nehmen sollte. Darüber wurde es Herbst. Mit großer Gewalt brach der Winter ein, und ich mußte notgedrungen Gustav Adolf recht geben, der hochbefriedigt meinte, daß wir unmöglich in dieser Witterung die weite Reise antreten könnten. Hatten doch schon wieder, wie fast in jedem Jahr, sechs Männer, die es kühn gewagt hatten, mit einem Boot von Finnland nach der Insel Öland Nachrichten und Vorräte zu überbringen, im Packeis den Tod gefunden.

So erlebte ich noch einmal diesen grausamen kalten und finstern nordischen Winter, der kein Ende zu nehmen scheint. Wir verbrachten ihn nicht in einem unserer Schlösser, obwohl wir uns dort heimischer fühlten. Ich wollte nicht nur als Schwager des Königs, als Faulenzer leben, und um dem König als geheimer Kanzlist dienlich sein zu können, mußte ich in Stockholm wohnen, da ich bei dieser Schneemasse kaum täglich oder auch nur wenigstens zweimal wöchentlich hätte bis zur Königsstadt durchkommen können. Gustav Adolf hatte uns im Schloß Drei Kronen einen Flügel zur Verfügung gestellt, den Teil des großen Baus sogar, der Katharina noch der freundlichste und hellste dünkte. Ich fühlte mich wirklich wohl darin. Das kam daher, weil Katharina verstand, diese Räume, die ihr nun ganz zu eigen sein sollten, in fraulicher Art gemütlich zu gestalten, das nüchterne Kahle, die Kälte durch buntgewebte Wandbehänge, durch Teppiche, Kissen und guten echt schwedischen Hausrat daraus vertrieb. Vor allem aber, weil wir beiden endlich einmal Stunden uns allein gehörten, daß ich zum erstenmal in meinem Leben einen Menschen bei mir hatte, der mich mit warmer Liebe umgab und den ich natürlich auch in mein Herz geschlossen hatte. Wir waren wirklich ein glückliches junges Ehepaar und vergaßen nicht, daß wir den Herrn in unsern Bund aufgenommen hatten.

Ich wagte Katharina nicht zu sagen, daß für mich in diesem goldenen Becher des Glücks ein Wermuttropfen enthalten war. Nicht, daß ich ihr nicht vertraute, daß sie nicht wirklich mein »vertrautes Weib« war. Doch ihr blauer Himmel sollte nicht auch nur durch das geringste Wölkchen getrübt werden.

Ich wußte damals schon, daß mein lebenslanger Gegner (Feind möchte ich nicht schreiben) Oxenstierna war. Ich erkannte eher als die andern (und Gustav Adolf hat es nie erkannt, erst seine junge Tochter nach seinem Tode) wie sehr er nach Macht gierte. Er fürchtete in mir den Rivalen; je herzlicher des Königs Verhältnis zu mir wurde, um so mehr. Er war, so oft wir zusammen waren, von großer Freundlichkeit. Ich war immerhin des Königs naher Verwandter und konnte immer größeren Einfluß auf ihn gewinnen. Doch aus seinen harten Augen blickte keine Freundlichkeit, sondern ein Gefühl, das mir eher wie Abneigung, ja zuweilen beinahe wie Haß erschien. Seiner geheimen Wühlarbeit hatte ich wohl zu verdanken – wenn man dabei von Danken reden kann –, daß manche der schwedischen Adligen nicht mehr so herzlich freundschaftlich zu mir waren. Daß man hinter meinem Rücken, wie mir natürlich – wie es an Fürstenhöfen üblich ist – zugetragen wurde, mich als »Pfälzer«, als »Calvinist« schalt. Beides stimmt ja, aber keines, weder die verschiedene Nationalität noch die verschiedene Religionsbezeichnung, hat unsere Ehe gestört, wußten wir uns doch als Kinder eines Vaters, als Jünger eines Herrn.

Ich hatte monatelang angenommen, Katharina ahnte nichts davon. Doch wie feinfühlend sind Frauen! Eines Abends, als ich nach einer Zusammenarbeit mit Gustav Adolf und Oxenstierna am Fenster saß und in das Schneetreiben starrte, strich sie mir lächelnd über den Kopf und sagte die Worte, die Gott zu Josua gesprochen hat: »Sei getrost und freudig. Laß dir nicht grauen und entsetze dich nicht; denn der Herr, dein Gott, ist mit dir.«

Ich faßte ihre Rechte und drückte sie. »Ja«, antwortete ich, »zwei Könige halten ihre Hand über uns, ein irdischer und der allmächtige, himmlische.«

Der Abschied

Die kältesten Nordstürme und die dunkelste, längste Winternacht nehmen einmal ein Ende. Damit habe ich mich in meinem Leben oft getröstet. So geschah es auch im Jahr 1617. Die Schneemassen hatten sich im März noch aufgetürmt. Doch dann kam der Tauwind. Die Bäche stürzten tosend und schäumend zu Tal. Die mächtigen Ströme brausten, vom Eise befreit, dahin, und der Frühling zog ein. Die weißen Birken mit ihrem zarten Blattwerk standen da wie junge Mädchen, die sich im Reigen wiegen wollten, und ringsum leuchtete das frische Grün, auf dem Festland wie auf den Schären.

»Fahre mir jetzt bal für immer hem (heim)?« fragte mich mein Heiner vertraulich.

»Nein«, antwortete ich lachend, »wir warten, bis mein königlicher Schwager zurückkehrt und der Friede mit Rußland endgültig geschlossen ist. Du weißt, daß er mich des großen Vertrauens gewürdigt hat, ihn solange zu vertreten und Reichsverweser zu sein. Du kannst dich inzwischen aber noch einmal mit deinem schwedischen Begleiter auf den Weg machen und den demnächstigen Frieden meinem Herrn Bruder vermelden. Du brauchst die Seereise oder vielmehr die Seekrankheit diesmal nicht zu fürchten, wenn ihr nur das Stückchen über den Sund fahrt und dann durch Dänemark reist. Ihr beiden werdet nicht verdächtig sein. Ich möcht's mit meiner Gemahlin nicht wagen. Wenn wir auch mit den Dänen Frieden geschlossen haben, so bleiben wir leider doch im Grunde noch Erbfeinde, und sie tun noch ihr möglichstes, uns Steine in den Weg zu werfen.«

»Na ja«, meinte Heiner, der mir mit der Zeit immer näher gekommen war, »wenn ich mit dem lustigen schwedischen Graf daherkomm, so vermutet keiner in uns was Besonderes, und dabei hat Euer Herr Bruder das letztemal, als wir ihm Nachricht brachten, noch gesagt, wir wären richtige Verbindungsmänner zwischen den protestantischen Fürsten und dem König Gustav Adolf. Na ja, eigentlich hat er das von Euch, Herr, gesagt, aber eigentlich bin ich's doch, der die Briefe ins Wams eingenäht herüberbringt.«

Jetzt lachte auch Katharina, die am Fenster saß und an einem zierlichen Kinderjäckchen strickte, hellauf.

»Ich komm so geschwind wie möglich zurück, Königliche Hoheit«, wandte sich Heiner an sie, »damit Eure Liebden noch im Sommer reisen kann. Das Friedensfest möcht ich halt auch noch in den hellen Nächten mitfeiern.«

»Das glaub ich dir gern«, meinte meine Gemahlin, »ich finde, du hast dir wenig daraus gemacht, daß deine Gret dir inzwischen untreu geworden ist.«

»Ja«, stimmte ich scherzend bei, »ich meine sogar, ich werde den Bernsteinschmuck, für den du für deine Gret in Stralsund die letzten Taler zusammenkratzen wolltest, bei einer andern Schönen hier prangen sehen. Aber ob eine schwedische Karin in unsere Pfälzer Heimat folgen würde?«

Heiner blinkte mir pfiffig zu. »Aus einer Karin kann eine Katharina werden«, antwortete er keck.

Und wir, auch meine so ernsthafte Katharina, lachten wieder alle drei.

Der Frieden mit Rußland wurde zu Stolbowa geschlossen. Es war ein großer Erfolg für Gustav Adolf oder – Oxenstierna. Rußland war von der Ostsee abgeschlossen. In den hellen Nächten wurde noch mehr gefeiert denn sonst. Die deutsche Union sandte ihre Glückwünsche. Gewiß kamen sie von Herzen. War doch nun die Hoffnung der protestantischen Fürsten noch größer, daß Gustav Adolf ihnen in der Not helfen, ihr Führer werden würde.

Der junge König, mein Schwager Gustav Adolf, war stolz und glücklich. Stolz und glücklich, als Herrscher, als Staatsmann, der soviel erreicht hatte. Ich war stolz und glücklich, weil er voll des Lobes über meine Tätigkeit während seiner Abwesenheit war und auch der mächtige Oxenstierna mir seine Anerkennung nicht versagte, wenn auch, wie mir vielleicht nur schien, mit dem mir schon bekannten ironischen Herabziehen seiner Mundwinkel. Katharina freute sich mit mir. Aber auf unser beider Gesicht lag – andern kaum merklich – ein Schatten.

Gustav Adolf ritt oft alleine fort und kam mit einem Strahlen seiner großen leuchtenden Wasa-Augen zurück. Doch plötzlich verdunkelten sie sich. Er wandte sich ab, ging zum Fenster, starrte hinaus in die helle Nacht. Dann blickte mich Katharina an, und auch ihre Augen waren ernst und verständnisvoll. Wir wußten, was ihn bewegte. Er hatte Ebba Brahe besucht, diese so schöne liebenswerte Frau, seine einzige und große Liebe. Warum sollte er auf sie verzichten? Oxenstierna und Gustav Adolfs Mutter träumten davon, ach nein, sie strebten danach, daß Schweden eine anerkannte Großmacht würde und sein Herrscher sich mit einer Tochter eines regierenden Hauses vermählen müßte.

»Warum nur?« habe ich Katharina oft gefragt.

»Weil ein König verzichten muß«, hat sie darauf geantwortet und die Lippen zusammengebissen, ehe sie fortfuhr: »Wir sind nicht an einem französischen oder ihm knechtisch nacheifernden Hof, wo ein König noch andere Frauen neben der eigenen liebt, und das vor aller Welt Augen. Wenn Gustav Adolf eine Ehe eingeht, wird er auch einer ungeliebten Gemahlin treu sein, und es wird keine Ebba Brahe mehr für ihn geben.«

»Man kann Liebe nicht aus dem Herzen reißen«, hatte ich widersprochen.

»Nein«, hatte sie zugegeben, »aber man kann sie einsargen. Nur nachts, wenn man träumt, steht sie wohl noch einmal auf. Doch davor möge ihn der Herr behüten, und das Gebet hilft ihm dabei.«

Sie sprach oft herb, meine Katharina, aber ihr Herz war warm und mütterlich, und ich war gerade um dieser Mütterlichkeit willen, die ich bisher nie gekannt hatte und bei ihr, der fünf Jahre älteren, fand, glücklich mit ihr, gemeinsam glücklich mit ihr, gemeinsam glücklich mit unseren Töchterlein, die uns geboren, geschenkt worden waren. Doch auch auf diesem Glück lag ein leiser Schatten.

Und so sang und tanzte und jubelte das Volk Schwedens, und sein König trug ein geheimes Leid, und mit ihm seine Schwester, die ihm näherstand als seine Mutter Christine, die ich kaum kennenlernte, da sie sich von allem Hofleben nach Schloß Gripsholm zurückgezogen hatte und mich nur kühl empfangen und sich dann meiner kaum noch erinnert hatte.

Wenn ich zurückdenke, so sehe ich immer noch die farbenprächtigen Bilder dieses Sommers vor mir, die weißen Birken, das lichte Grün, die leuchtend bunten Kleider und Kopftücher der Tanzenden. Und dazu erklangen die jubelnden Geigen, die wohl jeder Schwede zu spielen weiß. Später habe ich noch oft diese hellen Nächte erlebt. Aber es war während des langen Krieges, der zwar nicht in Schweden ausgefochten wurde, aber schwedisches Blut kostete. Darum kam nicht mehr diese ausgelassene Freude auf. Selbstverständlich mußten Katharina und ich den Dankgottesdiensten und Feiern beiwohnen.

Darüber verging die Zeit, und eines Tages sagte mein Heiner ein wenig, aber nur ein wenig betrübt zu mir: »Ich mein halt, Herr, dies Jahr wird es wieder nichts mehr mit der Heimreis'. Im Winter werdet Ihr mit Eurer königlichen Gemahlin und den Mägdlein nicht reisen wollen.«

»Aber nächstes Jahr hält uns nichts mehr auf«, tröstete ich ihn.

Ich behielt recht, wir verließen im nächsten Jahr Schweden. Aber Heiner hatte sich geirrt, wir reisten im Winter, am 16. Januar 1618. Ich hatte noch Anfang Dezember keine Ahnung davon gehabt. Katharina war ganz und gar in die Vorbereitungen für Weihnachten eingespannt. Dies Fest, noch von heidnischen Urzeiten her auch Julfest genannt, bestand im Nordland vor allem in ganz ungeheuren Schmausereien. In den kärglichsten Hütten wie in den wohlhabenden Bauernhöfen, bei Bürgern, Adligen und auch im Königsschloß brachen die Tische fast unter all dem Eßbaren, was jedem Besucher angeboten wurde. Ich staunte, was solch ein schwedischer Magen alles in sich aufnehmen und vertragen konnte. Natürlich mußte dafür wochenlang vorher gesorgt werden. Es wurde geschlachtet, geräuchert, gebacken, gekocht, als müßte eine ganze Armee verproviantiert werden, und dann kamen riesige Braten von Schwein, Rind, Schaf auf die Tische, ganze Bärenschinken, gedörrtes Elchfleisch, Geflügel, und dazu alle möglichen Sorten von Brot, Kuchen, Käse, Eingemachtem. Ach, ich kann gar nicht alles aufzählen, was da alljährlich dargeboten und immer wieder neu aufgetragen wird.

An diesen Tagen ist eine Festlichkeit im ganzen Lande, die sich bis zur Ausgelassenheit steigert. Mir scheint, auch diese Freude rührt noch aus grauer Vorzeit her, als man in diesen dunklen Winternächten die Sonnenwende feierte, womit sich die Erde wieder zur Zeit des Lichtes hinüberneigt. Doch es ward auch nicht vergessen, daß dieser Tag für uns Christen die Geburt unseres Herrn bedeutet. Die Gottesdienste, vor allem die Christvesper, füllten die Dome und Kirchen bis in den letzten Winkel. Katharina hatte mir in diesen Wochen einen recht müden, fast traurigen Eindruck gemacht. Sie war ja nie ein Mensch lauten Übermutes, aber sie konnte sich so recht von Herzen freuen und liebte – auch in ihrer Kleidung – helle, lichte Farben. Ich fürchtete, sie übernahm sich in all ihrer Geschäftigkeit, wobei sie nicht nur anordnete, sondern wacker mit zugriff.

Ich versuchte ihren Eifer zu bremsen und sagte ihr an einem späten Abend, als wir endlich allein waren, daß ich mir Sorge um sie machte und sie sich doch schonen möchte. Ich bat sie inständig darum, weil wir doch zu unserer Freude unsern ersten Sohn im kommenden Frühjahr erwarteten. Daß es ein Sohn sein würde, nahm sie mit aller Bestimmtheit an. Da Katharina schon über dreißig Jahre alt war, hatte ich beinahe die Hoffnung auf einen Sohn aufgegeben und mich in des Herrn Willen geschickt. Nun, er hat uns noch mehr als ein Kind geschenkt und mehr als eins wieder zu sich geholt. Doch »der Herr hat's gegeben, der Herr hat's genommen; der Name des Herrn sei gelobt«. An denen, die er uns hier auf Erden ließ, haben wir viel Freude erleben dürfen. Katharina beruhigte mich in jener Nacht. Nein, sie fühle sich körperlich wohl, und Bewegung schade einer werdenden Mutter nicht. Im Gegenteil! Es wäre ihr zuträglich.

Doch dann gab sie zu, daß sie etwas anderes bekümmerte. Ich sah dabei im flackernden Kerzenlicht, daß Tränen in ihren schönen Wasa-Augen blitzten. Das war ich bei ihrer so beruhigenden Gelassenheit erst recht nicht gewohnt und war darum nun noch besorgter, drang auch sehr, bis sie sich mir anvertraute.

»*Du* mußt es Gustav Adolf sagen«, bat sie weinend, »ich bringe es nicht übers Herz. Seine strahlende Fröhlichkeit ist sowieso schon überschattet. Das weißt du so gut wie ich.«

Ja, ich wußte es: seine Mutter Christine und der mächtige Oxenstierna drängten auf seine Vermählung mit einer fürstlichen Prinzessin, und um dem betreffenden Herrscherhaus jeden Zweifel an seiner ehelichen Treue zu nehmen, sollte seine einzige große Liebe, Ebba Brahe, vorher verheiratet werden.

Bekam sie nicht den ersten, schönsten und tapfersten Mann Schwedens, so sollte sie immerhin den Zweitbesten, Schönsten, Tapfersten und sogar auch Reichsten ehelichen, den Grundbesitzer und Connétable von Schweden, Jakob de la Gardie, dessen Vater Pontue de la Gardie aus Frankreich stammte und mit seiner Schönheit und gallischen Geschmeidigkeit einst das Herz Sigrids, der Tochter König Johanns, gewonnen hatte.

Der seinem Vater gleichende dunkelhaarige Halbfranzose sollte Ebba Ersatz für die helle strahlende Unwiderstehlichkeit des blonden blauäugigen Gustav Adolf sein. Nun, immerhin hat sie ihm später 14 Kinder geboren. Und wenn sie nicht mit ihrem Gatten glücklich war, so wird auch ihr das Wort des Apostels Paulus gelten: »Sie wird aber selig werden dadurch, daß sie Kinder zur Welt bringt, wenn sie bleiben im Glauben und in der Liebe und in der Heiligung samt der Zucht.« Damals jedoch tat sie mir ob dieses schmerzlichen Verzichts von Herzen leid, und ich fragte darum Katharina in jener Nacht vorsichtig: »Möchtest du nicht, wozu du bei unserem Hierverweilen verpflichtet wärst, an Ebbas Hochzeit teilnehmen?«

»Und danach an der Seinen«, stieß sie hervor, fügte dann aber hinzu: »Doch das ist nicht der Hauptgrund, warum ich mit dir fortziehen will. Und ich finde nicht die rechten Worte, es ihm zu sagen.«

»Du?« staunte ich, »die man allgemein als kluge, energische, geistreiche Frau bezeichnet?«

»Du hast als mein Ehegemahl eigentlich zu bestimmen, daß wir in deine Heimat umsiedeln«, erklärte sie, »und er und niemand braucht zu wissen, daß es mir das Herz bricht, ihm noch mehr Kummer zu bereiten, als er jetzt schon hat, er, der strahlende junge Mann! Und außerdem«, setzte sie noch leiser hinzu, »geht es im Grunde dich an, bist du der Grund.«

Nun war ich noch emsiger darauf aus, von ihr alles zu erfahren. Dicht an meinem Ohr raunte sie es mir zu, oft mit langen Unterbrechungen, so schwer fiel ihr, auch mich damit zu kränken. Doch Mann und Frau gehören zusammen, tragen Lust und Leid miteinander und werden dadurch den gemeinsamen Weg zum gemeinsamen Herrn finden.

Wir entschlossen uns schweren Herzens, am nächsten Tag Gustav Adolf unseren Entschluß mitzuteilen, und baten, bevor wir einschliefen, daß uns dafür die rechten Worte und vom König das rechte Verständnis geschenkt würde.

Gustav Adolf hatte von seinem Großvater eine gesunde Gewohnheit übernommen, die auch sein tüchtiger und besonnener Vater gepflegt hatte. Mochte der Tag noch so anstrengend und unruhig gewesen sein, so bestimmte er doch die letzte Stunde oder auch nur halbe Stunde nach der gemeinsamen Abendandacht vor dem Schlafengehen zu einer harmlosen Entspannung allein oder im engsten Kreis, der vor allem aus Katharina und mir bestand. Politik, Staatsgeschäfte durften dabei nicht berührt werden. Er verstand es, mit geübter Willenskraft alle Sorgen hinter sich zu werfen, um sie dann beim ersten Morgenschein wieder aufzuheben oder, wie er einmal äußerte, bei dem zu lassen, auf den man sie als wahrer Christ werfen sollte.

Und nun wollte ich ihm an diesem Abend mit einer Sorge kommen oder wenigstens einer Unannehmlichkeit. Er selber half mir zu einem guten Anfang. Er lehnte sich behaglich in seinem Sessel zurück und forderte mich auf: »Erzähle etwas, Johann Casimir! Ich sah dich in letzter Zeit häufig sehr angeregt und interessiert in Büchern und Schriften studieren, die man dir aus Deutschland gesandt hatte. Wovon handelten sie? Wer hat sie geschrieben?«

»Ein Mann, der unser Weltbild völlig verändert hat«, antwortete ich geradezu begeistert.

»Gottlob hat er nicht wie sein großer Vorgänger Galilei seine Erkenntnisse, unter anderem daß sich die Erde um die Sonne dreht, wider besseres Wissen und Gewissen widerrufen müssen, ist nicht vor die kirchliche Inquisition und in den Kerker gekommen. Im Gegenteil! Die schlausten und wohl auch ränkevollsten aller katholischen Mönche, die Jesuiten, erlaubten ihm die Rückkehr nach Graz, aus dem er als Protestant ausgewiesen worden war. Sie erkannten den hohen Wert seines Wissens.«

»Berichte nur mehr von ihm!« befahl Gustav Adolf, der sich für alles Neue interessierte, nicht aus Neugier, sondern aus Wißbegier.

»Kepler ist sein Name, er war württembergischer Theologe«, fuhr ich fort. »Er ist von Gott andere Wege geleitet worden. Er schrieb selber darüber: ›Ein Gottesgelehrter wollte ich werden. Lange habe ich mich abgemüht. Siehe, da wird Gott durch meine Arbeit auch in der Astronomie verherrlicht. Ohne den Geist Gottes die großen Geheimnisse der Natur und die bewunderswürdigen Werke der Schöpfung zu erkunden, ist größter Wahnsinn!‹ Er blieb auch als Naturwissenschaftler ein protestantischer Christ. Den Jesuiten gelang es trotz aller feinen Überredungskünste und Versprechungen nicht, ihn zum Abfall von seinem evangelischen Glauben zu bewegen.

Er schrieb an einen katholischen Freund: ›Mit der Religion ist es mir ernst. Ich treibe kein Spiel mit ihr. Heucheln habe ich nicht gelernt.‹ Und darin steht mir dieser bewunderswerte Mann so nahe. Ich könnte nicht wie manche Fürstlichkeiten meinen Glauben wechseln wie ein Hemd. Und so werde auch ich wie er Verfolgungen auf mich nehmen, falls man mich als Calvinist beschuldigt.«

»Wie kommst du dazu? Gleich kommenden Sonntag werde ich hier im Dom über das Wort Galater 3, 28 predigen lassen, das Katharina und du euch als Trauspruch ausgewählt hattet: ›Hier ist nicht Jude noch Grieche, hier ist nicht Knecht noch Freier, hier ist nicht Mann noch Weib; denn ihr seid allzumal einer in Christus Jesus.‹ Doch erzähle weiter von diesem großen Mann!«

Ich zögerte. Kamen wir nicht von dem ab, was ich dem König auf diesem Umweg beibringen wollte? Doch gehorsam fuhr ich fort: »Er hat herrliche Werke geschrieben, nicht bloß als Astronom. Unsere Kinder, die uns Gott geschenkt hat, werden wir nach seiner voriges Jahr erschienenen Schrift erziehen: ›Unterricht vom heiligen Sakrament des Leibes und Blutes Jesu Christi, unseres Erlösers, für meine Kinder, Hausgesind und Angehörigen.‹ Trotzdem er immer berühmter wurde, versagte man ihm vom württembergischen Landesherrn und von andern zuständigen Stellen auf seine Bitte die Rückkehr in die Heimat als einem ›verschlagenen Calvinisten‹. Hört, Herr, wie wunderbar er mit einem Hymnus sein soeben erschienenes Werk beschließt.«

Ich holte eilig ein Buch herbei und las daraus vor: »Groß ist unser Herr, und groß ist seine Macht, und seine Weisheit hat kein Ende. Lobet ihn, Sonne, Mond und Planeten, in welcher Sprache immer euer Loblied erklingen mag. Lobt ihn, ihr himmlischen Harmonien, und auch ihr, die Zeugen und Bestätiger seiner enthüllten Wahrheiten . . . Und du, meine Seele, singe, singe, singe die Ehre des Herrn dein Leben lang. Von ihm, durch ihn und zu ihm sind alle Dinge, die sichtbaren und die unsichtbaren. Ihm allein sei Ehre und Ruhm von Ewigkeit zu Ewigkeit. Amen.«

Wir schwiegen danach alle drei ergriffen.

Gustav Adolf hatte die Hände gefaltet. Nach einer Weile sagte er langsam: »Das ist wahrlich ein verehrungswürdiger Mann.«

Ich hatte fast vergessen, worauf ich hinaus wollte. Nun hakte ich wieder ein. »Und trotzdem hat ihm der evangelische Pfarrer von Linz, wo er später wohnte, das heilige Abendmahl verweigert, weil er ein Reformierter war, die Lehre des Schweizer Calvin angenommen hatte. Da dieser Pfarrer auch ein Württemberger war, richtete sich Kepler in seinem Schmerz an das Stuttgarter Konsistorium und bat, diesen Ausschluß aufzuheben. Auch diese protestantischen Christen lehnten ab und schalten den großen Gelehrten und aufrichtigen Protestanten als Schwindelhirnlein, Letzköpflin und Calvinisten‹. Ergeht es mir hier nicht ähnlich?«

Gustav Adolf richtete sich jäh auf. Oh, was war aus unserer geruhsamen Abendstunde geworden! Die ungestüme Wildheit der Wasa sprühte aus seinen Augen. »Wer sollte das wagen?«

»Vor Euren Ohren nicht«, entgegnete ich. »Auch mir sagt man es nicht geradeaus ins Gesicht. Aber immer häufiger wird es Katharina zugetragen. Sie weiß, wer der Urheber ist, aber drängt sie nicht, es Euch zu verraten. Sie will keinen größeren Unfrieden heraufbeschwören. Und Ihr kennt Eure Schwester. Gegen ihren Willen kommt keiner an.«

Gustav Adolf lächelte ein wenig und nickte zustimmend.

Doch sogleich wurde er wieder ernst. »Und was wollt Ihr oder was soll ich dagegen tun?« fragte er.

Nun begann Katharina zu reden. »Es ist nicht nur, daß man Johann

Casimir als Calvinisten schilt. Man spottet auch darüber, daß er bei Euch untergeschlüpft sei und wir von Euren Gnaden lebten.«

Ihr Bruder schlug auf den Tisch. »Johann Casimir hat für mich mehr geleistet, als ich ihm je bezahlen kann, und ich bin fest überzeugt, daß er mir auch weiter von großem Nutzen sein kann.«

»Sobald Ihr meiner schwachen Hilfe bedürft, zu jeder Zeit, da Ihr mich ruft«, versicherte ich, »doch nun erfüllt Katharinas Wunsch! Ihr wißt, wenn Frauen in ihrem gesegneten Zustand sind, muß man immer besonders nachgeben. Laßt uns wenigstens, solange ich Euch nicht in besonderem Maße dienen kann, ziehen.«

»Ich habe bisher jeden der meist so bescheidenen und vernünftigen Wünsche meiner geliebten Schwester erfüllt«, entgegnete der König, »doch ich lasse euch nicht jetzt im tiefsten Winter reisen, das ist wohl kein vernünftiges Begehren. Wartet bis zum Frühling!«

»Dann käme unser drittes Kind am Ende unterwegs auf die Welt«, widersprach Katharina. »Und warten wir bis nach der Geburt, so ist es mit einem Säugling zu reisen beschwerlich und kann auch dem Kind schaden.«

Gustav Adolf stützte den Kopf, sann vor sich hin.

Dann blickte er Katharina fest an. »Ich weiß, daß dich noch andere Gründe leiten, geliebte Schwester«, sagte er mit verhaltener Stimme. »Wir haben nie etwas voreinander verbergen können. Ich bin betrübt über Euer Scheiden, doch wir bleiben einander trotz räumlicher Entfernung verbunden. In mir ist die Gewißheit, daß wir uns bald wiedersehen. In Gottes Namen und unter seinem Schutz und Geleit denn!«

Mitten im kalten Winter am 16. Januar brachen wir auf. Der König hatte sein möglichstes getan, um die Reise zu erleichtern. Eines seiner besten Kriegsschiffe, das noch von zwei anderen begleitet wurde, sollte uns in Packeis und Stürmen bewahren.

Wir standen noch lange an der Reling, während wir langsam durch die Schären glitten, und blickten auf Stockholm zurück. Doch dann wandte sich Katharina energisch um, wischte rasch über ihre Augen. »Mein geliebter Bruder!« sagte sie noch einmal leise. Dann faßte sie meine Hand. »Wir fahren in ein neues Leben!«

Der glückliche Tag

»Wir sind sehr glücklich«, sagte Katharina, und in ihrer sonst so ernsten Stimme schwang eine jubelnde Glocke.

»Wir sind sehr glücklich«, wiederholte ich wie ein gehorsamer Schüler. Ich war noch schlaftrunken. Jetzt erst öffnete ich die Augen, wandte mich zu meiner Katharina hinüber und blickte sie an. Wir lachten beide, reichten uns mit festem Druck die Hände und wiederholten wie fröhliche Kinder: »Wir sind sehr glücklich!«

Neben uns in einer schlichten derben Eichenwiege schlief unser ältester Sohn Karl Friedrich, der vor dreiviertel Jahr geboren war. Katharina legte Wert darauf, ihr Jüngstes bei sich im Schlafzimmer zu haben und sich so viel wie möglich mit unsern Kindern zu befassen. Sie, die ihre Mutter so früh verloren hatte, wie ich als achtes in der Reihe meiner Geschwister hatten so wenig Mutterliebe genossen. Nun sollten unsere Kinder nicht so wie gar manche Fürstenkinder allein der Sorge Bediensteter anvertraut werden. Im Nebenraum unter der Obhut der braven Selmel schliefen unsere fröhlichen Mädchen Christina Magdalene, die jetzige Markgräfin von Baden, und die ein Jahr jüngere Katharina Eleonore, die den Landgraf von Hessen ehelichte. Wie weit entfernt sind sie derzeit von mir!

Es war noch sehr früh am Morgen. Katharina war wohl schon einmal aufgestanden, hatte nach Karl Friedrich gesehen und sich dann wieder gelegt. »Nach dem anstrengenden Tag gestern können wir uns wohl noch ein wenig Ruhe gönnen. Das ganze Haus schläft noch«, meinte sie. Sie hatte das Fenster unserem breiten Bett gegenüber etwas geöffnet und die Vorhänge aufgezogen. Die Welt draußen war noch von einem leichten Schleier verhüllt, aber eine Welle von Blütenduft strömte herein. Hähne krähten, als übten sie für einen Wettbewerb. Eine Amsel begrüßte den Tag mit ihrem jubelnd und doch auch sehnsüchtig klingenden Lied. Dann stimmte sanfter und verhaltener ein Rotkehlchen ein. Ein Fink schmetterte, und endlich vernehmen wir auch aus dem Wald, an den sich das Dorf schmiegte, das vielstimmige Vogelkonzert.

»Es war ein weiter Weg bis zu diesem Glück«, sagte Katharina nachdenklich, »aber je weiter der Weg, desto größer das Glück, wenn wir die Heimat endlich gefunden haben, und desto dankbarer sind wir. Hier wird immer unsere Heimat auf Erden sein, und wenn ich sie auch noch so bald verlassen müßte.«

Ich nahm damals an, daß sie dabei daran dachte, daß sie in wenig Monaten wieder ein Kind erwartete und nicht wenige viel jüngere Fürstinnen, wie auch die erste Frau meines Bruders Johann, dabei ihr Leben lassen mußten. Eine andere, den Wasa eigentümliche Vorschau vermutete ich nicht und befürchtete auch diese andere Gefahr nicht. Sie hatte ja schon drei Geburten gut überstanden. Darum stimmte ich ihr fröhlich bei: »Ja, diese liebliche, gesegnete Landschaft, in der sogar der Schnee des Winters nur Freude und Fröhlichkeit bringt, soll uns Heimat sein, und der gestrige Tag wird mir immer, und wenn noch soviel Wolken aufsteigen mögen, mein ganzes Leben als der schönste Tag durchleuchten.«

Sie lächelte vor sich hin. »Es ist nun gerade ein Jahr, daß wir in Meisenheim ankamen. Die Osterglocken läuteten, oder war ihr Geläut gar uns zu Ehren?« sagte sie versonnen.

»Nehmen wir an, sie begrüßten uns sowohl wie unseren auferstandenen Herrn, der uns so gnädig behütet hat«, antwortete ich.

»Ja«, stimmte sie bei, »wie das Volk Israel, dem er in Feuer- und Wolkensäule beim Zug durch die Wüste voranging.«

»Nun, gesehen haben wir ihn dergestalt wohl nicht«, räumte ich ein, »und durch eine Wüste fuhren wir auch nicht, und wenn du das schöne deutsche Land so bezeichnen willst, so mußt du auch all der Oasen gedenken, wo wir so herzlich empfangen, bewirtet, gepflegt, umhegt wurden.«

»Es war wirklich eine Reise, auf der wir nicht nur die Freundlichkeit unseres Gottes wie auch die Freundlichkeit der Menschen erfahren durften«, bestätigte Katharina. »Zuerst der gefährlichste Teil unserer Reise – durch die vereiste Ostsee. Wir hätten ja, wie Heiner es früher als Kurier tat, den Weg über den Sund wählen können. Wahrscheinlich war sogar der Belt zwischen den beiden Ländern so zugefroren, daß wir kein Schiff gebraucht hätten, sondern darüber hätten fahren können. Hat nicht früher in einem Krieg einer unserer

Heerführer das gewagt? Und wir wagten es im Frieden nicht, weil trotz des feierlichen Friedensschlusses immer noch die Feindschaft zwischen Schweden und Dänemark nicht erloschen ist, sondern bis zur nächsten Fehde schwebt. Wer weiß, was der hinterlistige König uns für Schwierigkeiten in den Weg gelegt, uns am Ende, wie neulich den Lübecker Kaufleuten, Strauchräuber auf den Hals gejagt und später seine Unschuld an dem Überfall scheinheilig versichert hätte. Doch wir wollen ja heute an nichts Arges denken. Die Fahrt über die Ostsee war trotz Eis und Winterwind doch wunderschön.«

Sie lehnte sich nach dieser langen Rede aufatmend in die Kissen zurück und schloß die Augen, während der Buchfink immer lauter vom alten Birnbaum her zu uns hereinschmetterte und die ersten Sonnenstrahlen, von rechts, vom Schwarzwald her flirrend, die linke Fensterscheibe aufblitzen ließen.

»Dieser tiefblaue Himmel über dem glitzernden Wasser«, sagte sie vor sich in. »Die Eisblöcke, die Gustav Adolfs starkes Kriegsschiff so stolz durchbrach! Herrlich waren diese grünlich gleißenden weißen Eisblöcke.«

»Es fehlte nur noch eine ebenso grünlich schimmernde Meerjungfrau mit goldenen Haaren darauf, wie einst eine deinem Großvater das unbesiegbare Wasa-Schwert geschenkt hat«, scherzte ich.

»Oh, du gelehrter Mann fängst an, Märchen zu erzählen!« neckte mich Katharina. »Denke lieber an die Wirklichkeit, an den geradezu begeisterten Empfang in Stralsund, die Feierlichkeiten uns zu Ehren, die kostbaren Geschenke! Und so ging es weiter von Stadt zu Stadt.«

»Das galt der Schwester des Schneekönigs – wie sie ihn nennen«, sagte ich, »des strahlenden Helden aus dem Norden, des nordischen Löwen und welche Titel sie ihm alle beilegen. Die deutschen Protestanten sehen in ihm ihren künftigen Retter.«

»Doch der Empfang in Meisenheim galt dir«, versicherte Katharina, »und er war wirklich sehr würdig. In aller Form wurden wir eingeholt, eine prächtige Kavalkade (prächtiger Reiteraufzug) wurde uns entgegengeschickt. Der Adel des Landes und die Geistlichkeit standen zu unserer Begrüßung bereit, sogar dein Herr Bruder Johann II. hatte sich herbemüht.«

Sie lachte auf. »Wie reizend würdevoll hat unser Magdalenchen den Herren ihr Händchen gereicht. Doch als sie, wie ich ihr anempfohlen hatte, ihre Ärmchen zu ihrer Ahne, deiner Frau Mutter, emporreckte, machte sie ein enttäuschtes Mäulchen, weil sie nicht liebevoll hochgehoben und ans Herz gedrückt wurde. Nun, das hat dann sogleich deine Schwester besorgt. Sie herzte unsere beiden Mägdlein recht innig.«

»Du mußt meiner Frau Mutter nicht darum gram sein«, bat ich. »Du weißt, wieviel sie mitgemacht hat, wie liebeleer ihr Leben war. Ich war innerlich erschüttert, wie sie sich verändert hatte. Früher die schlanke blonde, stets dunkel gekleidete Frau, nun diese Riesenkrause um den Hals, wie ein Mühlrad dünkte sie mich, und über ihr und unter der gewiß kostbaren gelblichen Spitzenkrone das farblose wie versteint wirkende Gesicht mit dem leidvollen verbitterten Mund. Ich wußte sogleich, daß du und sie nie in ein herzliches Verhältnis kommen würden. Zwei Frauen mit solch ausgeprägtem Willen, und wenn du dir auch alle Mühe geben würdest. Zudem ist das Meisenheimer Schloß kein angenehmer Aufenthalt.«

»Immer noch wohnlicher als deine Burg Neu-Kastell«, warf Katharina ein, »und wenn auch zur Zeit, als der große Staufenkaiser auf dem stolzen Trifels residierte, seine Gäste zum Teil darin untergebracht wurden. Nun, es ist nicht deine Schuld, daß der stolze Bau verfiel, und es ist meine Schuld, daß wir dort in recht bedrängten Umständen einige Tage verweilten. Ich wollte doch unbedingt wenigstens kurze Zeit auf deinem dir wirklich eigenen Herrschersitz thronen. Und ich muß sagen, der Ausblick von dort aus ist herrlich.

All diese Burgen, die wir auf Schwager Johanns Rat im Wasgenwald besuchten, sind bezaubernd schön. Aber er hat recht, die Zeit der einsamen Burgen in weltabgelegenen Wäldern ist bald zu Ende.

Ich bin ihm dankbar, daß er uns vorschlug, vor meiner Niederkunft noch von Meisenheim aus im bequemen Wagen das Land zu durchstreifen, um den passenden Bauplatz für unser Haus ausfindig zu machen. Ich wäre gern in der Oberamtsstadt Bergzabern geblieben, aber das Schloß hat ja Johann seiner Gemahlin verschrieben, und es wäre nicht unser eigen geworden. Und nun haben wir unsern Bauplatz dort oben, wo einst die Burg des Dahner Geschlechts stand. Ich bliebe fast ebensogern hier in dem kleinen Schloß im Dorf Kleeburg, wo einst der Amtmann wohnte, wenn es auch etwas eng für uns ist. Hier sind wir glücklich. Und wenn auf der Höhe zwischen Kleeburg und Birlenbach unser Heim aufgewachsen ist, werden wir ebenso glücklich sein. Oder noch mehr, was meinst du?«

»Glück«, überlegte ich. »Schon das ist Glück: das Zusehen, wie die Mauern wachsen, der Bau entsteht, das Planen! Ich hab schon den Hofgärtner Salomon de Caus bestellt, der den Park in Bergzabern angelegt hat. Er soll die Pläne für unsern Park anfertigen und, sobald es möglich ist, ausführen.«

»Und wieviel Pläne hast du selber gemacht, wohl zweihundert«, neckte Katharina.

»Ja«, gab ich zu, »und es wird doch ein bescheidener Bau werden, ähnlich dem Bergzabener Schloß.«

»Ich weiß«, sagte sie, »und gestern an deinem Geburtstag durftest du den Grundstein legen und ich ihn versiegeln. Sag mir noch einmal die Worte, die du darauf in Latein niederschreiben ließest. Übersetze sie mir!«

Ich sprach langsam: »Im Jahre 1619, am 12. April, gab der Erlauchteste Regent und Herr Johann Casimir, nachdem er das dreißigste Lebensjahr in reichster Gnade vollendet hatte, die Weisung, diese Burg, welche durch den Zahn der Zeit völlig zerstört worden war und im wüstesten Zustand dalag, aus den Ruinen wieder aufzubauen und zu erweitern. Er ließ an seinem Geburtstag zunächst diesen Grundstein legen und gab der Burg nach seiner erlauchten Gemahlin und frohgemuten Gefährtin, der Tochter des Königs von Schweden, den Namen *Katharinenburg*.

Und darum, du frohgemute Gefährtin«, fügte ich hinzu, »ist es der schönste Tag meines Lebens gewesen. Endlich eine Erdenheimat mit der Frau, die ich liebe, und mit unsern Kindern zu haben!«

»Ich freue mich über die Inschrift, die du auf dem Stein am Eingang anbringen läßt. M H K V H. Das bedeutet: Meine Hilfe kommt vom Herrn!« erklärte sie dabei und fuhr dann fort:

»Von Gottes Gnaden Catharina, der Königreich
Sweden, Goten und Wenden Prinzessin.
Wer Gott vertraut, hat wohl gebaut.

Und darunter steht in römischen Ziffern die Jahreszahl des Bauabschlusses.

Katharina richtete sich auf. »Komm«, rief sie, »es wird wieder ein schöner, ein glücklicher Tag. Selmel wird die Kinder treu behüten. Wir beide gehen vor dem allgemeinen Frühstück noch einmal ganz für uns allein auf die Höhe zu unserer Katharinenburg.«

Und dann standen wir eine halbe Stunde später auf unserer Höhe.

Weit schweifte unser Blick über die Ebene, aus deren weißem Blütenmeer der Obstbäume die Dörfer wie Inseln auftauchten. Ein golddurchwirkter Schleier lag noch über dem Rheinbett, und dahinter ragte die Kette der Schwarzwaldberge. Hinter uns leuchtete im köstlichsten Maiengrün der Hochwald, und die Wiese, die sich sacht zum Dorf hinsenkte, war von unzähligen Schlüsselblumen übersät.

»All deine Goldstücke, die du von deiner Mitgift für das Dorf Birlenbach und unser Heim ausgegeben hast«, sagte ich zu Katharina.

»Es sind auch deine Goldstücke«, antwortete sie, »denn es steht geschrieben: Mann und Weib werden eins sein. Und sieh, all die Blütenbäume ringsum sind deine Geburtstagssträuße.«

Hand in Hand schritten wir Kleeburg zu. Die Bauern, die auf ihre Felder fuhren, grüßten uns mit vertraulichem Lachen.

Wir waren glücklich, und wie ich mir damals gelobt habe, soll dieses Kleeburger Glück, diese Katharinenburg, immer durch meine Tage, auch die dunkelsten, leuchten.

Besuche

Am 12. April 1619 hatte ich den Grundstein zu unserer Katharinenburg gelegt, und Katharina selber hatte ihn versiegelt. Wir glaubten uns auf dem Gipfel unseres Glücks und hofften lange auf solchen Höhen verweilen zu dürfen. Doch das ist uns Menschen nicht vergönnt.

Am 1. Mai des gleichen Jahres wurde uns unser erster und damals einziger Sohn Karl Friedrich durch einen jähen Tod entrissen. Ich brauche unseren Schmerz nicht zu schildern. Doch ich habe mich falsch ausgedrückt. Nicht der grausame Knochenmann entriß uns unsern Liebling. Der große Kinderfreund, unser Herr, nahm ihn zurück in sein himmlisches Reich, wo wir ihn einst zurückerhalten und wiedersehen werden. Wir beugten uns unter Gottes Willen. Das ganze Dorf Kleeburg, wo Karl Friedrich gestorben war, das ganze Dorf Birlenbach, wo wir ihn als an unserem künftigen Wohnsitz im Chor der Kirche beisetzen ließen, trauerte mit uns. Wir merkten jetzt erst recht, wie sehr uns diese liebenswerte Bevölkerung schon verbunden war. Bei wieviel Hochzeitsfeiern haben wir später in beiden Dörfern teilgenommen, bei wie vielen Kindern sind wir Pate gestanden! Bei so viel aufrichtiger Teilnahme rings um uns her milderte und verklärte sich unser Leid wie das Abendrot, das hinter den Wasgaubergen sanft verblaßte und in die sommerliche Sternennacht überging.

Zudem erwartete Katharina ihr viertes Kind. Sie hoffte auf einen neuen Sohn. Doch am 1. November wurde uns wieder ein Mägdlein, unsere liebliche Elisabeth Amalia, geboren.

»Ein echtes blondes Schwedenkind«, beurteilte ich es.

»Nein«, widersprach Katharina lächelnd, »ein blondes Pfälzer Mädchen.«

»Ein Elsässer Maidel, wir wohnen jetzt im Elsaß«, scherzte ich.

»Das alles ist ganz gleich«, erwiderte Katharina. »Die Hauptsache ist, daß es ein Kind Gottes wird. Es ist auch gleichgültig, ob es ein Bub oder ein Mädchen ist.«

»Und wie ist es mit dem zukünftigen König, wovon du einmal so seltsam redetest?« neckte ich.

»Daß ich oft so Unerklärliches sage, ist nicht meine Schuld«, erklärte sie ernst. »Die Worte kommen aus mir heraus, ohne daß ich ihrer selber bewußt bin und sie erklären kann. Doch wir werden noch mehr Kinder, auch Söhne haben.«

Das war anscheinend wieder eine Vorahnung. Wir gingen damals nicht weiter darauf ein. Heute weiß ich, daß sie sich erfüllte.

Als unsere kleine Elisabeth Amalie in Kleeburg getauft worden war, wurde am Sonntag danach von Katharina ein anderes Mägdlein über das Taufbecken gehalten: Heiners Töchterlein, das selbstverständlich Katharina heißen sollte und später Kättel gerufen wurde.

Ja, unser guter Heiner hatte sich sehr rasch zur Heirat entschlossen. »Wo ich doch's Alter dazu hab und wir jetzt hier seßhaft werden«, hatte er mir grinsend erklärt.

Die schwedische Karin war ihm nicht in die südlichere Ferne gefolgt, und die Pfälzer Gret war ihm, als er in der nördlichen Ferne weilte, untreu geworden. Nun hatte er unser Kindermädchen, die Salomea, Selmel genannt, erwählt und hatte sich etwas abseits von der Kleeburger Dorfstraße ein kleines Häusel mit Hilfe von Selmels Vater und Onkel erbaut. Der Platz hatte es ihm angetan, weil dicht dabei ein uraltes festes kellerartiges Gewölbe aus uralten Zeiten erhalten geblieben war.

»Das gehörte zu der Befestigung der früheren Burg der Herren von Dahn, die meist hier wohnten«, hatte Selmels Vater erklärt. »Da hinten in der Tiefe führt ein unterirdischer Gang bis weit in den Wald. Dorthinein kann man sich flüchten im Kriegsgetümmel, und im vorderen Teil lassen sich Weinfässer in der rechten Kühle unterbringen.«

Ich weiß nicht, ob dem Heiner der Schutz oder der Wein wichtiger war. Immerhin erhielt er durch Katharinas Gnaden das an sich geringwertige Stück Bauland zu eigen.

Sein Häusel, das nur aus zwei Zimmern mit Alkoven und zwei

Kammern samt einer winzigen Küche besteht, wurde natürlich eher fertig als unser großer Bau. Doch wir hatten beschlossen, schon in die Katharinenburg einzuziehen, wenn auch noch nicht alle Räume darin vollständig fertiggestellt wären.

Wir planten, planten und waren dabei wiederum glücklich, wenn auch in einer stilleren Art. Wir hetzten nicht uns selbst und unsere Arbeitsleute. Doch alles ging rüstig voran, und wir fühlten uns in uns selber und unserem Glauben gefestigt.

Es fehlten noch allerlei Möbel für unser neues Heim. Wir ließen viel in Bergzabern, Straßburg anfertigen. Das Stück, das mir am liebsten in all seiner Schlichtheit war, verdankten wir der Kunstfertigkeit eines alten Kleeburger Schreiners, der viel Sorgfalt und Einfallsreichtum auf dieses Meisterstück seines Lebens verwandte. Es war ein riesengroßer Schrank, dessen Holz von einem Kirschbaum stammte, den wir zu unserem Bedauern hatten fällen lassen müssen, um zum Bau unserer Katharinenburg Platz zu haben. Nun sollte er uns, wenn nicht mehr draußen, doch drinnen erfreuen, und in seinen mannigfachen großen und kleinen Laden und Schubfächern, die zum Teil sogar geheim waren, sollte es nicht mehr nach Kirschblüten duften, sondern nach Rosen und Lavendel, oder was Katharina sonst darin zwischen Leinen, Kleidern, Papieren legen wollte. Was konnte dieser Schrank alles fassen! Als der alte Meister noch daran arbeitete, hatte ihn mein Heidelberger Vetter einmal besichtigt und hatte ihn lachend als »Mordstrumm« (riesiger Brocken) von Schrank bezeichnet – nicht Monstrum (Ungeheuer) ; dazu war er zu schön.

Friedrich von der Pfalz war gekommen, um von uns Abschied zu nehmen. Vor sechs Jahren auf seiner Hochzeit in Heidelberg hatte ich ihn als erst Siebzehnjährigen gesehen. In den Tagen war es gewesen, als sich mein ganzes Leben dadurch entschieden hatte, daß die protestantischen Fürsten mich zum Abgesandten und ihren Vertreter und Fürsprecher bei dem Schwedenkönig erkoren. Nun war er zum Manne herangewachsen, war Haupt dieser protestantischen Union und hatte trotz alles Abratens die Krone Böhmens angenommen, nachdem die protestantischen Böhmen sich 1618 gegen den Kaiser, den katholischen Habsburger, empört hatten und ihn als ihren Herrscher nicht mehr anerkennen wollten. Es war zwecklos, daß ich Friedrich vorhielt, daß er gegen die Macht des Kaisers nicht bestehen könnte. Er hörte nicht auf mich und andere noch erfahrenere Männer, sondern folgte seiner ehrgeizigen englischen Gemahlin, der die Würde einer Kurfürstin in Heidelberg längst zu gering geworden war.

Ich schaute ihm noch lange wehmütig nach, als sein Wagen die lange Kleeburger Dorfstraße aufwärts wieder zum Walde hin fuhr. Fern über den Bergen im Westen zuckten Blitze! War in mir nicht eine Ahnung, daß dieser schöne stolze Mann in ein schweres Unwetter hineinfuhr, daß seine Königswahl ein furchtbares Gewitter heraufbeschwor? Ein Jahr danach verlor er durch die Schlacht am Weißen Berge bei Prag diese Krone wieder, verlor damit zugleich seine Kurfürstenwürde und starb, als »Winterkönig« verspottet, noch jung an Jahren, als geächteter Flüchtling. Erst nach seinem Tode, nach 28 Jahren, erhielt sein Sohn die Pfalz zurück.

Nachdenklich kehrte ich in unser Kleeburger Heim zurück. Katharina saß am Fenster. Ein jäh aufflammender bläulicher Blitz tauchte sie in einen unwirklichen Schein.

Ich erschrak vor ihrem starren Blick, der dann und wann den Wasas zu eigen ist. Ich wollte sie aus ihrem eigenartigen Zustand aufwekken. »Es ist nur Wetterleuchten!« rief ich ihr betont munter zu.

»Ja«, antwortete sie mit einer fremd klingenden Stimme. »Ein Zeichen ist es. Ein furchtbares Unwetter bricht über uns alle los. Nur wer Gott vertraut . . .« Die letzten Worte endeten in einem undeutlichen Gemurmel. Dann brach meine so selbstbeherrschte Katharina in ein heftiges Schluchzen aus, und sie weinte so herzzerbrechend, als wäre nicht ein ihr fast fremder Mann, sondern ihr geliebter Bruder von ihr geschieden.

Ich habe mich später oft für Friedrich verwandt und habe, um ihm Hilfe zukommen zu lassen, häufig nach Holland, wo er als armer Flüchtling weilte, Briefe an den schwedischen Residenten im Haag, Ludwig Camerarius, geschrieben, die heute noch vorhanden sind und von meinem guten Willen Zeugnis ablegen. Aber über unserem Willen steht Gottes Wille, und Gottes Will hat kein Warum. Ich tröstete mich und entschuldigte Katharinas plötzlichen Tränenausbruch damit, daß Frauen besonders wetterfühlig sind. »Sie hat das

Stockholm im 16. Jahrhundert (Kupferstich)

Das alte Stockholmer Schloß im Jahre 1661

Johann Casimir, Pfalzgraf von Zweibrücken,
und seine Gemahlin Katharina, die Schwester Gustav Adolfs

Bergzabern im 17. Jahrhundert (Stich nach Merian)

KATHARINENSTEIN
ZU BERGZABERN
wahrscheinlich für die
Katharinenburg hergestellt

KATHARINENBURG
Zeichnung auf Kachel

Oben links:
OXENSTIERNA
1583—1654
Kanzler Gustav Adolfs

Oben rechts:
KARL X. GUSTAV
1622—1660
König von Schweden
Sohn von Johann Casimir
und Katharina

Unten:
CHRISTINE
1626—1689
Königin von Schweden
Tochter Gustav Adolfs

Gewitter in sich«, sagte man in Kleeburg. Außerdem hatte sie den Schmerz um den Heimgang ihres Sohnes wohl noch nicht völlig überwunden und ebenso die recht schwere Geburt unserer kleinen Elisabeth Amalia.

Am nächsten Tag leuchtete wieder die Sonne über den blinkenden und blitzenden Wald, der sich bald mit den schönsten Farben schmücken würde.

Ehe der Winter begann, war die Katharinenburg schon unter Dach, eine große Leistung der Maurer und Zimmerleute.

Im Winter konnten allerlei Innenarbeiten gemacht werden, die auch munter vorwärtsschritten. An jedem Tage, auch im Schnee, stapften wir den Berg zu unserem Bau hinauf und freuten uns an den Fortschritten. Wir lebten weiterhin im kleinen Kleeburger Schloß eine geruhsam still glückliche Zeit. Am späten Abend oder wenn Katharina im Hausgedinge abwesend war, beschäftigte ich mich gern mit dem von mir besonders hoch geschätzten Werk unseres Reformators Johannes Calvin »Institutio Religionis Christianae«, und zwar befaßte ich mich damals wie auch in diesem Winter mit den wichtigsten Abschnitten des dritten Bandes, die uns den Christus als Zeugen und Werkzeug der erneuernden Gnade Gottes in dieser Welt erkennen lassen. Wie bin ich später als Anhänger dieses gesegneten Gottesmannes verlästert worden!

Anfang März 1620 wagten sich die ersten Schneeglöckchen heraus; die rosa Blüten der Mandelbäume folgten, und als gewiß in Schweden noch der Winter regierte und hohe Schneemassen sich auftürmten, schüttete in unserem südlicheren Land der Frühling ein Füllhorn voll weißer Baumblüten und goldener Schlüsselblumen aus.

Als neben jedem Kleeburger und Birlenbacher Bauernhaus ein Fliederbusch blühte und duftete, galoppierte an einem klaren Maimorgen ein Kurier derart vom Walde her die Dorfstraße hinab, daß die Gänse flatternd und schreiend sich zu dem Teich flüchteten, der nahe vor unserer Toreinfahrt lag. Auch dort stoben sie weiter auseinander und glaubten sich von diesem kühnen Reiter verfolgt.

Der schwedische Kurier bog zu uns ein. Ich erkannte sogleich an dem mit einem schweren Siegel versehenen Schreiben die kühnen

Schriftzüge und die kräftig hingeworfene Unterschrift des Schwagers Gustav Adolphus Rex.

Während der Überbringer in dem neben der Küche befindlichen Raum entsprechend seinem Appetit und den Gaben des gesegneten Landes reichlich geatzt und von dem rasch herbeigeeilten Heiner ebenso ausgiebig gefragt und unterhalten wurde, packte meine gute umsichtige Katharina schon eine Tasche für mich. Danach unterbrach sie Heiners schwedischen Redefluß und unterrichtete ihn, daß er sich schleunigst bereit machen und für ihn und mich die Pferde satteln lassen sollte. Er müßte mit mir und dem jungen schwedischen Junker zu dessen Herrn stoßen und gemeinsam mit diesen beiden Schweden einige Zeit unterwegs sein.

Das war etwas für Heiner! Er verlor fast seine alltäglichen Holzschuhe, um sein Häusel rasch zu erreichen, sich umzuziehen, sein Ränzel zu schnüren und von seiner Selmel Abschied zu nehmen.

»Wie heißt Euer Herr? Kenn ich ihn?« fragte er den jungen Schweden, als wir aufgesessen waren und heiter den Frauen einen Abschiedsgruß zuwinkten.

»Er ist ein schwedischer Graf«, antwortete der Junker, »du kennst ihn nicht. Und wenn du ihn als einen andern kennst, so halt das Maul, verstanden!«

Nein, wenn Heiner auch brav zustimmend nickte, so verstand er nicht. Doch bald ging ihm ein Licht auf. Er wußte sich aber tapfer zusammenzunehmen und die Anrede »Majestät« rasch zu verschlucken, als er in einem Dorfgasthaus in der nahen Pfalz König Gustav Adolf gegenüber stand.

Auf meines hohen Schwagers Wunsch wollten wir inkognito, also unerkannt, reisen. Das gab ein fröhliches Reiten durch den maiengrünen nördlichen Wasgenwald. Wie einst, als wir miteinander Schwedens Wälder durchstreiften, war mir oft zumute.

Doch ich wußte, oder ahnte wenigstens, daß Gustav Adolf nicht bloß eine Vergnügungstour machen wollte. Mit fachmännischem Blick beurteilte er die Befestigungen der Burgen und Städte, von denen er manche als veraltet und leicht einnehmbar, andere, wie zum Beispiel den stolzen Felsenhorst Schloß Berwartstein, als unbezwingbar beurteilte, und die Bezeichnung für die Fläche davor, von wo aus die Weißenburger einst die Burg stürmen wollten, als Leichenfeld für richtig hielt.

»Ich muß noch viel lernen, studieren, was die Kriegskunst betrifft, so gut mich mein Herr Vater darin auch unterrichten ließ«, äußerte er zu mir.

Doch als ich ihn fragte, ob er nicht bald mit seinem Heer über das Meer setzen und dem neuen König von Böhmen, dem Pfälzer Friedrich, zu Hilfe kommen wollte, winkte er ab: »Es ist noch zu früh, ich bin noch nicht so weit. Erst muß ich mit den Polen Ruhe haben. Sprich nichts vom Kampf! Carpe diem! (Nütze den Tag!) Horch, wie die Vögelein singen! Bis heute nachmittag wollen wir bei Katharina sein. Habt Ihr in Eurem Puppenschloß noch ein Bett für mich und eine Lagerstätte für meinen Begleiter frei?«

Die letzten Worte hatte er so laut gerufen, daß Heiner, der ein Stück hinter uns trabte, sie hören mußte.

»Den nehme ich mit zu meiner Selmel«, antwortete er stolz. »Der soll die Auge aufreiße, was unser Küch zu biete weiß.«

Am Nachmittag des 2. Juni 1620 langten wir wieder in Kleeburg an und Katharinas Freude war unbeschreiblich, als sie erfuhr, daß ihr königlicher Bruder bei uns verweilen und am nächsten Tag mit uns die Katharinenburg besichtigen würde.

Zuerst mußten wir Reitersleute natürlich ausruhen. Wir saßen nach den Anstrengungen der sommerlich heißen Tage und der erquikkenden Mahlzeit miteinander in dem kühlen Wohnraum, dessen weit geöffnete Fenster die duftträchtige, uns leise umwehende Abendluft einließen.

Katharina zögerte, das zu fragen, was ihr auf dem Herzen lag, nein, im Herzen brannte.

Gustav Adolf betrachtete sie lächelnd. Trotz der Kurzsichtigkeit seiner so strahlenden großen Augen und trotz der Dämmerung, die sich in das weite Gemach einschlich, bemerkte er, wie sie unruhig den Mund öffnete, schloß, wieder öffnete. »Nun frage schon, Schwesterherz«, forderte Gustav Adolf sie belustigt auf. »Du möchtest von meiner Braut Maria Eleonore wissen. Ich verstehe das. Ich verstehe auch, daß ihr wegen des Baus, der Kinder, der weiten Reise nicht an meiner Hochzeit teilnehmen könnt, ja, ehrlich gesagt, auch gar nicht möchtet. Du brauchst dir aber nicht mehr solche Sorge zu machen, daß es mich schmerzen könnte, davon zu sprechen. Das Vergangene ist vergangen, muß vergangen sein. Ich hoffe und bete, daß Ebba in ihrer Ehe glücklich wird, und ich werde mich bemühen, Maria Eleonore ein treuer, freundlicher und gütiger Gatte zu sein; schon allein darum, daß mich ihre hingebungsvolle Liebe und Anhänglichkeit rührt; diese Liebe, die sie leider zu der mir sehr unangenehmen Unbesonnenheit trieb, ohne weiter nachzudenken, zu mir zu fliehen, als ihr Bruder Georg Wilhelm von Brandenburg nicht sogleich mit unserem Bund einverstanden war. Ich versuchte natürlich, sie mit viel Überredungskünsten dazu zu bewegen, umgehend mit ihrer getreuen Hofdame, einem Fräulein von Bülow, zurückzufahren. Aber erst Oxenstiernas mehr als energische und nicht sehr liebevolle Worte brachten sie dazu samt dem Versprechen einer baldigen Hochzeit, von der es nach dieser Kopflosigkeit kein Zurück mehr gibt.«

Er seufzte ein wenig, lehnte sich in seinem Sessel zurück und scherzte: »Dies war also mein letzter Junggesellenausflug, der Euch galt. Ich fürchte, sie wird mir in ihrer überschwenglichen Liebe wie eine Klette anhängen.«

Er seufzte noch einmal, immer noch mit einem leisen Lächeln. »Nun, ich werde sie erziehen müssen. Sie ist noch ein großes Kind. Ich gehe nachsichtig darüber hinweg, daß sie ihren Spaß an ihren Hofzwergen und Pudeln hat, daß sie sich voller Süßigkeiten stopft.«

»Ist sie dick?« platzte Katharina heraus. »Wie sieht sie aus?«

»O nein, sie ist zierlich und schlank. Sie ist mit ihrem feinen Gesicht, ihrem goldblonden Gelock, ihrem anmutigen Gang genau das, wie man sich wohl eine Märchenkönigin vorstellt. Sogar der kühle Oxenstierna war über dies Paar entzückt, als er uns beide bei einem Fest in ihrer Heimat zu erstenmal im Reigen schreiten sah. An jenem Tag hat sie sich derart in mich verliebt. Jetzt ist bereits vor der Hochzeit Oxenstiernas Begeisterung verflogen, seit er einen Brief von ihr zu Gesicht bekam, in dem Deutsch und Französisch gemischt war und jede Sprache von schauerlichen Fehlern strotzte.

Dazu kommt, daß sie sich noch keine Mühe gegeben hat, Schwedisch zu lernen. Er fürchtet, unser Volk wird zuerst auch von der Anmut seiner Königin hingerissen und ebenso rasch enttäuscht sein, denn sie äußerte ihm und mir ebenso freimütig wie unbesonnen, daß sie mich, den Schwedenkönig, über alle Maßen liebte, sein Land wie sein Volk aber abscheulich fände.«

»O Bruder, du darfst sie nicht ehelichen!« rief Katharina entsetzt aus.

Er wehrte gelassen ab. »Ich werde sie mit Geduld und Güte zur rechten Gefährtin, Gattin, Königin und, will's Gott, auch Mutter erziehen.«

»Gott helfe dir dazu«, sagte Katharina ernst. –

Am nächsten Morgen, als die Tautropfen noch millionenfach auf den Wiesen glitzerten, wanderten wir selbdritt zu unserer Katharinenburg hinauf. Gustav Adolf hielt oben auf der Höhe ein, bewunderte die Aussicht, die er allerdings wegen des Morgennebels über der Rheinebene und seiner Kurzsichtigkeit kaum so genießen konnte wie wir allabendlich und zu manchen anderen Tageszeiten. Auch der schlichte und in seiner Schlichtheit und gerade dadurch vornehme, stolze viereckige Bau mit seinen vier Ecktürmen und einem Innenhof fand seine Zustimmung. Er besichtigte nicht nur die hellen Wohnzimmer in beiden Stockwerken, sondern auch das Untergeschoß, die Nebengebäude, die Stallungen, Schuppen, Keller, die Pförtnerstube wie das Waschhaus. Vor allem freute ihn der hinter dem Schloß gelegene Garten mit allerlei Obstbäumen sowie der kunstvoll angelegte Park.

Von allem schien er hochbefriedigt. Gemächlich schritt er dann mit uns über den langen Vorhof und blieb gedankenvoll vor dem etwa zweieinhalb Meter tiefen Wassergraben stehen. »Er wird euch nicht genügend schützen!« sagte er ernst.

»Schützen, wovor denn?« fragte Katharina erstaunt. »Dieses Wasser ist mehr als Zierde gedacht. Unter diesen lieben Leuten hier gibt es keine Diebe und Räuberhorden.«

»Aber es können Räuberhorden aus anderen Ländern kommen«, erklärte Gustav Adolf. »Es wetterleuchtet. Bald kann sich das Unwetter entladen.«

Die so kluge Katharina schaute ungläubig in den blauen Morgenhimmel, woran kein Wölkchen zu sehen war.

Ich verstand meinen königlichen Schwager eher. Ich blickte fragend in seine aufwärts gerichteten Augen.

Er reichte mir die Hand. »Versprich mir, lieber Bruder, und auch du, liebe Schwester: Wenn Gefahr im Anzug ist, wenn ich es euch melde, da ich meine Vertrauensleute und Späher allenthalben habe, dann zaudert nicht, sondern kommt zu mir!«

Katharina wies mit einer Kopfbewegung auf unsere beiden Wappenschilder über dem Hauptportal. Auf dem meinen stand: »Wer Gott vertraut, hat wohl gebaut.« Auf dem ihren »M-H-K-V-H« (Meine Hilfe kommt vom Herrn).

Gustav Adolf nickte ihr zu: »So ist es recht, Schwester. Ich wünsche euch, daß ihr noch lange unbehindert in eurem Bau wohnen könnt. Denkt aber auch daran, daß der Herr mich als euren Helfer ausersehen hat, wenn euch Hilfe not ist.«

Die Glocken der Kleeburger Kirche läuteten, die von Birlenbach stimmten ein. Von allen Seiten ertönte nun, von dem Gebirge her und vielstimmig von allen Dörfern der Ebene, das Lied der Glokken.

»Wie schön laden sie zum Kirchgang ein!« sagte Gustav Adolf.

»Es ist das erste Läuten«, erklärte ich. »Wir haben noch reichlich Zeit.«

Wir schauten noch einmal zur geliebten Katharinenburg zurück. Wir schauten in die vor unseren Augen verschleierte Ferne.

Gustav Adolf, unser geliebter Bruder und Schwager war bei uns. Die Glocken läuteten – läuteten. Es war Sonntag, der 3. Juni 1620. Wieder waren wir sehr glücklich.

Geliebte Katharinenburg

»Es ist in der Winterzeit, ja sogar wieder im Januar, daß wir umziehen«, rief mir Katharina am 27. Januar 1621 mit geröteten Wangen zu, als wir aneinander vorübereilten und das Aufladen unserer Habseligkeiten im Hof unseres lieben Kleeburger Heimes überwachten und auch selbst mit Hand anlegten. Hierbei erwies sich meine liebe Gemahlin wieder so recht nicht nur als Königstochter, sondern wirklich als schlichte emsige, umsichtige und fürtreffliche Hausfrau, die sowohl kluge Anweisungen bestimmt und sicher gab, als auch ungeachtet ihrer schönen Hände kräftig zupackte, wo es not war. Welch ein Juwel in jeder Hinsicht hatte mir Gott in ihr unverdientermaßen geschenkt!

Wir hatten beschlossen, in die Katharinenburg zu übersiedeln, wenn auch manche Arbeit darin und daran sowie drum herum noch getan werden mußte und mein Bruder Johann II. uns das Kleeburger Schlößchen, so lange wir nur wünschten, überlassen hätte. Die Sehnsucht, das Verlangen nach dem uns völlig eigenen Heim trieb uns dazu sowie die praktische Überlegung, daß wir hierdurch die Arbeiten im Hause besser überwachen, den Leuten Anweisungen geben konnten und nicht jeden Tag durch den Schnee hinaufstapfen mußten.

Nun, gar so schlimm war dieser Schnee allerdings hier nicht. Das war kein Vergleich zu den weißen Massen, die uns in Schweden umlagert hatten. Zudem erwärmte es noch unser Gemüt, daß die Bewohner von Kleeburg wie von Birlenbach uns auf die liebevollste Weise eifrig und sorgfältig halfen, unsere Sachen auf alle Arten von Schlitten gut verdeckt und geschützt zu befördern.

Wir dankten ihnen danach mit einer fröhlichen Einweihungsfeier, wobei schwedische Adlige ihre zurückhaltende Königstochter, die sich aufgeschlossen unter dem schlichten, aber gesitteten Landvolk wohl fühlte, nicht wieder erkannt hätten. Selbstverständlich hatten wir auch in einem Gottesdienst gemeinsam mit unseren Birlenbachern und Kleeburgern für den glücklichen Einzug in unser Heim gedankt.

Doch während wir dort zum Gebet knieten, hatten gewiß Katharina wie ich unseres ersten und damals noch einzigen Söhnleins gedacht, das dort im Chor der Birlenbacher Kirche beigesetzt ist.

Mich selber bedrückte, vor den andern verborgen, noch ein anderer Schmerz in meiner Brust, und ich hoffte, daß meine kluge, feinfühlende Katharina an jenem Tag, da ihre Augen so glücklich strahlten, nichts davon merken würde. Zu ihren beiden Seiten leuchteten in dem Sonnenstrahl, der gerade beim Segen durch das Kirchenfenster flirrte, die blonden Lockenköpfchen unserer beiden ältesten Mägdlein, der fast fünfjährigen Christina Magdalene und der vierjährigen Katharina Eleonore. Die Kleinen, die sich während des Gottesdienstes sehr artig und still verhielten, waren gewiß von keinem Leid beschwert, weder einem offen sichtbaren noch einem geheimen. Sie schauten so erwartungsvoll, daß ich im stillen flehen mußte: »Herr, segne und behüte sie! Erbarme dich ihrer! Erbarme dich aller!«

Oh, wenn die guten Menschen rings um uns geahnt hätten, was ihrer an Unheil wartete! Ich wußte von dem Wetterleuchten. Vor kurzem hatte mich von Gustav Adolf, der mir häufig einen Sonderkurier sandte, wie auch schon vorher von meinem ältesten Bruder Johann II. die Unglücksbotschaft erreicht, daß der Führer der protestantischen Union, der Kurfürst von der Pfalz und König von Böhmen, mit seiner ehrgeizigen, stolzen Gemahlin nach Holland geflüchtet war, nachdem die Schlacht am Weißen Berge verlorengegangen war. Er hatte sie nur vom Fenster aus verfolgt. Ein Gustav Adolf, der sich im polnischen Feldzug nicht nur als tapfer, sondern geradezu als tollkühn erwiesen hatte, wäre mit seinem Heer mutig in den Kampf gezogen, hätte Wankende, Zurückweichende angefeuert, wieder mit sich nach vorne gerissen. Diese erste Niederlage der protestantischen Union war nicht mehr nur ein Wetterleuchten gewesen, wie es schon lange aus der Ferne gedroht hatte. Es war der erste Blitz des grauenvollen Unwetters, das losbrach.

Friedrich hatte nicht nur diese Schlacht und damit die Königskrone Böhmens verloren. Er war auch geächtet worden. Der Kaiser würde ihn seiner Pfalz berauben. Wie bald würden von dort aus des Kaisers spanische Truppen auch hier in unserer Gegend auftauchen. Wehe uns Protestanten hier!

Ich hatte in meinem Testament bestimmt, daß ich nach meinem

Tode in der Schloßkapelle der Katharinenburg aufgebahrt und danach zur Erde bestattet werden sollte. An jenem Freudentag angesichts der Steinplatte, die im Chor der Birlenbacher Kirche die sterbliche Hülle meines Sohnes bedeckte, durchbebte mich die Gewißheit, daß mir diese Gnade, in heimatlicher Erde zu ruhen, nicht gewährt werden würde.

Ob Katharina ähnliches verspürte? Denn plötzlich faßte sie meine Hand, als wollte sie sich an mir oder mich festhalten. War die Wasa-Vorschau über sie gekommen?

Nach dem Gottesdienst erwähnten wir beide nichts davon. Wir hatten so viel Hände der Glück und Segen Wünschenden zu drücken, Geschenke in Empfang zu nehmen, Gäste aus Bergzabern, Weißenburg, den naheliegenden Adelssitzen zu begrüßen und dann mit allen fröhlich vereint zu feiern.

Am Abend, als alle gegangen waren, blieben wir recht müde zurück. Aber es war eine gute zufriedene Müdigkeit. Wir standen am Fenster. Ein weiter Sternenhimmel wölbte sich über der Ebene, aus der hie und da ein bescheidenes Lichtlein zurückwinkte.

»Bald, wenn in Schweden noch tiefer Schnee liegt, wird es hier blühen«, sagte ich.

Katharina schaute zu dem großen Schrank nahe an ihrer Seite hinüber. »Du wirst nicht mehr blühen, guter Kirschbaum«, sagte sie lächelnd. »Du mußtest für die Katharinenburg sterben. Doch du lebst nun weiter und bleibst in der Katharinenburg.«

Ich legte den Arm um meine Gefährtin, meine Ehegattin. »Bleibe mir erhalten«, sagte ich. »Geliebte Katharina! Geliebte Katharinenburg!«

Nach Straßburg, wenn die Rosen blühen

Wir durften noch einen Frühling in der Katharinenburg erleben. Es war ein Lenz mit solch einer Blütenfülle und Vogeljubilieren, wie man es kaum woanders als in der Oberrheinischen Tiefebene erlebt. Vielleicht empfand ich ihn auch mit solch eindringlichem Glücksgefühl, weil sich darin die Wehmut des Abschieds, des »Nie wieder« mischte.

Es begann wie alljährlich mit dem zarten Rosa der Mandelbäumchen, den Goldkätzchen am Hag, dem sehnsüchtigen Lied der Amsel, ging dann in die überschäumende Obstbaumblüte der Ebene über und in das Vogelkonzert im Walde, der uns jetzt noch viel näher war.

Im Mai, zur Zeit der Fliederblüte, hatte ich die große unerwartete Freude, meine Mutter, die so herbe, verschlossene Frau, in unserem neuen Heim begrüßen zu dürfen. Mein zweitältester Bruder Friedrich, der Statthalter in Straßburg war, hatte sie hergeleitet. Sie war bei uns recht aufgetaut, äußerte ihre Genugtuung über unseren Wohnsitz, ihre Freude über unsere Kinder. Ja, sie war sogar so heiter und aufgeschlossen, daß sie sich bereit erklärte, mit meinem Bruder, Katharina und mir in der kleinen Birlenbacher Kirche Pate zu stehen bei dem Töchterchen des Steinmetzen Hans Wibel, der aus unserer alten Heimat Zweibrücken stammte. Sie merkte in der allgemeinen Fröhlichkeit nicht, daß mich mein Bruder Friedrich zur Seite nahm und mich herzlich einlud, bei ihm in Straßburg mit den Meinen Zuflucht zu suchen, wenn die Kriegswirren bis in unser Land übergreifen sollten. Er ahnte wohl schon, wie bald wir unser Heim verlassen mußten.

Als der Flieder langsam verblühte und die ersten Rosen erblühten, nahte sich unser Glück seinem Ende.

Eines Morgens stürzte Heiner, der zwar mit den Schwiegereltern in dem kleinen Häuschen in Kleeburg wohnte, aber noch mit seinem Weib in Diensten bei uns stand, atemlos in unseren Eßsaal.

»Die Kaiserlichen, die Kaiserlichen, Spanier sollen's sein!« keuchte er. »Ein Trupp Reiter ist ins Kleeburger Ländel eingedrungen, in Hoffen oder Hunspach, weiß nicht genau wo. Haben's wohl erfahren, daß wir im Kleeburger Amt allesamt gute Protestanten sind. Seht Ihr den Rauch in der Ebene? Mag wohl schon Steinseltz sein. Bald werden sie auch bei uns sein und rauben, plündern, wenn nicht noch mehr. Was sollen wir machen?«

»Wie ich euch schon früher geraten habe«, antwortete ich ruhig, »treibt euer Vieh so geschwind wie möglich in den Wald. Ihr habt ihn ja näher als die Dörfer in der Ebene. Richte es auch den Birlenbachern geschwind aus. Die Männer, vor allem die jungen, verbergen sich auch dort, wo ihr Kleeburger in der Tiefe des Hochwaldes gut verborgen und geborgen seid. Eure befestigten Kirchen können den Alten und Schwachen, die nicht mehr so gut laufen können, als Zuflucht dienen. Du rühmst ja euren unterirdischen Gang als besten Unterschlupf.«

»Und Ihr, Herr?« stammelte Heiner. »Soll ich . . .«

»Gar nichts als laufen, so rasch die Beine tragen, und alles ausrichten! « befahl ich. »Wir werden schon für uns selber einstehen und wissen auch uns unter dem Schutz des Herrn.«

Heiner rannte fort.

Katharina und ich schauten vom Fenster des ersten Stockwerks zu Tal, gewahrten Feuerschein, Rauch gen Osten hin. »Wir hätten doch Gustav Adolfs Warnung folgen sollen«, sagte ich vor mich hin. »Wenigstens die Einladung meines Bruder Friedrich vorerst annehmen und uns in der festen Stadt Straßburg bergen.«

»Dort!« rief plötzlich Katharina und deutete talwärts, »ein kleiner Trupp Reiter kommt zu uns herauf.«

»Es scheint der Anführer mit einigen Begleitern zu sein«, stellte ich fest.

Wir begaben uns nach unten.

Ich stellte mich in die geöffnete Haustür. Gelassen sah ich zu, wie der Reiter und sein Gefolge von den Pferden glitten. Er war ein schlanker, geschmeidiger und nicht unschöner Mann, der mich etwas an den Franzosensohn de la Gardie, den jetzigen Ehemann der ehemaligen großen Liebe meines königlichen Schwagers, Ebba Brahe, gemahnte.

Mit gewandten Schritten kam er auf mich zu, schwenkte seinen Federhut und machte eine ein wenig spöttische Verbeugung, die ich gelassen erwiderte.

»Seid Ihr der Herr dieses Landes?« fragte er mich in gebrochenem Deutsch.

»Leider nicht«, antwortete ich. »Ich bitte Euch trotzdem, die guten Leute hier zu schonen.«

»Ihr seid Hugenotten?« forschte er weiter.

»So nennt man die Protestanten wohl in Frankreich«, erwiderte ich, »aber wir sind keine Franzosen, jedoch allesamt Christen, Kinder desselben Vaters wie Ihr.«

»Ihr treibt Spiegelfechterei«, wetterte er. »Wenn Ihr nicht Hugenotte seid, immerhin aber wohl ein verdammter Protestant. Wenn Euch dies Land nicht zu eigen ist, was tut Ihr hier?«

»Wohnen«, erklärte ich furchtlos, ja beinahe mit einem Lächeln, »und ich hoffe und glaube, durch die Gnade unseres Herrn Jesus Christus der Verdammnis entronnen zu sein.«

In diesem Augenblick trat Katharina an meine Seite. Ihre Wasa-Augen blitzten. »Dies Haus ist schwedischer Besitz«, rief sie stolz, »und ich bin die Herrin, ich, die Schwester König Gustav Adolfs.«

»Ah, Madame!« Der Reiter schwenkte noch einmal seinen Hut, machte eine tiefe Reverenz (Verbeugung). »Gustav Adolf, ah, ein grand homme (großer Mann)«, versicherte er. »J'espère de faire sa connaissance. (Ich hoffe, seine Bekanntschaft zu machen.) J'espère devenir son allié. (Ich hoffe, sein Verbündeter zu werden.) Vous savez (Ihr wißt)« – er bog sich vertraulich vor und raunte leise: »Je suis français et je retournerai plus-tard chez mon roi qui sera l'allié de Gustav Adolf. (Ich bin Franzose und werde später zu meinem König zurückkehren, der der Verbündete Gustav Adolfs sein wird.)«

»Der Katholik?« flüsterte mir Katharina ungläubig zu.

»Sein Berater Richelieu stellt Politik über Religion. Der Habsburger soll ihm nicht zu mächtig werden«, antwortete ich ebenso leise.

Der Anführer des Reitertrupps hatte sich inzwischen umgewandt und seinen Begleitern etwas zugerufen. Sie schienen im Begriff zu sein, wieder aufzusteigen.

»Halt!« tönte da Katharinas Befehlsstimme. Sie fügte auf Französisch hinzu: »Meine Herren, kennen Sie die schwedische Gastfreundschaft noch nicht? Keiner, der uns besucht, darf unbewirtet von uns gehen. Folgt meinem Gemahl in den Eßsaal! Ich sorge dafür, daß aufgetischt wird, was wir Euch bieten können.«

Etwas verwirrt stolperten die Männer mit ihren Reiterstiefeln mir nach treppauf. Kaum hatten sie an unserer großen Tafel Platz genommen, da wurde schon aufgetragen, was Küche, Räucherkammer und Keller aufweisen konnten. Katharina setzte sich mir gegenüber an das eine Ende und plauderte so munter und freundlich und doch königlich mit diesen Kriegern oder eher Räubern, daß sie so wenig aus dem Staunen kamen wie auch ich.

Sie schieden mit viel Dankesbezeugungen von uns. Doch mir war nicht entgangen, wie der eine und andere unsern Hausrat, das Silber auf dem Tisch und die goldgewirkten Decken wie Katharinas Perlenkette insgeheim musterte und wohl auch abschätzte.

»Nun hat uns der Krieg das erstemal besucht«, sagte Katharina und atmete schwer auf.

»Ja«, bestätigte ich ernst, »und immer wird es nicht so gut ausgehen.«

»Wir standen unter dem Schutz des Höchsten«, antwortete Katharina, »denke daran, was über unserem Hauptportal steht: Meine Hilfe kommt vom Herrn.«

»Ja«, gab ich zu, »und wir wollen ihm heute abend gemeinsam danken, daß er uns samt unserem Gesinde so wohl behütet hat.«

»Ja«, fiel Katharina lächelnd ein, »und während diese Mordbrenner mit uns zu Tisch saßen, konnten sich unsere Kleeburger und Birlenbacher in Sicherheit bringen.«

»Das hast du fein gemacht«, lobte ich. Doch dann fügte ich noch einmal hinzu: »Es wird nicht immer so gut ausgehen. Der Herr ist unser Schirm und Schild, aber er will nicht, daß wir ihn versuchen und uns mutwillig in Gefahr begeben.«

Sie nickte. Sie verstand mich. Ich sah, wie sie sich anstrengte, tapfer zu bleiben, nicht zu weinen.

»Es ist kein Abschied für immer«, tröstete ich. »Vorerst ist es nur ein Besuch bei lieben Verwandten. Straßburg ist so nahe. Sobald die Zeiten wieder ruhiger geworden sind, kehren wir zurück. Die Arbeiten zur Fertigstellung des Baus gehen auch ohne uns weiter. Wir haben zuverlässige Leute, die beaufsichtigen und anordnen können. Ich werde oft hinüberreiten und nach dem Rechten sehen, und wenn wir sicher sind, daß keine Marodeure oder Kriegsvolk in der Gegend ist, fahren wir gemeinsam hierher. Heiner kann auch noch hin und her pendeln. Das tut er gerne, und ob er mit Frau und Kind in Kleeburg bleiben oder uns begleiten will, überlassen wir ihm.«

Natürlich zogen die beiden vor, mit ihrer kleinen Kättel mit uns zu reisen.

Katharina sah ein, daß wir richtig handelten, doch es wurde ihr schwer, bitterschwer, die Katharinenburg zu verlassen – und mir auch.

»Es ist noch kein endgültiger Abschied«, tröstete ich sie, als wir am letzten Morgen durch unsern Rosengarten schritten, der zum erstenmal für uns blühte.

»Noch nicht«, wiederholte sie leise, »›noch‹ hast du gesagt.«

Doch dann richtete sie sich auf. War es das Morgenlicht, das in ihren Augen widerstrahlte, oder kam die Wasa-Vorschau über sie? »Wir werden noch einmal diese Rosen blühen sehen«, sagte sie mit einer fremden, hellen Stimme. »Noch einmal.«

Am 1. Juni 1621 verließen wir unsere Katharinenburg und zogen nach Straßburg. –

Im Schatten des Straßburger Münsters

In der Zeit der ersten Rosenblüte hatten wir unsere Katharinenburg verlassen, um nach Straßburg zu übersiedeln. Wir durften diese Rosen noch einmal blühen sehen. Katharina hatte es vorausgesagt und damit recht behalten.

»Recht behalten wie immer!« scherzte ich, als wir nach Jahren wehmütig lächelnd daran zurückdachten.

Ich aber habe recht gehabt, daß wir im Juni 1621 die Katharinenburg verließen. Manche Woche danach haben wir es noch bedauert. Wie schön wäre diese Sommerzeit auf unserer Höhe gewesen! Wir hätten dort so viel mehr als in der Stadt die Sonne, die frische Luft, die Blumen in Garten, Park und Wiesen und Feldern, die große Freiheit genossen. Wie wunderherrlich wäre es gewesen, wenn die goldenen Trauben in den Wingerten (Weingärten) ringsum geerntet würden und der buntfarbige Herbstwald im Hintergrund auf das fröhliche emsige Treiben hinabschaute.

Ich hatte mir zuweilen insgeheim Vorwürfe gemacht, zu übereilt gehandelt und meine Lieben umsonst um eine erfreuliche, erholsame Zeit gebracht zu haben. Immer, wenn ich auf verborgenen Seitenwegen mit Heiner von Straßburg nach der Katharinenburg ritt, fand ich das Schloß in der Obhut treuer Diener und das traute Dörflein Birlenbach unverändert in geruhsamem Frieden vor. Ach, warum hatten wir es verlassen? War ich wohl übereilt gewesen?

Doch im November 1621 brachte mir ein zuverlässiger Bote einen Brief des derzeitigen Pfarrers, worin mir berichtet wurde, daß die Kleeburger Gegend wiederum von marodierenden Truppen heimgesucht worden wäre. »In Kleeburg brach eine Räuberhorde ein, und was zurückgelassen worden war, wurde geplündert und zerstört. Das mutwillig angelegte Feuer zerstörte einige Häuser. Schlimmer erging es dem benachbarten Dorf Rott, wo sich das wilde Kriegsvolk damit belustigte, die Einwohner zu verstümmeln.«

Katharina und ich dankten Gott für die gnädige Bewahrung. Heiner, der sich nicht zurückhalten ließ, selbst nicht durch das Lamentieren seiner Selmel, machte sich nächtens auf den Weg, um Genaueres zu erkunden. Er kam nach einigen Tagen, in denen wir bange seiner harrten und im Gebet gedachten, wohlbehalten zurück und berichtete, daß die Schäden in Birlenbach sowie auf der Katharinenburg leichter zu beheben wären, als es zuerst den Anschein gehabt hätte. Am meisten hätten die Weinkeller herhalten müssen, und in ihrer Trunkenheit hätten die »wüsten Kerle« lieber ihren Rausch ausgeschlafen, als weiter zu zerstören.

Trotz dieser tröstlichen Kunde waren wir nun doch überzeugt, daß es ratsamer für uns wäre, vorerst in der festen Stadt Straßburg zu bleiben. Auch meine Mutter schrieb uns in diesem Sinne. Die alte, herbe Frau beschwor uns in bewegten Worten inständig, doch unser und unserer Kinder Leben zu schonen und in diesen unsicheren Zeiten im Schutze Straßburgs zu bleiben.

Mein Bruder Friedrich hatte uns in Straßburg sehr freundlich und gastlich aufgenommen und uns den wohnlich und behaglich eingerichteten sogenannten Bruderhof dicht bei dem Straßburger Münster zur Verfügung gestellt. Es fehlte uns darin an nichts. Meiner Gemahlin sagte die Stadt mit ihren von gediegenem Wohlstand zeugenden behäbigen Fachwerkhäusern zu. Sie ähnelte den schwedischen Städten, die Katharina kannte, wenig, und das berühmte Straßburger Münster war erst recht anders als die erdgebundenen, burgenartigen Dome und Kirchen ihrer Heimat. Wie leicht, anmutig wie eine schöne Frau stieg das Münster empor. Sein schlanker Turm wirkte wie Filigran mit viel Luft und Licht zwischen seinen Verästelungen. Erhaben und lieblich zugleich reckte er sich über das Meer der Dächer der Stadt. Weit hinaus in die Ebene ragte er. Ja, sogar vom Schwarzwald, jenseits des Rheins, so sagte man mir, konnte man ihn erkennen, und während die nordischen Dome auf der Erde verharren und dort den Menschenkindern Schutz bieten, zeigt der schlanke Finger des Münsters immer gen Himmel, und mir war, wenn ich ihn auf meinen Ritten über Land aus der Ferne betrachtete, als mahnte, als jubelte er: »Sursum corda!« (Empor die

Herzen!) Ich liebte dieses herrliche Bauwerk, wenn sein Sandstein im Morgenlicht, in der Abendsonne Glanz rot erstrahlte.

Da wir dicht neben ihm wohnten, konnte ich ihn bei meinen kleinen Spazierritten, die ich außerhalb der Stadt wagte, besser genießen. Blieb ich zu Hause und es überkamen mich graue Gedanken, so zog es mich in die Nähe des Münsterbaus, der so ziervoll ist, daß man sich an all seinen Figuren, die ihn schon allein außen schmücken, nicht satt sehen kann. Mir hatten es besonders die beiden Statuen an der Seitenfront angetan, die Kirche und die Synagoge (Judentum) in Frauengestalten darstellen. Die stolze königliche, hochgereckte »Kirche« gemahnte mich an meine stolze Gemahlin. Doch heißes Mitleid überkam mich immer wieder, wenn ich die »Synagoge« betrachtete. War sie mit ihrer Binde vor den Augen in ihrer leidvollen Zerbrochenheit nicht auch wie ein Sinnbild der armen Christenheit, über die nun aller Jammer der Welt herniederbrach? Wie oft betete ich da im stillen: Christe, erbarme dich unser!

Im Innern des Münsters weilte ich auch gern und oft. Auch seine hohen Pfeiler weisen nach oben. Wir hatten damals in dem früher und später wieder den Katholiken dienenden Gotteshaus evangelischen Gottesdienst. War doch Straßburg, was mir diese Stadt noch lieber machte, eine Hochburg des Protestantismus, eine Zufluchtstätte verfolgter Prediger unseres Glaubens. Es lebte sich gut in der alten freien Reichsstadt. Das gab auch Katharina zu. Doch unsere Herzen weilten immer noch in der Katharinenburg. Der Winter war milde in der Oberrheinischen Tiefebene. Es fiel wenig Schnee. Ich erinnere mich, wie ich eines Abends kurz vor Weihnachten mit meinen drei kleinen Mädchen einen Spaziergang durch die Gassen und Straßen und an der Ill entlang, dem lustig plätschernden Fluß, gemacht hatte. Die Kinder hatten gelacht, weil die Giebeldächer lustige weiße Kapuzen aufgesetzt hatten. Dann waren wir auf dem Münsterplatz angekommen.

»Guck mal, Papa, die klugen und die törichten Jungfrauen über dem Eingang haben sich weiß gepudert!« hatte meine fast sechsjährige Magdalene ausgerufen. Und dann hatte sich ihr Mäulchen zu einem staunenden, bewundernden »Oh!« gerundet. Die große Rose, das Wunderwerk über dem Hauptportal, glühte im Abendschein blutigrot in hundertfältigem Maßwerk, und über diese Riesenblume, diese berühmte »Rose« des Münsters, war ein leichter Schleier von Schneeflocken gebreitet. Die glitzerten und gleißten samt dem roten Untergrund. Das war so unbeschreiblich schön, daß es sogar das Herz des Kindes ergriff.

»Lauter Blutstropfen!« flüsterte Magdalene ehrfürchtig, »lauter Feuer!«

»Und weißer Schnee!« babbelte die kleine Elisabeth andächtig.

Rotes Blut, rotes Feuer und weißer Schnee, würde sich nicht beides über unser Land legen, über uns alle und über unsere Katharinenburg?

Die folgenden Monate verliefen für uns so ruhig, auch ohne Unglücksbotschaften von Birlenbach, daß Katharina mich oftmals fragte, ob wir uns nicht im Frühjahr wieder zur Rückkehr nach unserem Heim entschließen sollten.

Dieser Gedanke bekam Auftrieb, als wir eine Freudenbotschaft erhielten, geschrieben von meinem auf der Katharinenburg zurückgebliebenen fürstlich pfalzgräflichen Hofmeister, dem »wohledel und vest Johann Wolff Eckbrecht von Türckheim«, der ein Jahr zuvor noch mit dem »ehrenfest und fürgeacht Bernhard Rauscher«, fürstlich pfalzgräflichen Küchenschreiber, und der fürstlichen Kammerjungfer Anna von Ungern und mir selbst bei einem Söhnlein des Gärtners Hessler Gevatter gestanden hatte. Ach, bei wie vielen Kindern in Birlenbach und Kleeburg sind Katharina und ich als Paten gebeten worden.

Nun, und was vermeldete uns der getreue ehrenfeste Hofmeister: Am 12. April 1622 war der Bau der Katharinenburg endgültig vollendet worden.

»Nun hält uns aber nichts mehr davon, wieder zurückzukehren«, schlug Katharina freudig vor. Sie schaute sich dabei in unserem Straßburger Eßsaal um, als überlegte sie schon, welche Gegenstände und Möbelstücke uns darin zu eigen wären, eingepackt und aufs neue aufgeladen und mitgenommen werden sollten. Arme Katharina, sie würde bald einpacken dürfen, nein müssen und unser Hab und Gut aufladen und fortfahren. Weiter, viel weiter als zur Katharinenburg, dem irdischen Ziel ihrer Sehnsucht.

Zunächst wurden wir noch einige Tage danach in unserem Entschluß durch die Nachricht bestärkt, daß der Markgraf Georg Friedrich von Baden die Kaiserlichen unter ihrem Feldherrn Tilly bei Wiesloch, also nicht weit von uns, am 27. April besiegt hatte. Doch unsere Freude darüber war von kurzer Dauer.

Niemals wieder!

Ehe wir mit unseren Vorbereitungen zur Rückkehr nach Birlenbach zurechtgekommen waren, ritt ein schwedischer Kurier in unsern Hof ein. Er brachte uns ein eigenhändiges Schreiben Gustav Adolfs, dem ein gewichtiger Geleit- und Schutzbrief beigefügt war.

Mit seiner energischen, großflächigen Schrift empfahl, nein, befahl uns der König, ohne langes Zaudern Deutschland zu verlassen. Wir sollten anstatt zur Katharinenburg nach Schweden zurückkehren. Der Krieg verzöge sich gen Norden, und wenn wir noch lange abwarteten, wäre es kaum möglich und höchst gefährlich für uns, durch die kämpfenden Heermassen zu fahren. Sein Geleitbrief würde uns zwar vor den kaiserlichen wie den protestantischen Truppen, denen wir begegnen könnten, beschützen, da er ja immerhin ein dank seines verewigten Vaters zur Großmacht herangewachsenen Staates Herrscher sei und bisher mit keinem von ihnen in Fehde stände. Doch vor Marodeuren, raubenden, mordenden Horden gälte auch nicht das Wort eines fernen Königs. Darum würde etwa eine Woche nach diesem Kurier eine Schar kräftiger, kampferprobter Schweden zu unserer Begleitung eintreffen. Außerdem empfehle er uns, keine großen Wagen voller Besitztümer mitzuführen. Sie würden erst recht zum Diebstahl verlocken, und wenn wir genötigt wären, Nebenwege zu benutzen, durch Wälder und unbewohnte Gebiete zu fahren, würden sie unser Vorwärtskommen erschweren. Zudem wäre es nicht nötig, daß wir Frachtwagen voll Geräte und Möbel mitbrächten. Er ließe schon Schloß Stegeborg, Katharinas Geburtshaus, das sie vor allen liebte, aufs beste herrichten, und damit wir wahrhaft uns im eigenen Heim empfänden, läge schon die Urkunde bereit, die mir dies Krongut als Besitz, als Teil des Brautschatzes Katharinas überschriebe. So hätte er denn alles aufs beste für uns geordnet und wünsche uns Gottes Segen und Schutz für unsere Reise.

Wir waren dankbar, gerührt ob dieses langen Briefes dieses einmaligen edlen Mannes, dankbar und gerührt ob seiner liebevollen Fürsorge. Aber ach, wußte er, wie es ist, wenn man das neu erbaute, mit solcher Liebe, solcher Freude erbaute Haus für immer verlassen muß? Mehr als zweihundert Pläne hatte ich dafür gezeichnet, bis alles nach Katharinas und meinem eigenen Wunsch eingerichtet war. Konnte Gustav Adolf, der nur ererbte Krongüter besaß, ermessen, was dieser Verzicht für uns bedeutete?

Es traf uns wie ein Blitzstrahl. Aber wir mußten uns Gustav Adolfs vernünftiger Einsicht, wir mußten uns unter Gottes Willen beugen, mußten uns von dem geliebten Heim, von geliebten Sachen trennen sowie von den treuen Mitgliedern unseres kleinen Hofstaates, unserem Gesinde, die aus dem Kleeburger oder dem Zweibrücker Land stammten und denen es sehr schwer geworden wäre, ihre Heimat zu verlassen, in dem fremden nordischen Land Wurzel zu schlagen.

Heiner jedoch war fest entschlossen, bei uns zu bleiben, und ebenso seine Frau Selmel. Ihr Kind wollten sie mitnehmen, das Häusel der Obhut ihrer Eltern überlassen. Die beiden begleiteten uns auch, als Katharina darauf bestand, ohne die andern wenigen, die mit uns reisen wollten und auf die Ankunft der schwedischen Leibgarde in Straßburg warten sollten, doch für einen oder zwei kurze Tage die Katharinenburg aufzusuchen und zugleich von den lieben Menschen in Birlenbach und Kleeburg Abschied zu nehmen.

Es war ein herbes Scheiden. Wußten wir doch, daß wir uns kaum wiedersehen würden. Doch noch hofften wir trotz allem darauf. »Wenn nicht hier, dann dort oben!« sagte ein altes Mütterlein uns beim letzten Händedruck.

Wir befahlen einander unserem Herrn in einem Gottesdienst in der Birlenbacher Kirche an. Am Spätnachmittag gingen wir mit Heiner und Selmel durch unsere Katharinenburg.

Vor dem glänzenden Schrank hielt Katharina ein. »Mein geliebter Kirschbaum«, sagte sie sanft. »Nein, er soll nicht von Räuberhorden zerschlagen, aufgebrochen, geschändet werden.«

Sie wandte sich zu Heiner und seiner Frau um. »Ich weiß, es wird eine schwere Arbeit sein, aber ich bitte Euch sehr darum. Ihr werdet heute abend Abschied von euren Angehörigen nehmen. Bittet sie, morgen früh, wenn wir fort sind, den Schrank zu holen und in einem abgelegenen versteckten und ärmlichen Häusel mit allem, was noch darin ist, in größere Sicherheit zu bringen. Ich will dem Hausbewahrer hier, der die Katharinenburg mit einigen Knechten, solange es möglich ist, hütet, Anweisung geben, daß bei dem umständlichen Transport geholfen wird, und will es reichlich lohnen. Tust du mir den Gefallen, Heiner?«

»Und wenn ich eine Wand vom Häusel ausbrechen oder den Schrank allein in den dicksten Kellerraum schleifen soll«, versprach Heiner eifrig.

Katharina lehnte noch einmal die Wange an »ihren Kirschbaum«. Dann verabschiedete sie die beiden Getreuen mit einer leichten Handbewegung.

Wir verweilten noch einen Augenblick, bis sie ihrer Tränen Herr geworden war. Dann stiegen wir in den Garten hinab. Die Rosen dufteten uns entgegen. Sie glühten rot auf im Abendschein, der über den westlichen Höhen strahlte.

»Heute, am 11. Juni, war 1615 unser Hochzeitstag«, sagte ich. »Soll ich dir eine der Rosen zum Abschied pflücken?«

Sie legte die Hand auf meinen Arm und wehrte ab. »Nein, laß ihr das Glück beschieden sein, das uns kaum vergönnt sein wird. Laß sie hier leben und in Frieden sterben.«

Sie wischte sich über die Augen, lächelte mich dann an und bat: »Verzeih, daß ich so wehleidig und weinerlich bin, es liegt zum Teil an meinem Zustand. Freu dich in allem Leid mit mir: Uns wird ein neues Röslein erblühen. Gott wird uns wieder ein Kind schenken.«

Und nun leuchteten ihre Augen auf, diese großen strahlenden Wasa-Augen, und sie sagte mit fester Stimme: »Es wird ein Sohn werden!«

Unsere Reise wurde noch länger, noch beschwerlicher, als wir vermutet hatten. Wahrscheinlich durch ihren Zustand und all die Aufregungen bedingt, verschlechterte sich meiner tapferen Katharina Gesundheit derart, daß wir einen Rasttag bei meiner Mutter in Meisenheim einlegen mußten. Auch dort war es ein Abschied für immer hier auf Erden. Die alte Pfalzgräfin-Witwe war weicher, als ich sie gewohnt war.

»Ich werde euch nicht wiedersehen«, weinte sie. »Mein Leben neigt sich seinem Ende zu. Meine Schwester und ich sind die letzten Zweiglein des Hauses Jülich, die bald abgebrochen werden.« Aber Gott hat ihr nach seinem unerforschlichen Willen noch manches Jahr auferlegt. Sie erlebte den Dreißigjährigen Krieg mit all seinem Jammer, mit Kriegskontributionen (Zahlungen), Einquartierung, Seuchen, Entbehrungen, Verarmung und Hungersnot und starb im Alter von fast achtzig Jahren. Wir aber sahen sie nicht wieder.

Langsam und beschwerlich war unsere Reise auch, weil wir oft holprige, ausgefahrene Wege durch Wälder und Gebirge benutzen mußten, wenn die uns vorausreitenden Späher Rauch von brennenden Dörfern, Kampfeslärm oder herumstreifende Marodeure meldeten. Häufig mußten der Gesundheit meiner Gemahlin und der kleinen Mägdlein wegen Ruhepausen eingelegt werden. Wir suchten uns dafür Schlösser und Städte abseits der Kämpfe aus, die gut befestigt und deren Bewohner, wie zunehmend im nördlicheren Deutschland, protestantisch waren. Noch hatte der furchtbare Krieg nicht so weit um sich gegriffen. Allenthalben wurden wir herzlich aufgenommen. Am liebevollsten empfing uns Stralsund, wo wir bei fürsorglicher Pflege auf inständiges Bitten länger verweilten.

Erst im Spätherbst landeten wir in Nyköping. Meiner ermatteten Gemahlin zuliebe blieben wir vorläufig in dem dortigen Schloß. Am 8. November 1622 wurde dort unser geliebter Sohn Karl Gustav geboren, der nach Gottes Willen einst König von Schweden sein wird.

Jedes Stück muß erkauft werden, und wo eine Träne fließt, erblüht auch ein Röslein. Niemals sahen wir die Katharinenburg wieder.

Die Rückkehr

Wir verlebten geruhsame Monate in dem Schloß von Nyköping, wohl geborgen vor der Eiseskälte, den Schneemassen, der Finsternis des nordischen Winters. Geborgen auch vor dem Kriege, der gewiß im Frühjahr erst recht wieder seine Brandfackeln in das unglückliche deutsche Land werfen würde.

Ja, wir konnten uns ausruhen von all den Aufregungen der letzten Zeit. Doch still war es im Schloß von Nyköping nicht, wenn wir auch von der Welt draußen abgeschlossen waren. Kinder bringen Leben, Lachen und Weinen, vor allem aber Fröhlichkeit ins Haus. Wir wollten, daß sie in dieser Fröhlichkeit so lange wie möglich vor allem Übel bewahrt blieben, soweit es in Katharinas und meiner Macht stünde. Wir hatten beide cine liebearme Kindheit gehabt und hatten uns fest vorgenommen, daß unsere Kinderschar, zu der sich zu unserem Glück im Lauf der folgenden Jahre noch mehr gesellten, in warmer Elternliebe aufwachsen sollten. Katharina war eine vortreffliche Mutter, und ich habe mein möglichstes getan, ein guter, verständnisvoller Vater zu sein, zu dem sie vertrauend mit all ihren kleinen und späteren großen Sorgen kommen konnten.

Auch Gustav Adolf, der uns herzlich bei unserer Ankunft in Nyköping empfangen hatte, war sogleich Freund mit unseren Kleinen. Er strich den Mägdlein über die Blondzöpfe, und als Karl Gustav geboren war, erbot er sich sogleich als Pate und stand geradezu andächtig an der Wiege, betrachtete mit gefalteten Händen den Säugling, wandte sich dann zu Katharina und sagte mit strahlenden Augen: »Solch einen prächtigen gesunden Wasa-Sproß werde ich auch bald haben.«

Wir hofften und freuten uns mit ihm. Er war ein Mensch, den man einfach ohne Vorbehalt lieben mußte, und sein gewinnendes Wesen war nicht derart, wie das der leere Schmeicheleien dahersäuselnden Höflinge. Was er sagte, was er tat, war schlicht und aufrichtig.

Er wehrte sogleich lachend ab, als ich ihn mit Majestät anreden wollte, wie ihm gebührte. »Bin ich dir so fremd geworden?« rief er.

»Haben wir nicht einen Bund miteinander geschlossen und unsere Hand in Gott gestärkt, wie es in der Heiligen Schrift von David und Jonathan geschrieben steht? Unsern Bund wird kein eifersüchtiger Saul stören.«

»Aber ein Oxenstierna«, dachte ich still für mich, unterdrückte jedoch diese Bemerkung.

»Sind wir nicht wie sie Brüder?« fuhr Gustav Adolf fort. »Hat David nicht ausgerufen: Es ist mir leid um dich, mein Bruder Jonathan.«

Mich durchschauerte es. »Möge ich das nie ausrufen müssen«, sagte ich bewegt.

Der kräftige, große Mann klopfte mir auf die Schulter. »Also die Anrede Majestät habe ich mir von dir, Bruderherz, verbeten, aber erbeten werde ich mir deine Hilfe in meinen Staatsgeschäften. Im Frühjahr nach der Taufe meines Erstgeborenen werde ich wieder in den Polenfeldzug ziehen, zuerst aber reiten wir noch einmal wie einst durch unser geliebtes Land, damit die guten Schweden ihren König nicht vergessen und wissen, daß er sich um sie kümmert. Zugleich auch, daß sie dich als meinen Vertreter, meinen Reichsverweser, anerkennen, und mag der schwedische Adel auch noch so schiefe Mäuler ziehen.«

Ich wagte bei dieser aufgeschlossenen Stimmung des Königs auch etwas von ihm zu erbitten. Nach dem ersten Sieg des Markgrafen von Baden waren Niederlage auf Niederlage für die protestantische Union gefolgt. Im Frühjahr würden die Kämpfe neu aufflammen und wahrscheinlich noch unglücklicher ausgehen. Wollte Gustav Adolf nicht endlich eingreifen und zu Hilfe eilen? Doch er blieb trotz aller Sympathie für die deutschen Protestanten der besonnene und vorsichtige Staatsmann, zu dem er sich entwickelt hatte.

»Ich kann noch nicht«, antwortete er ernst. »Ich kann allein schon wegen der Polen nicht, die mir in den Rücken fallen würden, solange ich noch mit ihnen Krieg führe. Außerdem muß ich noch vorsichtig die Entwicklung Frankreichs, Englands, Dänemarks und anderer Fürsten erkunden. Vermelde deinen Freunden, daß ich wohl beabsichtige, ihnen zu Hilfe zu kommen, doch meine Zeit abwarten muß. Auch deinem Pfälzer Vetter, der aus Böhmen nach Holland geflüchtet ist, kann ich vorerst nicht beistehen.«

Ich mußte Gustav Adolfs Beweggründe einsehen und wollte nicht noch mehr – gegen meine eigene Einsicht – in ihn dringen, um unser gutes brüderliches Verhältnis nicht in Gefahr zu bringen. Wir schieden im besten Einvernehmen. Wegen der Wetterverhältnisse dieses Winters sah ich ihn eine Zeitlang nicht mehr. Ich bin ein Freund der Ruhe sowohl wie des fröhlichen Familienlebens, und beides genoß ich in jenen Tagen.

Wie bald jedoch gedachte ich an die Worte, die mich hatten erschauern lassen: »Es ist mir leid um dich, mein Bruder Jonathan.« Gott sei Dank, er selber war noch nicht, wie damals Jonathan bei der Klage Davids, aus dem Erdenleben geschieden.

Eines Tages trat er ganz unerwartet bei uns ein. An seinen Augenbrauen glitzerten gefrorene Kristalle, sein rotblonder Spitzbart war voll kleiner Eiszapfen, so daß unsere kleine Elisabeth lachend und jauchzend danach griff.

Doch Katharina nahm das Kind rasch auf den Arm, beschwichtigte seinen Protest und trug es hinaus. Sie hatte sogleich gemerkt, daß ihrem Bruder diesmal nicht um kindliche Fröhlichkeit zu tun war.

Er ließ seine kraftvolle Gestalt wuchtig auf einen Stuhl fallen und stütze den Kopf in beide Hände.

Wir warteten schweigend. Endlich richtete er sich auf, schaute uns an und sagte: »Mein Erstgeborener kam zu früh und tot zur Welt.«

Katharina legte die Hand auf seine Schulter und tröstete sanft. »Wir fühlen mit dir, Bruder, und wissen, wie schwer es ist, ein Kindlein herzugeben. Uns starb unser erster Sohn nach einem Jahr. Er hatte sich körperlich und geistig schon so prächtig entwickelt. Wie haben wir ihn geherzt, auf dem Arm getragen und mit ihm gesprochen! Es schien, als verstände er uns schon. Er lachte, krähte, streckte uns die Händchen entgegen. Und dann nahm ihn der Herr wieder zu sich. Kinder sind Leihgaben Gottes. Er gab uns wieder einen Sohn. Wenn es sein Wille ist, folgen noch mehr. Ich hoffe es, und dabei bin ich soviel älter als deine Gemahlin. Wie trägt sie es? Wärst du nicht besser bei ihr geblieben, sie zu trösten?«

»Sie trösten!« stieß Gustav Adolf schmerzlich hervor. »Ich vermag es nicht. Sie ist und bleibt ein Kind, und ich konnte sie bisher nicht ändern, wie ich es erhofft hatte.«

»So ihr nicht werdet wie die Kinder!« warf ich ein. »Laß ihr den holden Kindersinn.«

»Holder Kindersinn«, wiederholte Gustav Adolf bitter. »Nein, sie ist ein unerzogenes, ungezogenes Kind. Obwohl sie sich wegen ihres Zustands in acht nehmen mußte, worum ich sie oftmals inständig bat, wälzte sie sich wie eine Wilde auf dem Boden, schrie und schlug um sich, wenn ich ihr nicht zu Willen war, sie mich nicht begleiten durfte, wenn ich gezwungen war, aus Staatsgründen zu verreisen.

Ein Kind ist sie mit kindischen Anschlägen, wie der Apostel schreibt, wenn sie sich über die albernen Späße ihrer häßlichen widerlichen Hofzwerge vor Lachen krümmt. Ich habe sonst nachsichtig über all ihre Kindereien, von denen ich euch schon früher berichtete, gelächelt. Nun kann ich es bald nicht mehr. Ich hoffte, die Mutterschaft würde sie ändern. Doch das ist nun dahin.«

»Durchaus nicht«, begütigte Katharina, »sie ist jung, sie liebt dich sehr!«

»Ja«, bestätigte er, »in ihrer Liebe ist sie kein Kind. Sie ist von jäher Leidenschaftlichkeit, unbeherrscht, unmäßig, wie in allem.«

»Ihr werdet dies Leid gemeinsam tragen«, beschwichtigte Katharina weiter. »Das wird sie läutern.«

Gustav Adolf schüttelte den Kopf. »Sie schreit und weint und will sich nicht trösten lassen, wenigstens von mir nicht, eher von ihrer Busenfreundin, die sie aus Deutschland mitgebracht hat, dem Fräulein von Bülow.«

Er sprang auf, reckte sich. »Es ziemt einem Mann nicht, über sein angetrautes Weib zu lästern«, sagte er. »Verzeiht! Ihr wart meine Nächsten. Andere werden nichts davon zu hören bekommen, und nun, liebe Schwester, lieber Bruder, gönnt mir noch ein kurzes Verweilen in eurer Wärme und kredenzt mir einen heißen Trunk!«

Eine Stunde danach galoppierte sein Roß fast lautlos durch den Schnee von uns fort, und die Gestalt des kühnen stattlichen Reiters entschwand unseren Augen im Flockenwirbel.

Drei Tropfen Wermut

Im Frühling, der in Schweden so spät, aber dann um so kraftvoller eintrifft, zogen wir nach Stegeborg um. Dieses Schloß war wirklich ein königliches Geschenk. Gustav Adolf hatte es von außen und innen renovieren lassen. Es war wahrhaft fürstlich ausgestattet, und Katharina sorgte mit ihren selbstgewebten Teppichen, Gobelins und Decken, ihrem Blumenschmuck, die Räume noch wohnlicher und behaglicher zu gestalten. Mir selber blieb auch noch ein bescheidener Anteil an der Verschönerung unseres Heimes, worin wir nun eine neue Heimat finden sollten.

Es gelang uns, den berühmten Gärtner Salomon de Caus, dessen Gartenkunst die Heidelberger Residenz des Kurfürsten von der Pfalz so verschönt und danach den Park der Katharinenburg angelegt hatte, zu veranlassen, nach Schweden zu kommen. Ich nehme an, daß er gerne das immer mehr von Kriegswirren beunruhigte Deutschland verließ. Er gestaltete unsere Gärten dem der Katharinenburg ähnlich.

Nicht wenige der begüterten schwedischen Adligen erteilten ihm danach gleiche Aufträge, so daß die Gartenbaukunst auch im Norden bekannt und beliebt wurde. Ich hatte nicht minder als Katharina große Freude daran. In dieser harmonischen Umgebung führten wir ein harmonisches Familienleben, in das hinein später noch unser stämmiger Johann Adolf und zuletzt unsere süße kleine Maria Euphrosyne geboren wurde. Wir hätten glücklich und dankbar sein müssen. Wir waren es auch.

Doch fällt nicht in jeden Becher goldenen süßen Trankes ein Tropfen Wermut? Katharina sowohl wie mich hat nie ein leises wehmutsvolles Heimweh nach unserer Katharinenburg verlassen.

Außerdem verfolgte ich Jahr um Jahr aus der Ferne noch eifriger und bewegter als meine Gemahlin die Weiterentwicklung des furchtbaren Krieges in Deutschland, der sich immer mehr ausdehnte und immer mehr an Schrecken zunahm.

Ein drittes vor allen andern gehütetes und verborgenes Leid war die Ehe unseres geliebten Bruders und Schwagers. Ich war auf seinen Wunsch, der mir gleichzeitig Befehl war, fast täglich bei ihm in Stockholm, um in die Staatsgeschäfte volle Einsicht zu gewinnen, die ich in seiner und Oxenstiernas Abwesenheit während des immer noch andauernden polnischen Krieges zu führen hatte. Ich darf sagen, daß seine Freundschaft, sein Vertrauen zu mir immer inniger und fester wurde. Ich hingegen liebte diesen so von Herzen frommen und gottesfürchtigen Mann von Tag zu Tag mehr.

Ich getraute mich jedoch kaum, ihm mitzuteilen, daß uns wieder ein Sohn, unser Johann Adolf, geschenkt worden war. Seine Gemahlin hatte kurz zuvor wieder eine Fehlgeburt gehabt.

Oxenstierna wußte natürlich schon von unserem Kinderzuwachs und fühlte sich verpflichtet, schon ehe ich davon gesprochen hatte, mich höflich zu beglückwünschen, als ich in des Königs Arbeitskabinett trat. Dann trat Gustav Adolf herein, umfaßte meine Rechte mit seinen beiden kraftvollen Händen und strahlte mich mit seinen herzenbezwingenden Augen liebevoll und gütig an.

Im gleichen Augenblick wurde die Tür aufgestoßen, im rauschenden Seidengewand stürmte seine Gemahlin herein. Da war nichts mehr von dem bezaubernd anmutigen Schreiten zu bemerken, und gleichfalls ihr reizend gepriesenes Gesicht unter den blonden Lokken war durchaus nicht reizend, sondern verzerrt. »Sie hat schon wieder einen Sohn«, schrie sie mich schrill an, »und dabei ist sie schon alt und häßlich, Eure Katharina!«

»Für mich ist sie die schönste Frau der Welt, weil ich sie liebe«, erwiderte ich ruhig.

»Maria Eleonore!« mahnte sie Gustav Adolf und faßte sie an ihrem zarten weißen Handgelenk.

Sie riß sich los und weinte laut: »Ja, er liebt sie, und du liebst mich nicht. Für dich ist die Schönste auf der Welt Ebba Brahe, die Sohn auf Sohn diesem französischen Adligen schenkt. Und bin ich nicht tausendmal schöner als diese steife Schwedin! Oh, wie ich sie hasse, alle diese Schweden!« Sie warf sich auf den Boden.

Ich zog mich erschüttert in eine Fensternische zurück.

Gustav Adolf trat wieder auf sie zu, wollte sie aufheben. Doch sie stieß mit ihren zierlichen Füßen nach ihm.

Da packte sie Oxenstierna derb: »Spielt Euer Theater bei Euren albernen Zwergen, Majestät!« fuhr er sie an.

»Verzeiht!« wandte er sich dann an den König, der seine Gemahlin um die Schulter faßte und die niedliche Gestalt mehr trug als führte.

Ich blieb mit Oxenstierna zurück. Ich war beschämt. Es war mir unangenehm, Zeuge dieser Szene gewesen zu sein.

»Widerlich wie so oft«, murrte Oxenstierna vor sich hin. »Hier hat meine Diplomatie versagt, wäre sie nur in Brandenburg geblieben! Nicht umsonst nennt er sie insgeheim Malum domesticum (Hauskreuz), ist froh um jede Meile, die zwischen ihm und ihr liegt. Doch wann gelingt ihm das? Sie hängt ja an ihm wie eine Klette, verfolgt ihn auf Schritt und Tritt. Wäre ich nicht, führe sie mit in den Polenkrieg und säße im Reichsrat an seiner Seite.«

Er fuhr aus seinem Dahinbrüten auf, gewahrte mich, der sich in die dunkelste Ecke zurückgezogen hatte. »Ach, Ihr seid da, Euer Liebden«, sagte er mit schiefem Lächeln. »Nun, macht nichts! Dies wird kein Geheimnis für Euer Liebden sein.«

Nein, das war es bald für die ganze Hofgesellschaft nicht. Doch keiner fühlte so innig und doch schweigend mit wie Katharina und ich.

Das Jahr des Glücks

»Möge dies Jahr wirklich dank Gottes Güte ein Jahr des Heils für uns werden!« sagte mein königlicher Schwager zu mir, als wir in den hellen Tagen noch einmal miteinander durch das Land bis hoch in den Norden hinein ritten. Nicht zu unserem reinen Vergnügen – es war Anstrengung genug damit verbunden –, sondern zur Inspektion, ehe er Oxenstierna wieder in den Feldzug mit Polen folgte, wobei er das Kriegsgebiet als glänzender Stratege nach Preußen verlegt hatte. So hervorragend wie er in seinen militärischen Talenten war, so eiferte er auch immer mehr Oxenstierna in seinen staatsmännischen Fähigkeiten nach. Sowenig wir, Oxenstierna und ich, einander liebten, Haß hat es, wie manche Seiten behaupten, nie zwischen uns gegeben. Das kann ich als aufrichtiger Christ erklären, und ich erkannte ihn damals wie heute als genialen Staatsmann an.

Nun stand, wenn auch kein endgültiger Friede, so doch ein sechsjähriger Waffenstillstand mit Polen bevor. Es galt noch Verhandlungen darüber zu führen, und ich nehme an, daß Gustav Adolf sogar länger ausblieb, als unbedingt nötig war. Maria Eleonore, seine Gemahlin, erwartete wieder ein Kind. In diesem Zustand konnte sie ihn nicht begleiten, sosehr sie auch in ihrer Unvernunft darum bettelte.

War sie aber seiner Anwesenheit beraubt, so zog sie sich völlig zurück. Nur ihre intime Freundin, Fräulein von Bülow, durfte um sie sein, zuweilen auch noch andere Hofdamen, die ihr abwechselnd aus der Bibel vorlesen oder ihr Kompressen auf den schmerzenden Kopf legen mußten. So verhielt sie sich denn ruhig, und daß sie, ihrem Zustand entsprechend, sich so benahm, ist zum großen Teil meiner Katharina zu verdanken. Da ich mich selber nicht damit rühme, kann ich es wohl niederschreiben.

Seltsamerweise hatte die Königin urplötzlich ein großes Vertrauen, das beinahe an Zuneigung grenzte, zu ihrer Schwägerin, die sie doch als alte steife Schwedin gescholten hatte. Wie das gekommen war?

Wer kann die sprunghaften Einfälle eines – ich darf wohl behaupten – verwirrten Geistes erklären?

Sobald die dunklen Herbsttage in die noch düsterere Winterzeit übergingen, mußte Katharina immer häufiger um die Königin sein, sie beruhigen, ermutigen, aus ihrer reichen Erfahrung heraus beraten. Wir hatten auf Gustav Adolfs Wunsch darum wieder in den Seitenflügel des Stockholmer Schlosses Drei Kronen übersiedeln müssen.

Wie oft kehrte Katharina abends todmüde zu mir samt unserer Kinderschar zurück, wenn die Königin endlich eingeschlafen und sie in der Hut ihrer Fräulein zurückgelassen werden konnte. Ich traf sie einmal an, wie sie in einem Raum abseits von uns ein Fenster weit aufriß, die Hände an ihre Schläfen legte und tief die kalte reine Winterluft einatmete. Es war bei der Königin immer kaum erträglich heiß. Die Fensterritzen mußten verstopft werden, damit kein Windhauch eindränge. Unzählige Kerzen mußten brennen, damit viel Licht um Maria Eleonore war und zugleich, weil nach ihrer Ansicht diese Kerzenbeleuchtung ihrer Schönheit schmeichelte. Diese dumpfe Schwüle wurde noch verstärkt durch all das Parfüm, das die Königin um sich versprühen ließ.

Ich bedauerte Katharina oft, daß sie es stundenlang in dieser schlechten Luft aushalten mußte, doch sie wehrte lächelnd ab: »Bald ist es vorbei! Wenn ich nur etwas helfen kann!«

Der König hatte sich durch Eilkuriere ständig über das Befinden seiner Gemahlin unterrichten lassen. Zu Beginn des Winters, als Maria Eleonores schwere Stunde näher rückte, war natürlich auch der Gemahl wieder in Stockholm. Er war mit rührender Fürsorge um sie, erfüllte die Wünsche dieser verschwendungssüchtigen kleinen Seele nach Geschmeiden, Spitzen, Brokatstoffen und was sie alles begehrte, zeigte sich aber andererseits auch wieder strenger gegen sie und drohte sogar, sie wieder zu verlassen, wenn sie ihre wilden Zärtlichkeits- und Wutausbrüche nicht allein schon des Kindes wegen zähmte.

Er selber war unruhiger, als er, der unerschrockene Krieger, je vor Beginn einer Schlacht gewesen ist. Als ich eines Tages leise in sein Arbeitszimmer trat, um Akten auf seinen Schreibtisch zu legen, hatte er den Kopf gebeugt und in beide Hände geborgen und murmelte vor sich hin: »Herr, nimm mir nicht auch das dritte Kind!«

Ich habe mich unbemerkt zurückgezogen, nur meiner lieben Katharina davon erzählt, und sie hat sich vorgenommen, sich noch mehr um Maria Eleonore zu kümmern und sie in rechter Weise zu umsorgen.

Sie stand ihr auch bei, als der Tag der Geburt anbrach. Der König selber lief ziellos durch die Räume, die kalten weiten Gänge des Schlosses auf und ab, hin und her.

In dem düsteren großen Saal warteten mit ihm – allerdings weniger aufgeregt, aber immerhin besorgt und ungeduldig – die Reichsstände und der Adel, denen er allesamt bei der Geburt eines Thronfolgers reiche Geschenke versprochen hatte. Oxenstierna hatte er bereits 1612 zum Reichskanzler und 1626 zum Generalgouverneur von Preußen (damit waren die Schweden gehörenden Gebiete Preußens gemeint) ernannt. Mit ihnen warteten draußen in der Eiskälte die Kanoniere, um Salut abzufeuern.

Und dann endlich – endlich – als der König gerade weitab von dem Schlafgemach seiner Gemahlin auf und ab schritt, öffnete sich die Tür dieses Raumes, und mit einem lauten, starken Schreien kündete sich der Säugling selber an. Ehe aber der König hinzugeeilt war, ertönte ein ebenso lautes: »Nein! Nein! Fort damit!« Unverkennbar war das der jungen Mutter Stimme.

Katharina, die bei der Geburt anwesend war und es mir berichtet hat, trat beschwichtigend auf den erschrockenen König zu und sagte: »Es ist alles in Ordnung. Das Kind lebt und ist gesund. Maria Eleonore hat sich nur so erschrocken.«

»Warum?« stieß Gustav Adolf hervor. »Was fehlt meinem Sohn?«

»Nichts«, erwiderte Katharina mit leisem Lächeln, »eher hat das Kind zuviel. Es ist von Kopf bis zu Fuß voll dunkelroter Haare.«

Lachend stürmte Gustav Adolf davon, riß ungestüm die Tür des Saales auf, rief mit machtvoller Stimme: »Meine Herren, der Thronfolger ist geboren. Ein schwedischer Bär! Ein Wasa!«

Ich sehe noch, wie Katharina ihm aufgeregt folgte, ihm in dem allgemeinen Getümmel die Hand auf den Arm legte, daß er sich umwandte. Schreckensbleich war ihr Gesicht. Ihre Lippen zitterten.

»Ist mein Sohn tot?« fragte er bestürzt.

»Nein«, antwortete sie. »aber ich will dich nicht belügen und täuschen, so schmerzlich es mir auch ist. Es ist kein Sohn, es ist eine Tochter.«

Der König blickte zuerst verblüfft, dann lachte er hell auf. »Meine Herren!« rief er. »Wir haben eine Prinzessin, und sollte ich wieder in den Krieg ziehen und nach Gottes heiligem Willen nicht wiederkehren, so wird sie auf meinem Thron sitzen. Laßt sie hoch leben! Begrüßt sie! Laßt Salut feuern! Der Herr sei gepriesen! Ihm sei Dank für den neuen Sproß am Stamm der Wasa!«

So hatte sich am 17. Dezember 1626 das Jahr des Glückes für Gustav Adolf vollendet. Die Thronfolge war gesichert. Christine Wasa, die zukünftige Königin von Schweden, war geboren.

Ich hatte meinen königlichen Schwager noch nie so glücklich gesehen wie in jenen Tagen.

»Teile es deinen Freunden in Deutschland, den protestantischen Fürsten mit«, befahl er mir. »Ich habe jetzt den Rücken frei. Ich werde ihnen zu Hilfe kommen können. Es mag zwar noch etwas dauern. Es bedarf gründlicher Vorbereitungen für solch ein riesiges Unternehmen. Doch auf mein königliches Wort, ich werde mit meinen tapferen Schweden hinüberfahren und für die reine Lehre streiten.«

Er war so voller Mannesmut und Schaffenskraft. Es war eine Freude, diesen herrlichen großen Mann so strahlend zu sehen und so voller Dank gegen Gott. Er plante gewiß keinen Kriegszug nach Deutschland um größerer Macht willen, wie es Oxenstierna insgeheim im Sinn hatte. Er tat es aus aufrichtigem Herzen Gott zur Ehre um des Glaubens willen.

Und wie lobte und pries er Gott täglich für dies tröstliche Geschenk, sein Kind, das bald ohne Haarpelz mit goldenen Löckchen und schneeweißer Haut den Vater mit tiefblauen Wasa-Augen anschaute. Wie liebte er es!

O wie wünschte ich dich zurück, du Jahr des Glücks 1626!

Es ist mir leid um dich, mein Bruder

In keines Menschen Leben herrscht dauernd Sonnenschein. »Sonst würde es zur Wüste«, sagte meine kluge Katharina, als ich dies einmal äußerte.

Auch über Gustav Adolfs blauem Himmel zogen Wolken auf. Zwar strahlten seine Augen noch immer, wenn er sein Töchterlein auf seinen starken Armen durch die Säle und Gänge des Schlosses trug, mit ihm vor einem der großen Spiegel anhielt und feststellte, wie so sehr ihm die Kleine glich mit dem blonden Haar, der hohen Stirn, den echten Wasa-Augen, der Adlernase, die jetzt zwar noch ein Näschen war.

Wie freute er sich, als es an seiner Hand schon durch die Räume trippelte und immer selbstbewußter fest auftrat, als wollte es seinen kräftigen Mannesschritten gleichtun. Und wie stolz war er erst, als sich schon nach wenig Jahren herausstellte, daß dieses kleine Mädchen eine erstaunliche Begabung hatte und jetzt schon neben Lerneifer Mut und Tatkraft bewies.

Christine strebte nach jedem Buch, sie lernte wie von sich selber lesen, schreiben und immer mehr, immer mehr, und sie strebte ebenso auf den Rücken des Pferdes und schrie vor Entzücken, wenn der Vater sie vor sich hinaufhob und mit ihr ausritt.

»Du wirst die rechte Königin werden«, lobte er. Er hoffte nicht mehr, daß seine Gemahlin ihm noch einen Thronerben schenkte. Sein Ehehimmel war es, an dem immer mehr Wolken aufgestiegen waren. Er hatte gehofft, nach der so lange ersehnten Geburt eines Kindes ein rechtes Familienleben führen zu können, so wie er es von seinem Vater gewohnt gewesen war und wie er es sich, noch im Glauben vertiefter, gewünscht hatte. Doch Maria Eleonore wehrte mit Abscheu, geradezu mit Ekel ab, wenn er ihr lächelnd das kleine Mädchen hinhielt. »Sie kann den ersten Schrecken, den ihr Christine als kleiner Bär gleich nach ihrer Geburt einflößte, nicht vergessen«, hatte er milde die junge Mutter entschuldigt. Doch mir scheint, daß es vor allem Eifersucht war, die sie so ablehnend, so gehässig gegen ihr eigenes Kind machte, denn Gustav Adolf liebte sein Töchterchen über alles auf Erden.

»Dieser Balg raubte mir die Liebe meines Gemahls«, hatte sie meiner Katharina einmal vorgejammert und hatte sich von diesem Gedanken nicht abbringen lassen.

Es geschah eines Nachts, daß ein großer Balken auf Christines Schlafstätte geworfen wurde, der das Holz des Bettchens zertrümmerte, das Kind aber wie durch ein Wunder unverletzt ließ. In einer andern Nacht, als die Wärterin neben Christine schlief, schreckte sie in die Höhe, als das Kind laut aufschrie, und sah gerade noch, wie eine Frauengestalt aus dem Gemach floh, indessen das Kind jammernd auf dem Boden lag. Christine hat von dieser Verletzung, die ihr durch das heftige, wütende Hinwerfen beigebracht worden ist, eine etwas schiefe Schulter behalten.

Gustav Adolf trat den Gerüchten, die eigene Mutter hätte das ihr so verhaßte Kind derart aus dem Wege räumen wollen, streng entgegen, so daß sie rasch verstummten.

»Maria Eleonore handelt nicht so schändlich«, sagte er zu Katharina und mir. »Außerdem ist sie viel zu zart und schwach, daß sie solch einen schweren Balken schleudern oder die Kleine mit solcher Wucht zu Boden werfen könnte.«

Wir antworteten nichts. Meine arme Tante war gezwungen worden, den geistesgestörten Brandenburger zu ehelichen. Mein Onkel, der Bruder dieser Unglücklichen, der letzte Herzog von Jülich-Cleve, war gleichfalls irr gewesen. Wir wußten von meiner Mutter, daß solche Kranken während ihrer Wutanfälle eine unglaubliche Kraft entwickeln. Doch das sagten wir Gustav Adolf natürlich nicht.

Ob ihm unser Schweigen genug war? Doch wenn er auch seine Gemahlin verteidigte, so fürchtete er doch für sein Kind vor dessen eigener Mutter. Auf seinem Arme brachte er selber noch am gleichen Tag das von seiner Verletzung noch leise wimmernde Mägdlein zu uns, setzte es auf Katharinas Schoß und sagte: »Ich bringe dir das Kostbarste, das ich besitze, geliebte Schwester. Nimm es an dein

Herz. Ich bestimme als Vater und König, daß es in eurer Obhut aufwachse, auch wenn ich nicht mehr hier sein werde und über es selber wachen kann. Ich vertraue es euch beiden.«

Es war selbstverständlich, daß wir ihm versprachen, uns dieses königlichen Vertrauens würdig zu erweisen. Daß er mit diesem »wenn ich nicht mehr hier sein werde« sein Ableben meinte, das vermutete ich kaum, wenn er auch zuweilen schon Todesahnung geäußert und davon gesprochen hatte, daß er nach Gottes Ratschluß früh abgerufen werden könnte.

Doch wer dachte daran, wenn er groß und stark, so Kraft und Leben ausströmend vor uns stand. Ich wußte ja, worauf er mit diesen Worten viel mehr anspielte. Nachdem der Waffenstillstand mit Polen ihm freie Hand ließ, rüstete er mit großer Sorgfalt wohl überlegend und trotz aller Hilferufe von jenseits des Meeres nicht übereilt für den Kriegszug nach Deutschland. Nur ein schlagkräftiges, vorzüglich gerüstetes Heer, worin Manneszucht und Christenglaube herrschten, konnte den Sieg über die wilden, mordenden und zerstörenden Söldnerscharen, die in Deutschland ihm entgegentreten würden, erringen.

Wir versorgten allerdings schon 1628 laufend das belagerte Stralsund vom Meere aus mit Nahrungsmitteln, Munition, Waffen, so daß der stolze Wallenstein, der gelobt hatte, die tapfere Stadt einzunehmen, »und wenn sie mit Ketten an den Himmel gebunden wäre«, wieder abziehen mußte.

Ich schreibe »wir«. Gustav Adolf hatte mich zum Kriegsminister ernannt, worüber meine Katharina leise lächelte. Kannte sie mich doch als nicht feigen, aber überaus friedliebenden Mann. Mein Sohn Karl Gustav scheint wohl von der Familie seiner Mutter, von den Wasas, seine Begabung und Neigung zum Kriegshandwerk geerbt zu haben. Er wird – leider – wie er schon in Deutschland gekämpft hat – auch als späterer König in mancher Fehde streiten.

Ich hatte jedoch als Kriegsminister weder Schlachtenpläne zu entwerfen noch als Kriegsheld mitzuziehen und mitzukämpfen. Gustav Adolf kannte meine Tatkraft und Energie auf friedlichen Gebieten, meine Genauigkeit, meinen Eifer und meine Rechtlichkeit. Darum übertrug er mir die Verantwortung, daß jedem seiner Krieger die vollkommenste Ausstattung an Kleidung, Waffen, Munition stets zur Verfügung stand und niemals der Nachschub stockte, während die Kanonengießereien und Waffenschmieden hier aufs äußerste arbeiteten. So hatte ich die Versorgung der Feldarmee in Deutschland zu gewährleisten. Daraus ergab sich, daß der König mir bald auch die Befugnisse eines Finanzministers übertrug. Ich erhielt ein Jahr später die Verantwortung für die für die schwedische Kriegsführung so wichtige Kupfermünze. Ich rühme mich noch heute und darf mich dessen wohl rühmen, daß Städte wie Nürnberg ohne Zaudern Gustav Adolf bei Bedarf große Summen vorstreckten, weil sie, wie sie selber schriftlich bestätigten, die übergroße Gewissenhaftigkeit der schwedischen Rentkammer kannten. Die Vorbereitungen waren bis ins einzelne getroffen.

In der Zeit des hellen Mitsommers brach Gustav Adolf mit seinem Heer auf. Es waren nur 13000 Mann, die gegen unzählige Horden wilder zuchtloser Söldner, die aus aller Herren Länder des Geldes, des Raubens und Plünderns wegen zusammengezogen waren, kämpfen sollten. Aber Gustav Adolfs Männer waren, wenn auch nicht an Zahl, diesen Gegnern weit überlegen. Ein jeder von ihnen war kraftvoll, sauber, mit klaren Augen, voller Zuversicht, voller Glauben an ihre Sendung, ihren Gott. Es war ein prachtvoller Anblick, der vielen von uns die Tränen in die Augen trieb, wie sie vor der Abfahrt da im Viereck ausgerichtet vor ihrem König standen.

Und er selber? War sein Angesicht nicht wie verklärt, waren es nicht in Majestät veredelte Menschenzüge? Es überschauerte mich, als er nun seine Augen gen Himmel hob, mit lauter Stimme Gott den Herrn um seinen Segen bat und vieltausendstimmig das Lied erklang, das er mit seinen Soldaten vor jeder Schlacht anstimmte:

»Verzage nicht, du Häuflein klein,
obschon die Feinde willens sein,
dich gänzlich zu verstören,
und suchen deinen Untergang,
davon dir wird recht angst und bang;
es wird nicht lange währen.

Tröste dich nur, daß deine Sach
ist Gottes, dem befiehl die Rach
und laß es ihn nur walten.

Er wird durch einen Gideon,
den er wohl weiß, dir helfen schon,
dich und sein Wort erhalten.

So wahr Gott Gott ist und sein Wort,
muß Teufel, Welt und Höllenpfort
und was dem tut anhangen,
endlich werden zu Schand und Spott;
Gott ist mit uns und wir mit Gott,
den Sieg wolln wir erlangen.«

So sah ich Gustav Adolf das letztemal, und so werde ich ihn immer vor mir sehen: das verklärte Angesicht gen Himmel erhoben, umwoben von den schrägen Strahlen der Mitternachtssonne, ein Bild wie eines, der nicht mehr von dieser Welt ist. Auch mich überkamen diese Todesahnungen, die er ständig gehabt hat, so wie er mir einmal aus dem Felde schrieb: »Ich bin mit dem Tod auf du und du. Ich lege täglich und stündlich mein Leben in Gottes Hand.«

Am 4. Juli 1630 landete er mit seinem Heer auf Usedom. Das unglückliche Magdeburg vermochte er jedoch im nächsten Jahr nicht zu retten. Unbeschreiblich ist das Morden, die Greueltaten, die Tillys, des kaiserlichen Feldherrn, Truppen darin verübt haben. Doch dann erschien Gustav Adolf dem zertretenen Deutschland wie der strahlende Held Gideon, der Befreier, den zu sehen die Mütter am Straßenrand ihre Kindlein hochhoben, dem alles zujubelte.

Ein unbeschreiblicher Siegeszug bis nach Süddeutschland begann. Er erzwang den Übergang über den Lech, zog in München ein. Er siegte wie so oft auch in der Schlacht bei Lützen. Doch war der Nebel jenes Novembertages, seine Kurzsichtigkeit, seine Tollkühnheit die Ursache, daß er sich zu weit vorgewagt hatte? Oder hat das üble Gerücht recht, dem ich nicht glauben mag, daß der Herzog von Lauenburg, der einzige, der mit ihm ritt und den er mehrmals wegen seines sittenlosen Betragens scharf gerügt hatte . . . Ich will nicht fortfahren.

Meine Augen werden noch heute verschleiert, wenn ich es niederschreibe: Gustav Adolf fiel am 16. November 1632. – Mit ihm ging eine helle Lichtgestalt in die andere Welt hinüber, und Deutschland versank in Dunkelheit und blutige Wirrnis. Nun konnte ich wahrhaft ausrufen: »Es ist mir leid um dich, mein Bruder Jonathan!«

Katharina und ich hatten nach Gustav Adolfs glänzenden Siegen gehofft, wieder in unsere geliebte Katharinenburg umsiedeln zu können. Doch solange Gustav Adolf fern war, hatte ich als Reichsverweser die Staatsgeschäfte zu führen, und ich tat mein Bestes, es mit Umsicht und wie ich es vor meinem Gott und vor dem König verantworten konnte, zu tun, mochten auch die Großen des Landes mich als Fremden und Calvinisten, im Grunde aber vor allem wegen meiner Sparsamkeit, die sie Geiz schalten, bemängeln. Katharina war Oberhofmeisterin, und uns beiden hatte Gustav Adolf sein einziges Kind zur Erziehung übergeben.

Da wir selber noch nicht zurückkehren konnten, erlaubte ich auf seine Bitte meinem Schwager, dem Herzog Christian, Pfalzgraf bei Rhein, seine Residenz in unserer Katharinenburg aufzuschlagen, die in jener Zeit abseits der Kriegsgeschehnisse lag. Er hat dort einige Jahre gewohnt und muß sich gar klüglich plündernden kaiserlichen Truppen gegenüber verhalten haben, denn er erreichte, daß sie den Birlenbachern das geraubte Vieh zum Teil zurückgaben. Ich hoffe und bete zu Gott, daß es einst einem meiner Söhne vergönnt sein möge, dort eine Heimat zu finden.

Seit im Jahre 1636 die Pest in Birlenbach wütete, war es dort menschleer, doch zu meiner Freude erfuhr ich, daß im vorigen Jahre 1650 die wenigen Überlebenden in ihr Dorf zurückkehrten und einer der mir bekannten und lieben Familie Ungerer ihr Schultheiß geworden ist. Möge dieser freundliche Ort wieder aufblühen; möge der Herr seinen Knecht Gustav Adolf in seine Herrlichkeit aufgenommen haben, auf daß wir uns einst allesamt dort wiedersehen. Das allein war und ist unser Trost in unserem unsagbaren Schmerz.

Königin Christine

Nach Gustav Adolfs Tod habe ich sogleich meine hohen Ämter niedergelegt, um derentwillen der Adel immer so neidisch auf mich, den Fremden, den Calvinisten, den Ausländer, geblickt hatte. Ich bereue es heute noch nicht. Es wäre mir furchtbar gewesen, in den langen noch folgenden Kriegsjahren aus dem immer mehr verarmenden Land für dieses Blutvergießen sowie später für Christines maßlose Verschwendungssucht Geld herauszupressen.

Ich hatte meine Abdankung schriftlich bei Oxenstierna eingereicht. Schon eine Woche nach Gustav Adolfs Tod hatte er ein Verfassungsdokument vorgelegt, das von den Ständen angenommen wurde. Danach sollten die fünf obersten Reichsbeamten während der Minderjährigkeit Christines die Regentschaft übernehmen und er selber den Titel eines Bevollmächtigten der Krone Schwedens erhalten und somit Alleinherrscher über Schwedens Politik und Strategie in Europa sein. Er kehrte vorläufig nicht aus Deutschland zurück. Er schrieb, er übernehme die Last, den »Königlich-schwedischen Krieg« in Deutschland weiterzuführen. »Der Hund, der die Zähne fletscht«, so stand in seinem Brief an den schwedischen Reichsrat, »kommt eher mit heiler Haut davon als der, welcher den Schwanz zwischen die Beine nimmt und ausreißt.« Nun konnte er endlich seine Machtgelüste ohne Hemmnis befriedigen.

Es wurde ihm die Vormundschaftsregierung für die Königin Christine im Jahr 1636 feierlich übertragen. Aber die Erziehung der künftigen Thronfolgerin war meiner Gemahlin und mir schon von Gustav Adolf anvertraut worden, und dies wurde gleichfalls 1636, vier Jahre nach dem Tode unseres königlichen Bruders und Schwagers, offiziell vom Reichstag bestätigt.

Aus diesem Grunde konnten wir vorläufig nicht, wie wir uns so sehnlich gewünscht hätten, uns von allem Hofleben abkehren und uns auf eines unserer Schlösser zurückziehen. Wir blieben in dem Seitenflügel des Schlosses Drei Kronen zu Stockholm. Ich hielt mich auf dem laufenden über Geschehnisse in Deutschland, war entsetzt, daß auch im Heer der Schweden die Manneszucht nicht mehr herrschte und es nicht minder raubte, plünderte, die arme Bevölkerung quälte, während Gustav Adolf so streng auf die Reinheit der christlichen Sitten bedacht gewesen war, daß er einen höheren Offizier trotz aller Fürsprache hängen ließ, weil er sich an einem Kind vergangen hatte. Wie viele hätten nun gehängt werden müssen, wie viele Dirnen, wenn sie sich im Lager herumtrieben, nach Gustav Adolfs Befehl mit kahl geschorenem Kopf nach Schweden in ein Spinnhaus gesandt werden?

Oft klang mir nachts in den Ohren:

»Bet, Kind, bet, morgen kommt der Schwed,
morgen kommt der Oxenstierna,
der wird dich das Beten lerna.«

Wie ganz anders wollte Gustav Adolf das Beten lehren!

Erschüttert war ich, als mir gemeldet wurde, daß meine Heimatstadt Zweibrücken im Juli 1635 heldenmütig von dem schwedischen Oberst Rosen verteidigt, dann aber im Oktober von Gallas erobert und verwüstet worden wäre, daß mein Bruder Johann II. als Flüchtling in Metz gestorben, in den Dörfern rings um die Katharinenburg die Pest wütete.

Eines Abends, als ich mit aufgestütztem Arm an meinem Schreibtisch saß, schob sich ein blonder Kopf neben mich, und zwei große starkblaue Augen forschten streng in meinem Gesicht. Es war Christine.

»Warum weinst du, Oheim?« fragte sie.

»O dieser Krieg, dieser entsetzliche Krieg!«

Das Kind löste sich von mir, stampfte mit dem Fuß auf und schrie laut und zornig: »Er soll ein Ende haben. Er soll ein Ende haben. Ich bin die Königin. Ich will es. Warte, bis ich groß bin! Dann muß mir Oxenstierna gehorchen, und ich befehle es ihm. Er strebt nur nach Macht! Macht für sich selber. Auf jeden hohen Posten am Hof, auf jedes Krongut setzt er einen seiner Sippe. O warte, bis ich herrschen darf. Ich werde ihm zeigen, wer die Macht hat. Ich werde ihn zwingen, Frieden zu schließen!«

Sie tobte geradezu, daß ich erschrocken ausrief: »Christine, Kind, lerne zuerst, dich selber zu beherrschen!«

Sie schüttelte heftig ihre hellen Haare zurück. Ihre Augen flammten. Es war ein erschreckender Anblick. Sie bekam häufig und auch heute noch diese wilden Wutanfälle, bei denen sie flucht wie ein schwedischer Roßknecht, mit denen sie dank ihrer Liebe zum Reiten wohlvertraut ist.

»Es ist der Wasa-Zorn«, entschuldigte dann Katharina, »und woher soll sie gutes Schwedisch lernen, wenn sie es nur vom Gesinde hört!«

Gegen uns haben sich diese Wutausbrüche nie gerichtet. Sie war uns aufrichtig wie unsere eigenen Kinder zugetan, und sie wuchs mit ihnen auf, als wäre sie unser eigenes Kind. Sie hat mit uns getrauert, als meine geliebte Gemahlin, ihre geliebte Pflegemutter, von uns weg in die ewige Heimat abgerufen wurde. Ja, sie war wilder, unbeherrschter in ihrem Schmerz als unsere eigenen Kinder. Ich fürchtete damals, daß die Zügellosigkeit ihrer Mutter bei ihr durchbräche. Doch heute nehme ich an, daß es der Wasa-Zorn ist, der in ihr von Zeit zu Zeit jäh aufflammt und sie zu gefährlichen Taten verführen könnte. Für sie ist nicht nur der Vater, sondern auch ihre weise Erzieherin, meine Gattin Katharina, zu früh gestorben. Doch unsere Zeit steht in seinen Händen. Dürfen wir mit ihm rechten? Doch Christine blieb mir und meinen Kindern auch nach Katharinas Heimgang herzlich verbunden.

Sie liebte vor allen unsere zierliche, feine Maria Euphrosyne, die uns der Herr anstelle unserer von ihm zu sich zurückgeholten lieben Elisabeth geschenkt hatte. Sie schlief mit ihr in einem Bett. Das klingt deutschen Ohren wohl befremdlich. Aber auch in wohlhabenden schwedischen Familien schlüpfen sie der Kälte wegen oft allesamt in ein einziges Bett. Als Christine erwachsen war und als Königin regierte, mußten ihr zwei ihrer Hofdamen jeden Abend das Bett vorwärmen, bis sie spät in der Nacht sich zu den wenigen Stunden Schlaf niederlegte, die sie sich gönnte. »Für etwas anderes brauche ich die Dämchen nicht«, hat sie mir einmal lachend gesagt.

Doch trotz dieser verächtlichen Bemerkung bestand sie jahrelang darauf, Maria Euphrosyne um sich zu haben. Sie bewunderte ihr feines, rosiges Gesicht, ihre goldblonden Locken, nannte sie »meine Belle« (Schöne).

»Du könntest ebenso schön sein, Christine«, hatte ihr ihre Tante Katharina schon als Kind zugeredet. »Du würdest ihr wie ein Zwilling ähneln, wohl noch ansehnlicher in hoheitsvoller Anmut sein, wenn du dich herrichten ließest.«

Doch dagegen sträubte sich Christine heftig. Ihr genügte, sich zweimal in der Woche zu waschen und zu kämmen. Sie achtete nicht auf Flecken, Risse in ihrer Kleidung, aß nur so nebenbei, am liebsten Haferbrei, schwarzes Brot. Sie achtete nicht auf das, was sie bar jeder höfischen feinen Sitte in sich hineinschlang. Sie las trotz aller Vorhaltungen bei den Mahlzeiten. »Ich muß lernen, lernen!« rief sie. Und sie lernte. Ich weiß nicht recht, ob sie jetzt sieben oder acht Sprachen beherrscht. Als Maria Euphrosyne noch mit Puppen spielte, vertiefte sich Christine schon in die Bücher des Astronomen Kepler, von denen ich einst ihrem Vater gesprochen hatte.

Die einzige Erholung, die sie sich gönnte und gönnt, sind die Ritte. Eigentlich könnte man das kaum Erholung nennen. Sie jagt, rast durch die Gegend. Als Begleiter duldet sie nur ihren Vetter, unsern Sohn Karl Gustav.

Die beiden verband eine herzliche Zuneigung. Wenn meine Gemahlin und ich auch nicht förderten, drängten, es darauf abgesehen hatten, daß sie später ein Paar würden, »intrigierten«, wie uns der schwedische Adel vorwirft, so galt unser Sohn doch im Volke als der künftige Gemahl der Thronfolgerin. Sie selber scheint damit gerechnet zu haben. Sie schrieb ihm, als wir nicht mehr mit ihr in Stockholm wohnten, zärtliche Briefe, worin sie beteuert, daß sie ihn bis an ihr Lebensende nie vergessen würde, daß sie ihm in ewiger Liebe getreu zugetan wäre, und noch im Jahre 1644, als sie ihre Regierung antrat, bat sie ihn, noch ein oder zwei Jahre zu warten.

Der Arme hat gewartet, gewartet, ist des Wartens müde in den Krieg gezogen, hat von 1642 bis 1645 unter dem tapferen Thorstenson sich in mancher Schlacht würdig erwiesen. Doch zu einer Ehe mit Christine ist es bisher nicht gekommen. Sie hat es damit gutmachen wollen, daß sie ihn 1648 zum Oberkommandanten der schwedischen Truppen ernannte, 1649 als Vertreter Schwedens nach

Nürnberg zum Abschluß der Präliminarakten sandte. Sie hat es allen Widersprüchen, allen Schwierigkeiten zum Trotz beim Reichsrat wie bei den Reichsständen durchgesetzt, daß Karl Gustav als Thronfolger anerkannt wurde.

Sie mag ihn auf ihre Art heute noch lieben, sonst hätte sie ihn nicht derart mit Ehren überhäuft. Ich betrachte es nicht als Untreue, daß sie ihn nicht heiratet. Sie konnte einfach nicht anders. Sie, die überaus Begabte, die männliche, eigenwillige Frau kann keinem Mann im christlichen Sinn Ehefrau sein.

Ist sie überhaupt Christin? Man redet davon, daß sie auf den Thron verzichten, Katholikin werden will. Katholiken sind auch Christen, aber eine katholische Königin kann nicht auf dem Thron Gustav Adolfs sitzen.

Sie besucht mich häufig; besonders nach dem Heimgang meiner geliebten Katharina, der Heirat meiner Tochter Euphrosyne gedenkt sie meiner in meiner Vereinsamung, und wenn sie nicht herübergeritten kommt, so schreibt sie mir liebe Briefe, indessen Oxenstierna – ohne mein Zutun, obwohl man es mir vorwirft – bei ihr in Ungnade gefallen ist.

Ich sehe sie noch oft, wenn ich meine Gedanken schweifen lasse, vor mir, wie sie als Sechsjährige an Katharinas Hand in den großen Saal trippelte, sich dann losriß und mit festen Schritten auf den Thron zuschritt und dem danebenstehenden Rat befahl: »Hebt mich hinauf!« Sie war sehr hübsch, sehr königlich in der fürstlichen spanischen Hoftracht, und manchem traten die Tränen in die Augen, wie sehr sie ihrem Vater glich. Dort hat man ihr das erstemal als der künftigen Königin gehuldigt. Später war ich dabei, als sie im Jahr 1650 mit großer Prachtentfaltung gekrönt wurde und – Karl Gustav zur Seite – als strahlend lächelnde Königin durch die Stadt fuhr, in der ihr das Volk zujubelte. Werde ich auch noch erleben müssen, wie sie die Krone ablegt?

Oh, geliebte Christine, wenn du wirklich im katholischen Glauben zu Gott fändest! Aber du hast mir selber, als du vor mir gesessen bist, gestanden, daß dich im Katholizismus die Schönheit, die Pracht, die Sprache der Gottesdienste anzöge, daß du nur an Sichtbares, mathematisch Beweisbares glauben könntest, und wer vermöchte Gott mathematisch beweisen, ihn, den verborgenen Gott?

»Ich bin Freigeist!« hatte sie mir einmal erklärt.

Vor kurzem, am 11. Februar 1650, kam sie trotz Eissturm auf ihrem Roß angerast und stolperte in ihren hohen Männerstiefeln in mein Zimmer. »Ich habe ihn getötet«, schrie sie in wilder Verzweiflung und fiel vor mir auf die Knie.

Ich legte entsetzt meine Hände auf ihren blonden Kopf, von dem der Federhut geglitten war, den sie zu ihrer Männerkleidung zu tragen pflegt. »Getötet? Wen?« fragte ich.

»Ich wollte mehr wissen, Gewißheit haben«, berichtete sie. »Ich habe den großen Philosophen Descartes nach Stockholm eingeladen. Ich habe den alten Mann nachts oft wecken lassen, habe ihn auf eisig kalte Flure hinausgejagt, zu mir befohlen, habe in dem gleichfalls eisig kalten Arbeitszimmer mit ihm diskutiert, stundenlang. Mir war heiß dabei. Er, der Sohn der sonnigen Touraine, zitterte, so fror er. Ich achtete nicht darauf. Heute starb er an Lungenentzündung.«

Sie schaute mit wirren Augen zu mir auf. »So sag doch etwas!« herrschte sie mich an.

»Armes Kind!« murmelte ich.

»Es war kein Kind, sondern ein alter Mann«, antwortete sie erregt.

»Dich meine ich«, erklärte ich.

Sie richtete sich auf. »Ich bin kein Kind mehr. Ich bin die Königin«, widersprach sie stolz.

»In meinen Augen bist du ein Kind, ein armes verirrtes Kind«, sagte ich sanft.

Sie warf den Kopf zurück und lachte rauh. »Ein verirrtes Kind, das in den Schoß der heiligen allein seligmachenden Kirche zurückfindet«, spottete sie, »so reden auch die Jesuiten, die sich an meinem Hof als Sprachlehrer, Wissenschaftler und Kunstverständige eingeschlichen haben. Oh, welche Sehnsucht haben sie in mir erweckt nach dem blauen Himmel, der Sonne, den Marmorbauten, den Gemälden, den Skulpturen, ach, all der Schönheit ihres Papstsitzes, des ewigen Rom. Dorthin zieht es mich. Und« – sie lachte hellauf –

»in eines der prächtig gebundenen frommen Gebetbücher habe ich mir schon den sehr wenig frommen, aber ebenfalls lateinischen Vergil einnähen lassen. Siehst du, so überliste ich dann selbst bei den wunderbaren Gottesdiensten im Petersdom die listigen Jesuiten. Nun lache doch mit mir!«

Ich schüttelte den Kopf. Ich wiederholte: »Armes Kind!«

»Das will ich nicht mehr hören«, schrie sie mich an und stob so plötzlich hinaus, wie sie eingetreten war.

Ich sann hinter ihr drein. Ja, sie war ein armes Kind. Wohl hatten Katharina und ich unser möglichstes getan, ihr die Elternliebe zu ersetzen. Und doch! Wäre ihr glaubensstarker strahlender Vater geblieben, nach dessen warmen, kräftigen Armen sie sich als Kind so oft weinend gesehnt hatte, wäre es dann so weit mit ihr gekommen? Und hat sie je Mutterliebe gekannt?

Maria Eleonora hat ihre Tochter geradezu verabscheut, ist ein Jahr nach seiner Abfahrt hinter Gustav Adolf hergereist, hat ihn verfolgt, daß seine Feinde gespottet haben, daß eine kleine Katze sich an den Schwanz des Löwen des Nordens gehängt hätte.

Nur mit Strenge, mit Gewalt schier hat er sie aus dem Feldlager immer wieder entfernen müssen, denn wenn er seinen Soldaten keine Frauen in ihren Zelten erlaubte, so wollte und mußte er mit seinem Beispiel vorangehen.

Als sie 1633 mit seiner Leiche, die sie hatte einbalsamieren lassen, obwohl er es zu seinen Lebzeiten verboten hatte, zurückgekehrt war, hatte für Christine erst recht eine Leidenszeit begonnen. Die geistig nicht mehr völlig klare Frau hat sie gezwungen, bei ihr im Bett neben dem Sarg des Vaters im dumpfen Raum zu schlafen, hatte ihr widerliche süße Speisen und Weine aufgedrängt, und wenn sie sich weigerte, sie mit Stockschlägen von einer deutschen Dienstmagd (eine schwedische hätte es nie gewagt) strafen lassen.

Da sich die Königinwitwe Katharina gegenüber als die Mutter, die die größeren Rechte hätte, aufspielte, mußte ich meinen Kopf beugen – nicht vor dieser Frau, sondern vor Oxenstierna, den ich zu Hilfe rief und der den Reichsrat veranlaßte, Maria Eleonores Verbannung nach Schloß Gripsholm zu beschließen, wo sie nur dreimal im Jahr ihr Kind sehen durfte. Als man ihr ihre Verschwendungssucht und landesverräterische Beziehungen von ihrer eigenen damals vierzehnjährigen Tochter vorhalten ließ, floh sie zuerst nach Dänemark, von dort nach Brandenburg, bis man sie von dort als sehr unerwünscht und unerträglich den Schweden nach Nyköping zurücksandte.

Man wirft Christine vor, daß sie ihre Mutter vernachlässige. Kann man nicht verstehen, daß sie kein Verlangen nach dieser Frau hat, die auch kein Verlangen nach ihrem einzigen Kind hat?

O Ehrenburg, nun sei gegrüßet mir!

Immer noch tobt und braust der Schneesturm um die festen Mauern des alten Schlosses. Doch es sind die letzten Anstrengungen des Winters. Bald wird der Frühling mit Macht in unserem Nordland Einzug halten.

Ich schließe meine Aufzeichnungen ab. Wenn nach meinem Tode mein treuer weißhaariger Heiner mit seinem Töchterlein in die alte Heimat zurückkehrt, soll er sie mitnehmen zur Katharinenburg. Es ist Frieden. Doch ich bin zu müde, noch einmal dorthin zu reisen. Was wäre ein Leben dort ohne dich, Katharina? Ich bin ein alter, armer Mann. Was soll ich noch niederschreiben?

Maria Eleonore ist nun eine alte Frau, deren Geist verwirrt ist. Oxenstierna ist zwar noch geistig rege, aber doch ein müder Greis wie ich, der nur wenig jünger als er ist. Warum sollten wir beide, wie manche trotzdem annehmen, einander noch hassen? Wir stehen beide vor dem Tor, durch das Gustav Adolf und Katharina schon geschritten sind.

Gestern hat mich Christine, wohl um mir ihre Liebe zu beweisen, zum Herzog von Stegeborg ernannt. Ich habe lächelnd dafür gedankt. Was gilt mir diese Erhöhung noch? Ich sehne mich danach, vor dem über alle erhöhten Herrn zu stehen als armer Sünder ohne Titel, ohne Krone, die nur unserem himmlischen König gebühren. Ich weiß, ich brauche nicht mehr lange zu warten, und des bin ich froh.

Wenn ich jetzt zum Schluß noch einmal auf mein Leben zurückblicke, so sehe ich mich als kleinen Bub dort im Park des väterlichen Schlosses stehen und auf die Neckereien meiner Brüder, daß ich ein Habenichts ohne Erbe wäre, trotzig die mir Knirps kaum zuzutrauenden und unverständlichen Worte antworten: »Ich habe mich selbst!«

Und der Pfalzgraf von Veldenz, der an dem Steintisch in meiner Nähe sitzt, fügt hinzu: »Und Gott!«

Ja, ich habe mich selbst, die Kräfte meines Leibes und vor allem meines Geistes, die der Herr mir geschenkt hat, besessen und genutzt. Ich habe noch anderen wertvollen Besitz erlangt: meine Frau Katharina. Ich habe sie geliebt und geachtet, nicht nur weil sie irdischen Reichtum besaß, nicht weil sie eine Königstochter war und auch nicht bloß weil es die Pflicht eines Ehegatten ist, seine Gattin zu ehren, zu lieben. Ich habe auch meine Kinder geliebt und versucht, ihnen ein guter Vater zu sein, sie in der Zucht und Vermahnung zum Herrn aufzuziehen. Wenn ich es aber ernsthaft überlege und mich prüfe, so erkenne ich, daß mein Leben hier auf Erden Gustav Adolf gehörte, auch nach seinem Tode, als ich versuchte, sein Werk fortzusetzen, und als ich mich von den Staatsgeschäften zurückziehen mußte, seine Tochter in seinem Sinne heranzubilden.

Du aber, stolze Königin Christine, du armes Kind, ich weiß, du wirst noch viele weite Wege gehen, die dich fort aus diesem Land in die Ferne führen. Mögest du zu all deiner Weisheit, die dein Zeitalter in Erstaunen und Bewunderung versetzt, ihn finden, in dem alle Weisheit beschlossen ist. Du suchst und wirst immer weiter suchen, ruhelos. Mögest du Jesus finden und in Gott endlich Ruhe finden, Christine von Schweden.

Ich bin müde geworden bei all diesem Schreiben. Bald beginnt die Zeit der hellen Nächte. Dann werde ich mich auf den Weg machen dürfen zu dir, du frohgemute Gefährtin Katharina, und mit dir Hand in Hand vereint zu der Burg wandern, die höher noch ist als unsere geliebte Katharinenburg, zu der Heimat dort oben, die nicht von Menschenhand gebaut ist. »Eia, wär'n wir da!«

»O Ehrenburg, nun sei gegrüßet mir,
tu auf der Gnaden Pfort!
Wie große Zeit hat mich verlangt nach dir,
eh ich bin kommen fort
aus jenem bösen Leben,
aus jener Nichtigkeit,
und mir Gott hat gegeben
das Erb der Ewigkeit.«

Quellenangabe

Ich verdanke dieses Buch einer ganzen Reihe von freundlichen Archiven bzw. ihren Direktoren sowie einem großen Stoß von Büchern und Zeitschriften, die ich gelesen habe. Hervorzuheben und besonders zu danken ist
Herrn Archivrat Dr. Åke Kromnow vom Reichsarchiv Stockholm, der mir erlaubte, in seine Abhandlung Einsicht zu nehmen, die er für die Neue Deutsche Biographie geschrieben hat, die demnächst erscheinen wird,
der Schriftleitung der Neuen Deutschen Biographie von der Historischen Kommission bei der Bayrischen Akademie der Wissenschaften, München, die mir eine Fotokopie dieser Abhandlung sandte,
Herrn Direktor der Pfalzgalerie, Wilhelm Weber, Kaiserslautern, und seinen ausführlichen Beiträgen in Jahrbüchern und eigenen Herausgaben (*Jahrbuch der Stadt und des Landkreises Kaiserslautern, Die Karlskirche in Zweibrücken, Saarheimat, Pfälzischer Merkur,* Manuskript zu den Lichtbildervorträgen in den Kunstgeschichtlichen Instituten der Universitäten Stockholm und Uppsala u. a.),
Herrn Oberstudiendirektor Dr. Apffel, Zweibrücken, Leiter der Bibliotheca Bipontina,
Herrn Pfarrer Charles Ungerer, Oberseebach, für all seine Hinweise und seine Abhandlungen *Die Schweden im nördlichen Elsaß 1618–1734* und *Dates mémorables de l'histoire de Birlenbach, charmant village alsacien, au passé glorieux,*
Frau Dr. Lisa Geck vom Gutenberg-Museum, Mainz,
Herrn Karl Conrad, Ludwigshafen, der eine Reihe anderer Herren bemühte, mir Material zu senden.

Die wichtigsten Bücher, außer den bereits angeführten Abhandlungen, waren mir:
in der *Propyläen-Weltgeschichte* der Beitrag von Golo Mann *Das Zeitalter des Dreißigjährigen Krieges;*
eine wahre Fundgrube: August Brauner, *Fürstenhochzeit in Bergzabern Pfalz-Jülich 1579,* herausgegeben von der Stadt Bergzabern;
Bernd Isemann, *Der Pfalzgraf von Lützelstein,* Hünenburg-Verlag;
Stickelberg, *Die unsichtbare Hand,* Verlag Steinkopf;
Max Stebich, *Christian und Düweke,* E. Speidel Verlag, Wien;
Anneliese Meinert, *Die silberne Maske,* Schneekluth Verlag, Darmstadt;
Angelika Jordan, *Christine von Schweden,* Ferenczy Verlag, Zürich;
Kurt Pfister, *Frauenschicksale,* Nymphenburger Verlag, München;
Soultz sous Forêt et ses Environs, publié par la Rédaction de l'Elsassland à travers les Vosges, avec le concours de nombreux et éminents collaborateurs, Guebwiller, Société Alsacienne d'Edition »Alsatia«.

Bildnachweis

Wir danken dem Bildarchiv der Staatsbibliothek Berlin für die Bilder: Gustav II. Adolf, Christine von Schweden, Oxenstierna,
dem Archiv für Kunst und Geschichte, Berlin-Nikolassee, für die Bilder: Karl X. Gustav, Stockholm, Stockholmer Schloß,
dem Nationalmuseum Stockholm für die Bilder: Johann Casimir und Katharina, Johann Casimir (1611), Katharina (Jugendbildnis),
den Bayrischen Staatsgemäldesammlungen, München, für die Bilder: Pfalzgraf Johann I., Pfalzgräfin Magdalena,
dem Kurpfälzischen Museum, Heidelberg, für das Bild: Schloß und Stadt Heidelberg,
Herrn Rolf Goosmann, Bergzabern, für die Bilder: Bergzabern, Katharinenstein, Meisenheim,
Herrn Pfarrer Charles Ungerer, Oberseebach (Unterelsaß), für das Bild: Katharinenburg.

In der TELOS-Paperbackreihe erscheinen folgende Titel

1001 Oswald Smith
Sieg des Gebets
1002 Wilhelm Busch
Gottes Auserwählte
1003 Douglas Hall
Fackel für die Welt
1004 Wilder Smith
Ist das ein Gott der Liebe?
1005 Fritz Hubmer
Im Horizont leuchtet der Tag
1006 Anny Wienbruch
Alle Geschichten der fröhlichen Familie
1008 Fritz Hubmer
Weltreich und Gottesreich
1010 Erich Wilken
Auf den Spuren biblischen Geschehens
1011 Otto Riecker
Herausforderung an die Gemeinde
1012 Watchman Nee
Freiheit für den Geist
1013 Anny Wienbruch
Der Leibarzt des Zaren
1014 Watchman Nee
Zwölf Körbe voll, Bd. 1
1015 Fritz May
Die Drogengesellschaft
1016 Norbert Fehringer
Thema: Frömmigkeit
1017 Fritz May
Der verfälschte Jesus
1018 Ernst Modersohn
Die Frauen des Alten Testaments
1019 Ernst Modersohn
Die Frauen des Neuen Testaments
1021 Ruth Frey
Arbeit unter Kindern
1022 Oswald Smith
Glühende Retterliebe
1023 Oswald Smith
Ausrüstung mit Kraft
1024 Erich Schnepel
Das Werk Jesu in uns und durch uns
1025 Immanuel Sücker
Weltraum, Mensch und Glaube
1026 Anny Wienbruch
Im Schatten der Zaren
1027 Watchman Nee
Zwölf Körbe voll, Bd. 2
1029 Werner Krause
Freuet euch allewege
1030 Hel. Good Brenneman
Und doch nicht vergessen
1031 Anny Wienbruch
Unter dem roten Sonnenschirm
1032 Helmut Ludwig
Die Welt horcht auf
1033 E. J. Christoffel
Aus der Werkstatt eines Missionars
1034 Ruth Dobschiner
Zum Leben erwählt
1035 G. R. Brinke
Jenseitiges und Zukünftiges
1036 Elli Kühne
Da bewegte sich die Stätte
1037 Fritz May
Tatort Erde
1038 Michael Bordeaux
Aida von Leningrad
1039 Alfred Christlieb
Ich freue mich über dein Wort
1041 Lon Woddrum
Liebe hofft immer alles
1042 Horst Marquardt
Die Sprache der Gräber
1043 Werner Krause
Meine Brüder – die Indianer
1045 Otto Riecker
Bildung und Heiliger Geist
1046 Joyce Landdorff
Seine beharrliche Liebe
1047 Helen Manning
Die Blutzeugen vom Sengtal
1048 Anny Wienbruch
Ein Leben für Gustav Adolf
1049 Werner Krause
Keinen Raum in der Herberge

TELOS-Großdruck-Paperback
2001 Ludwig Hofacker
Unter Gottes Schild

TELOS-Wissenschaftliche Reihe
4001 Wilder-Smith
Die Erschaffung des Lebens
4002 Wilder-Smith
Herkunft und Zukunft des Menschen
4003 Wilder-Smith
Gott: Sein oder Nichtsein?
4004 Hellmuth Frey
Handkommentar zum Buch Jesaja, Bd. 1
4005 Wilder-Smith
Ursachen und Behandlung der Drogenepidemie
4006 Otto Riecker
Das evangelistische Wort

TELOS-Jugendbücher
3501 Heinz Schäfer
Die doppelte Mutprobe
3502 Bernard Palmer
Ted und Terri und der listige Trapper
3503 Bernard Palmer
Ted und Terri und der verrückte Trompeter
3504 Bernard Palmer
Gefährliche Augen im Dschungel
3505 Esther Secretan
Im shop-ville fing es an
3506 Florence Knight
Ellens Abenteuer im indischen Hochland
3507 Heinz Schäfer
Nebel rings um Ursula
3508 Ellen J. MacLeod
Abenteuer am Mount Hood
3509 Mad. Secretan
Tante Caros Erbe

TELOS-Geschenkbände
2101 Anny Wienbruch
Das Geheimnis um Zar Alexander

In der TELOS-Taschenbuchreihe erscheinen folgende Titel

2 Dale Rhoton
Die Logik des Glaubens
3 Schmidt-König
Gib acht auf diesen hellen Schein
4 Anna Lawton
Frauen dienen Christus
5 MacDonald
Wahre Jüngerschaft
6 Ernst Modersohn
Sieghaftes Leben
7 John Meldau
Der Messias in beiden Testamenten
8 Jörg Erb
Nichts kann uns scheiden
9 Otto Riecker
Ruf aus Indonesien
10 Anton Schulte
Es gibt einen Weg zu Gott
12 Watchman Nee
Geistliche Realität oder Wahnvorstellung
13 Watchman Nee
Der normale Mitarbeiter
14 Watchman Nee
Sitze, wandle, stehe
15 Baily, Faith Coxe
Auch sie wurden frei
17 Elisabeth Seiler
Berufen und geführt
18 Elisabeth Seiler
Tut seine Wunder kund
19 Elisabeth Seiler
Wunderbar sind seine Wege
20 Wilhelm Gottwaldt
Wissenschaft contra Bibel?
21 Wolfgang Heiner
Fragen der Jugend
22 MacDonald
Gottes Antwort auf Fragen des Menschen
23 Hans Pförtner
Sieg über den Alltag
24 Wilhelm Steinhilber
Einer von den Siebzig
25 W. Ian Thomas
Christus in Euch
Dynamik des Lebens
26 Karl-H. Bormuth
Alte Gebote und neue Moral
27 George Verwer
Jesus praktisch erleben
28 Klaus Vollmer
Chance und Krise des Lebens
29 Billy Graham
Allein in der Masse
30 George Verwer
Konfrontiere Menschen mit Christus
31 Hellmuth Frey
Zusammenschluß der Kirchen
32 Wolfgang Heiner
Botschafter Gottes, Bd. 1
33 Wolfgang Heiner
Botschafter Gottes, Bd. 2
34 Wolfgang Heiner
Botschafter Gottes, Band 3
35 Heinrich Jochums
Heilsgewißheit
36 Gertrud Volkmar
Vom Glücklichwerden und Glücklichmachen
37 Liesbeth Schrader
Ein Volk, das im Finstern saß
38 Wilhelm Steinhilber
Eine, die nie den Mut verlor
39 Heinrich Kemner
Wir wählen die Hoffnung
40 Wilhelm Gottwaldt
Fehler in der Bibel?
41 Alfred Lechler
Ein Arzt gibt Lebenshilfe
42 Lieselotte Breuer
Jesus – im Detail erlebt
43 Jörg Erb
Dichter und Sänger des Kirchenliedes, Bd. 1
44 Jörg Erb
Dichter und Sänger des Kirchenliedes, Bd. 2
45 James Adair
Fixer finden Jesus
46 J. Oswald Sanders
Geborgenheit u. Wagnis
47 Otto Riecker
Mission oder Tod
48 Heinz-Jochen Schmidt
Hilfe in Glaubensnöten
49 W. Ian Thomas
Tote können nicht sterben
50 Michael Green
Es komme mir keiner mit Tatsachen
52 Karl Weber
Klarer Kurs in wirrer Zeit
53 Heinrich Kemner
Erlebtes und Erfahrenes
54 Jörg Erb
Missionsgestalten
55 Richard Kriese
Besiegte Schwermut
56 Peter Beyerhaus
Bangkok '73
57 Bill Bright
Die letzte Revolution
58 Edith Willies-Nanz
Pelicula
59 Siegfried Wild
Damit die Richtung stimmt
60 Luise Hubmer
Der Freude Grund (I)
61 Luise Hubmer
Des Lebens Kraft (II)
63 Arno Pagel
Sehet in das Feld
64 Rolf Scheffbuch
Ökumene contra Mission
65 Arthur Mader
Hören, Schweigen, Helfen
66 Friedrich Hauss
Biblische Taschenkonkordanz
67 Heinrich Kemner
Glaube in Anfechtung
68 Karl Weber
F. W. Baedeker/ Georg Müller
69 Frieda Wehle
Darum gehe hin
70 Herta-Maria Dannenberg
Komm zu mir nach Afrika
71 Heinrich Kemner
Prophetische Verkündigung
72 Alfred Stückelberger
Autorität – Ja oder Nein
73 Marie Hüsing
Anruf und Trost
74 Jörg Erb
Paul Gerhardt
75 Friedrich Kosakewitz
Mit Gottes Wort unterwegs
79 H. Tanaka
. . . mitten unter die Wölfe
91 Kurt Scherer
Zu seiner Zeit